1 MONTH OF
FREE
READING

at

www.ForgottenBooks.com

By purchasing this book you are eligible for one month membership to ForgottenBooks.com, giving you unlimited access to our entire collection of over 1,000,000 titles via our web site and mobile apps.

To claim your free month visit: www.forgottenbooks.com/free1270716

ISBN 978-0-364-79473-9
PIBN 11270716

Vollständige

Beschreibung

der königlichen Haupt-

und

Residenzstadt Prag,

von den

ältesten bis auf die jetzige Zeiten.

Besonders für Fremde und Reisende bearbeitet.

Nebst

einem Anhange von 24 Kupfern und einem Plane.

Erster Theil.

Prag und Wien,

in der von Schönfeldschen Handlung

1787.

Vorrede.

Hier erscheint die schon längst erwartete topographische Beschreibung der königl. Haupt- und Residenzstadt Prag.

Die Auswahl der intereßantesten Gegenstände, woburch man ein schon an sich selbst nützliches Werk anempfehlungswürdig zu machen sich bestrebet hat, soll die Gebuld des Publikums einigermaßen entschädigen. —

Es bleibt immer ein schweres Unternehmen, vollständige Werke in jener Art der Verfassung zu liefern, die, da sie eben in der Epoche ihrer Evoluzion begriffen sind, sich unter den Händen des Beschreibenden verändern. Prag befindet sich gegenwärtig in dieser Situazion,

zion, — diese Stadt, an deren Vervollkom=
mung man itzt mit vollem Eifer und Patriotis=
mus arbeitet.

Ohngeacht aller dieser Bedenklichkeiten hat
der Verfasser dieser Topographie den Entschluß
gefaßt, sein Produkt nunmehr öffentlich bekannt
zu machen, und er schmeichelt sich, daß seine
blos zum Besten des Vaterlandes und Befrie=
digung der Wißbegierde der Ausländer unter=
nommene Arbeit mit nicht geringern Beyfall
aufgenommen wird, mit dem vormals Redels
sehenswürdige Prag, und Beschreibungen ähn=
licher Art beschenkt wurden.

Redel Hammerschmied, und andere mehr
alte Prager Topographen würden kaum zu un=
sern Zeiten verständlich bleiben, wenn sie nicht
mit passenden Erläuterungen erschienen. Die=
sem Mißverständniß vorzubeugen, hat man vor
gut befunden, vor einigen Jahren eine kurze

Be=

Beschreibung von Prag zu liefern, und sie der
neuen Chronik von Böhmen beizufügen. Die
bald darauf erfolgten häufigen Veränderungen, die der Hauptstadt Böhmens ein ganz
neues von dem Vormaligen verschiedenes Ansehen verschaften, machten es nothwendig, eine
andere ausführliche Beschreibung zu verfassen,
die den itzigen Lokalumständen in jedem Betrachte genau angemessen seyn sollte.

Dieß ist der erste Theil der neuesten, und
zugleich so viel möglich vollständigsten Topographie der Stadt Prag. Man findet darinn
eine genaue Abschilderung der Gässen, Märkte
und merkwürdiger Gebäude, nebst derselben kurzer
Geschichte nach der eigentlichen Lage der Oerter und Gegenstände. Alles dies wird in dem
ersten Abschnitt vorgestellt; der zweite enthält die
Anzeige von der alten und neuern Beschaffenheit
der Population in Prag, Eintheilung der Einwohner, und ihr Verhältniß gegeneinander.—
Drit=

Dritter Abschnitt handelt vom königlichen Hofe, der ehemaligen Krönungs = und Begräbnißzere= monien, dann sonstigen Vorrechten des Königs von Böhmen. — Vierter Abschnitt beschreibt das Prager erzbischöfliche Konsistorium, mit kurzem Auszuge der Geschichte des alt und neuen böhmischen Religionswesens, Rechten und Vorzüge des geistlichen Standes. — Fünf= ter Abschnitt liefert Prags politische Verfas= sung, die Beschreibung der Landesstellen, Ge= richtshöfen, Aemter und sonstigen verschiede= nen Instanzen und Gehörden. Mit diesem wird der erste Theil geschlossen.

Mit dem nächst herauskommenden zwei= ten Theile werden die übrigen zu einer voll= ständigen Beschreibung gehörigen Artikeln ge= liefert werden. Um die möglichste Genauigkeit und Richtigkeit in dem Werke selbst zu beobach= ten, so wird dem Ganzen ein besonderes Su= plement über alle nach der Zeit erfolgten Ver=

ändé=

änderungen angehängt, auch ein vollständiges Register über die enthaltenen Gegenstände beygefügt werden.

Überdies erhält auch die Topographie eine wichtige Vermehrung durch einen eigenen Grundriß der Plätze und Gäßen der Stadt, wie nicht minder der ansehnlichsten Prospekte, die theils zur Gemeinnützigkeit, theils Verschönerung des Werks sehr viel beitragen.

Man hat auch dabey für die Genügeleistung der Fremden Sorge getragen, denn auch diese sollen in allen vorkommenden Fällen befriedigt werden. Sie finden hier ein Verzeichniß der vornehmsten herrlichen Häuser, Tratteurs und Freytafeln, Waarenniederlagen, Kramläden, Fabriken und Manufakturen, öffentlicher Ergötzungsörter, Bibliotheken, Naturalienfammlungen, Kunstsachen, u. d. gl. — Vermög aller dieser Vortheile, die der Verleger

die-

dieser Topographie zu verschaffen sich bemühet, glaubt er für das Beste des Publikums keine vergebliche Arbeit gethan zu haben, dies ist die wichtigste Aufmunterung in einem an sich beschwerlichen Unternehmen.

Erster

Erster Abschnitt.

Topographische Beschreibung der Gassen,
Märkte und merkwürdigen Gebäude nebst
derselben kurzer Geschichte.

I. Kleinseite.

Die kleine Stadt Prag, welche insgemein
die Kleinseite, nach der aber im Jahre
1784 erfolgten Vereinigung der prager Magistraten, das kleinseitner Hauptviertel genannt
wird, liegt gegen Abend zur linken Seite des
Moldauflußes. Die Länge derselben wird vom
strahöfer Thore bis zur Brücke auf zwey tausend Schritte, die Breite vom Sandthor bis
zum Augezder auf eben soviel berechnet. Uibrigens ist sie mit Mauern umgeben, hat die vorher genannten drey Thöre, und wird von der
alten und neuen Stadt durch die Moldau getheilt. Die Kleinseite wird sie deßhalb genennet, weil die ihr gegenüber liegende alt und
neue Stadt sie an der Größe übertrifft; auch
wird ihr der Name Residenzstadt beygelegt, weil
sie oberhalb die königliche Burg zur Residenz der
Könige von Böhmen enthält. Kleinseite war
der erste Name, der ihr als der dritten Stadt
von Prag gegeben wurde; auch soll ihre Errichtung folgendes zum Grunde haben.

Beschr. v. Prag.　　A　　　Libussa

Libussa, die damalige Fürstinn des Landes, als sie auf ihrem Schloße Libin, sonst Wischehrad genannt, sich mit der Weissagungswissenschaft beschäftigte, wurde vom Weissagungsgeiste eingenommen, und sprach zu ihrem Gefolge: Ich sehe eine Stadt, deren Ruhm bis an den Himmel reicht; seht dort drey tausend Schritte von hier in jenem Walde nächst der Moldau, wo das Bächlein Bruska hineinfällt, welches itzt mit einem Wall umgeben ist. Mittagwärts von diesem Orte liegt ein Berg, welcher vom Felsen der Petrziner (itzt Laurenziberg) genannt wird; unter selbem werdet ihr im Walde einen Mann finden, der die Schwelle zu einem Haus zimmert, und weil sich an dieser Schwelle viele stoßen werden, soll eine Stadt daselbst gebaut werden, und den Namen von der Schwelle Prag (Praha) führen. In der That fand sich alles so, wie es die Fürstinn sagte; ein Mann arbeitete mit seinem Sohne an einer Hausschwelle. An eben diesem Platz fieng man an die Stadt Prag zu bauen, und behielt vermög dieser Ereigniß diesen Namen. Hajeck der Geschichtschreiber setzt diese Begebenheit in das 723 Jahr nach Christi Geburt; wobey er auch ein Dorf, das an eben demselben Orte längst dem Ufer der Moldau gelegen seyn sollte, als einen Theil des itzigen Augezd meldet. Im Jahre 1214 hatte der damalige Besitzer des ersten Hauses in Prag, mit Namen Snislaw, selbes in eine Kapelle,

St.

St. Prokop genannt, welche noch heutiges Tages stehet, verändern lassen; zu welcher Veränderung ihn eine Traumgeschichte bewogen haben soll. Diese Kapelle wurde in folgenden
Jahren von dem prager Bischof Daniel im Beyseyn des Königs Nezamißl eingeweihet.

Nezamißl, Libussens und Nezamißls Sohn
ließ im Jahr 759 die Kleinseite mit einer Mauer
umgeben, nachdem er zuvor die Herren und
Edlen zu Rathe gezogen, welche erstlich den
Wischehrad, nachgehends die Ebene jenseits der
Moldau mit einer Mauer einzuschließen, vor-
geschlagen haben. Endlich wurde Libussens
Prophezeihung in Erfüllung gebracht, man
legte jenseits der Moldau an der Ebene eine
Stadt an, und umringte sie wider die Einfälle
der Feinde mit einer Mauer.

Diese ersten Mauern und Gränzen der
Kleinseite dauerten von dieser Zeit an, bis
1359, da Karl der vierte diese Stadt an der
Mittagsseite erweitert, und das vormalige
Malthesergericht und Augezd eingeschlossen hat,
diese Mauern erstreckten sich bis an die heutigen zwey Wirthshäuser, nämlich Baad und
Einhorn, wo noch zu Anfang dieses Jahrhunderts die alten damaligen zwey Thore zu sehen
waren, daher auch noch bis itzt das Malthefer-
gericht biß an das ehemalige innere Thor, so
mitten in der dasigen kleinen Querstraße nach
der Brückenstraße gestanden, sich erstreckt.

A 2   Von

Von da giengen die damaligen alten Stadt=
mauern gegen Mittag, diesseits der langen
Straße der Länge nach hinauf nach dem un=
tern Schloßthore zu, wie sich dessen noch be=
jahrte Leute, mitten in dieser Straße, wenn
man von der Dominikanerkirche auf den kleinen
Ring zugehet, das alte Thor der Stadt gese=
hen zu haben, erinnern. Bey Umringung der
Stadt mit den Mauern ist merkwürdig, daß
man eine Grube, welche mit Eisen, Holz und
Steinen bedeckt war, entdeckte, ohne zu wissen,
wer selbe gemacht hat; nach selber Eröffnung
bemerkte man ein Feuer, das niemand auslö=
schen konnte, diese Grube soll man unausge=
füllt gelassen haben, bis sie endlich von selbsten
eingegangen.

Da im Jahre 1241 Beda der IV. König
in Ungarn mit einem Theile der Tartarn in
Mähren einfiel, und auch Böhmen eine Ver=
wüstung gedrohet, ließ König Wenzel in aller
Eile die Kleinseite von neuen mit einer starken
und hohen Mauer von der Maltheserkirche an
bis zum Laurenziberg und das untere Schloß=
thor umgeben, ingleichen gegen Mittag längst
der Moldau hinter dem gräflich Waldsteinischen
Hause und St. Thomaskirche bis an das Brü=
ckenthor mit eben einer solchen Mauer einschlies=
sen; das Maltheserkloster, das außer der Stadt=
mauer stand, ließ dieser König durch Wälle und
Gräben gegen feindliche Anfälle sicher stellen:

auch

auch hat er das Kloster St. Georg im untern
Theil des Hradschins bis zur Bruska mit Ba-
steyen gut und stark befestigen lassen, doch ist
es mit diesen Vorsichten nicht so weit gekommen, daß man davon hätte Gebrauch machen
sollen; denn die Ungarn und Tartarn haben die
mährische Gränze gegen Böhmen nicht über-
schritten, da der Olmützer Stadtkommandant
Jaroslaw von Sternberg nach einem entscheidenden Treffen, in die Flucht geschlagen, und
dadurch Böhmen von der drohenden Gefahr be-
freyet hat.

Nach der Zeit erweiterte Karl der IV. um
das Jahr 1359 die Kleinseite mittagwärts sehr
ansehnlich. Er führte vom Augezder Thore
eine starke hohe Mauer, über den Laurenziberg
bis an das Strahöfer Kloster und den Pohorzeletz. Die Ursache zu diesem Baue soll die
damalige große Theuerung und das Elend, welches die armen Leute in Böhmen ausgestanden
haben, gewesen seyn, weil Kaiser Karl der IV.
als ein höchst gütiger Herr den Staat unter
einer solchen Last nicht gedrückt wissen wollte.
Durch diese Mauer wurde der ganze Bezirk des
Malthesesklosters, der Augezd, Strahof, Pohorzeletz und Hradschin gebracht, wodurch die
Kleinseite nebst dem Hradschin um die Hälfte
erweitert, auch mit verschiedenen Handwerkern,
die ihre Wohnungen unter dem Laurenziberg und
Augezd aufschlugen, besetzt wurde; dieser alt-

neu

neu erweiterte Bezirk der Kleinseite veranlaßte
den Ursprung zur Eintheilung der sogenannten
Nebenrechte. Eine merkwürdige Antwort von
Karl dem IV. auf die Frage von einigen Vor-
stehern, warum er so große Kosten zur Erweiterung der Kleinseite verwendet habe, verdient
bemerkt zu werden. Er seye willens, war die
Antwort, die Kleinseite von Hradschin bis an
das Dorf Bubenz zu führen, und an der Moldau zu schliessen, auch daselbst eine neue Stadt
zu bauen, und die Gränzen vom Hradschin,
Bubenz, Holeschowitz, und Bubna mit Inwohnern zu besetzen.

Unter dem Kaiser Ferdinand I. ist zu der
mittägigen Schloßseite die mitternächtliche
hinzugekommen, die in einiger Entfernung von
dem Hirschgraben von dem westlichen Theile
sich bis ans Ende der Kleinseite ausdehnt,
und die Marienschanze ausmacht. Zu Anfang
des dreyßigjährigen Krieges ließ Rubrecht von
Waldstein, Herzog von Friedland, hinter dem
Sandthore in dem Felsen einen Höhlweg aushauen, der über den Sommerberg sowohl in
das königl. Schloß, als auch außer der Kleinseite führet. Doch war das ehemalige Stadtthor nicht das gegenwärtige Karlsthor, sondern
es stand weiter unten, wo die Ebene zu steigen anfängt. Im Jahre 1697 ist das Augen-
dertbor, das allein seine Ravelin hat, denn
nirgends findet man sonst einige Aussenwerke,

wel-

welche ausgebauet worden. Das Karlsthor hat
Kaiſer Karl VI. ſtatt dem Brußkathor im Jahre
1720 und ſieben Jahre darauf das Strahöfer=
thor neugebaut.

In folgenden Zeiten iſt die Kleinſeite mit
vielen ſchönen nach der neueſten Bauart verfer=
tigten Privathäuſern gezieret worden; nebſt dem
enthält ſie zu ihrer Bequemlichkeit, Nothdurft
und Saubrigkeit gut angebrachte Waſſerleitun=
gen, Springbrunnen und Schläge.

Die Kleinſeite enthält gegenwärtig 538
Häuſer; die Märkte und Straßen ſind folgen=
de.

Der Ring enthält in ſich die Häuſer N. 1,
2, 3, 4, 5, 51, 52, 53, 54. 55, 56, 57, 58,
59, 60, 61, 62, 63, 64, 65, 66, 67. Dieſer
Platz hat den Namen und Urſprung vom Her=
zoge Mnata im Jahr 791. Denn bey Erbau=
ung der Kleinſeite geriethen die Einwohner we=
gen den Bau der Häuſer in Uneinigkeiten, al=
ſo, daß Herzog Mnata ſich ſelbſt ins Mittel
legen, und den Zwiſpalt trennen mußte; bey
dieſer Gelegenheit ließ er einige Häuſer einreiſ=
ſen, und ordentliche Gäſſen ſammt einem Ring
anlegen, daher ein jeder einen beſondern Platz
zum Bauen erhielt. Dieſe Anordnung wurde
nachher als eine allgemeine Richtſchnur zur Ent=
ſcheidung aller nachfolgenden Bauſtrittigkeiten
beobachtet.

Dieſer

Dieser Platz erhielt im Jahr 1785 ein besonders schönes Ansehen durch Hinwegräumung der in dessen Mitte stehenden Fleischhackerläden, Krambuden, und des Militärwachthauses.

Die merkwürdigsten Gebäude dieses Platzes sind das vormalige städtische Rathhaus, dieses hat mit der Ausmessung des Rings gleichen Anfang, und zwar auf folgende Art. Der Herzog Mnata bestellte zur Beförderung der öffentlichen Ruhe und Sicherheit einen Richter mit Namen Chiron, welchem er befahl, ein Haus an dem obern Thor (das ist bey dem ehemals sognannten schwarzen Thore, so zu selber Zeit das Ende der Stadt ausmachte) zu bauen, und ertheilte ihm zugleich die Macht das Volk statt seiner zu regieren. Dieser Chiron, den das Volk als seinen Vater liebte, ließ gleich anfangs seiner Statthalterschaft hohe Mauern um die Stadt führen, Häuser bauen, und ordentliche Gässen abtheilen, die hölzernen Häuser und Schranken ließ er niederreissen, und steinerne dafür aufrichten. Hierauf befahl ihm der Herzog mitten in der Stadt ober den Ring ein schönes Haus zu bauen, welches nachgehends zu einem ordentlichen Rathhause wurde, und stund an eben dem Orte, wo itzt die St. Wenzels Stadtpfarrkirche gebaut worden; die Veränderung der Statthalterschaft, da nämlich aus Richtern Räthe geworden, ist in den Zeiten

ten Karls des IV. nachzuschlagen, und scheint,
daß die Primatorsstelle aus dem alten Richter-
amte entstanden, welches in den ältesten Zeiten
das oberste Amt in den Städten gewesen.

Das Rathhaus steht also an der Ecke des
Markts oder Rings, wo die Laube der Thomasgasse sich lenket; doch ist selbes gehörigen
Bequemlichkeiten gemäß nicht eingerichtet, weshalb man schon öfters bedacht gewesen, selbes
zweckmäßig herzustellen. Bey der im Jahre
1784 vorgegangenen Magistratualvereinigung ist
dieses Rathhaus zum Theil zu einem Verwah-
rungsorte der alten Stadturkunden bestimmt
worden.

3) Das Haus des ehemaligen bekannten
Buchdruckers und Prokurators Arnolds von
Dobroslawa, hat eine schöne Fakade und oben
ein Parapet mit steinernen Figuren.

77) Das von Montagische, welches im
Jahr 1760 neu erbaut worden. Es hat eine
reguläre Bauart, und reicht zugleich in das
kleine Gäschen rückwärts mit seinem Hintergebäude.

82) Das Grömlingische Haus, welches im
Jahr 1778 erbaut wurde, steht vorwärts von
drey Seiten frey, mit dem Rücken stößt es an
die große St. Niklaskirche.

83) Ist die prächtige und wahrhaft sehens-
werthe Apotheke zum weissen Adler, so der Inhaber derselben Wenzel Ebenberger im Jahre
1783

1783 erbaute. Ihr gleicht an innerlicher prächtigen Einrichtung keine der ganzen Stadt Prag.

An vorerwähntes vormaliges Rathhaus ist
gegenwärtig das Gebäu der Militärhauptwache
angebracht, das vor dem Jahr 1783 in der
Mitte des Platzes stand. Die daselbst befindliche Wache wird alle Tage um 11 Uhr durch
einen Oberlieutenant und 16 Mann abgelöst.
Gleich hinter derselben sah man eine länglichte
Hütte, die man Fleischbänke nennet, wo alle
Gattungen von Fleisch feilgeboten werden. Man
erzählt von selbem Orte, daß, da einst die
Menge der Fliegen im Sommer außerordent-
lich gewesen, so, daß das Fleisch ganz von selben bedeckt war, der h. Prokop selbe durch ein
Wunderwerk aus den Fleischbänken verbannt
habe. Andere muthen dieses Wunder dem heil.
Adalbert zu, der, da er einst zur Zeit seiner
Flucht aus Böhmen an dem Orte, wo die
Fleischbänke stunden, ruhte, die Fliegen, weil
sie ihn sehr quälten, auf immer verbannte. Auch
diese Fleischbänke sind im Jahre 1785 von
hier etwas weiter abwärts versetzt worden.
Vorwärts auf dem Ringe stehet ein Röhrkasten
von Stein, auf welchem ein Löwe, der die
Stadtwappen hält, ebenfalls von Stein gestellt ist.

Der Platz an sich selbst hat kein reguläres
Viereck, sondern wird durch das grömlingische
Haus und noch einigen kleinen vorstehenden
verun-

verunstaltet. Um die Größe dieses Platzes regelmäßig zu machen, ist es sehr wohl geschehen,
daß die Fleischbänke und andere Kramläden weggeräumet worden sind.

Was noch den Kleinseitner Ring in Ansehung desselben Umfangs überhaupt betrift, so
mußte selber vor alten Zeiten sehr ansehnlich
gewesen seyn, denn die Geschichte meldet, daß
das Rathhaus den Mittelpunkt des Platzes ausmachte, und also an demjenigen Orte, wo die
St. Wenzels Pfarrkirche gebauet wurde, gestanden sey, woraus man ersieht, daß der wälsche Platz, ein Theil der Brückengasse,
und von der andern Seite desgleichen ein
großer Raum zu dem Umfange des Rings bey-
getragen habe. In folgenden Zeiten geschahe
es aber, daß mit zunehmender Menge der
Stadtbewohner, denen es nunmehro an dem
erforderlichen Platz Häuser zu bauen mangelte,
der Umfang des Rings nach und nach verbauet
worden war. So war der Fall mit dem ehemaligen Profeßhause der Jesuiten, das dem
kleinseitner Ring eine ganz fremde Gestalt gab,
und daraus gleichsam zwey Plätze, nämlich den
wälschen Platz, und den darunter begriffenen
bildete, welchem Beyspiele nachher viele Privatpersonen nachgefolgt, und ihre Häuser an
dieses große Gebäu angebauet haben.

II. Die Brückengasse, welche gleich an der
Brücke anfängt, und sich an dem wälschen Platze
schließt,

schließt , begreift die Häuser N. 6, 7, 8, 34,
35, 40, 41, 42, 43, 44, 45, 46, 47, 48, 49,
50. Die vorzüglichsten Gebäude dieser Straße
sind:

35) Das Sachsenhaus , dieses ist das
äußerste Haus zur Brücke , wenn man nach der
Kleinseite von der Altstadt über die Brücke
geht; dieses Haus hat Rudolph der ältere,
Kurfürst von Sachsen, der beym Kaiser Karl
dem IV. in großem Ansehen gestanden , und
also stäts sich um ihn befand, im Jahre 1350
erbaut. Es ist vor Alters eins der schönsten
und kostbarsten Häuser in Prag gewesen ; besonders war es wegen seinen gläsernen Fisch-
halter berühmt, welcher oben am Hause angelegt war, so, daß man von der Straße die
Fische in ihm spielen sehen konnte. Bey Anfang der hussitischen Unruhen im Jahre 1419
ist dieses Haus sammt dem größten Theil der
Kleinseite in Brand gerathen, und obschon selbes in der Folge hergestellt worden, ist es doch
an Zierde und Kostbarkeit dem vorigen nicht zu
vergleichen. Heut wird es von Privatpersonen
bewohnt, und gehört der kleinseitner Gemeinde.
Es sind im selben Hause viele Kramläden, und
die eine Seite desselben macht eine Nebengasse,
die auf den Maltheserplatz führt.

45 und 46) Gräflich Michel Kaunitzisches
Haus, welches zugleich ein Hinterhaus ausmacht,
so nach dem Maltheserplatz führet.

Bey

Bey Nr. 51 fängt das erste Laubenhaus an, und führt die Reihe hinauf bis an den sogenannten

III. Wälschen Platz, welcher folgende Häuser in sich hält: Nr. 68, 69, 70, 71, 72, 73, 74, 75, 76. Dieser Platz soll den Namen von einem Walde erhalten haben, welcher vor alten Zeiten daselbst gestanden, durch dessen Räumung die Kleinseite den Platz zum Häuserbau erhalten, er sollte eigentlich der waldische Platz genennet werden, welches aber nach heutiger Mundart in wälschen Platz verändert wird. Ein weiterer Beweis dieses Vorgebens wird noch heut zu Tage in der sogenannten Eulenmühle durch ein großes Stück Papelbaum gegeben, welches an dem Orte, wo der wälsche Platz ist, soll ausgehauen worden seyn. Die Mühle aber selbst wird daher die Eulenmühle genannt, weil auf demselben Pappelbaum Eulen genistet haben. Der Stamm ist 8 Klafter dick, die Hälfte steht noch fest, und hat ihre grünen Zweige, die andere Hälfte aber ist dürr. Vor einiger Zeit schlug der Donner in selben Baum, daher er durch den Brand hohl geworden, dessen Höhlung aber dem dortigen Müller zum Schweinstalle dienlich gewesen.

In der Mitte des Platzes steht derzeit im Jahre 1715 eingeweihte schöne Obelisk, darauf die allerheiligste Dreyfaltigkeit, und unter derselben die böhmische Patronen zu sehen sind.

Fer-

Ferdinand Breitkopf hat ſie mit Koſten der Gemeinde ſammt dem Obelisk aus hartem Sandſtein verfertigt, der Obelisk iſt mit rothen, das
Poſtament mit ſchwarzen Marmor ausgelegt.
Vor einigen Jahren iſt man ſehr ungeſchickt
auf den Einfall gerathen, die Säule mit Kalk
zu überſtreichen, wodurch dieſes Werk an ſeiner
wahren Zierde vieles gelitten.

70 und 71) Fürſt Lichtenſteiniſches Haus,
dieſes iſt ein anſehnliches Gebäu, ſo faſt die
ganze Seite des wälſchen Platzes, der St. Niklaskirche gegenüber, einnimmt. Hier iſt dermalen das königl. Oberpoſtamt angelegt.

69) Das gräflich Hartegiſche ſteht in der
Ecke und gleichſam im Winkel des Platzes, es
giebt eine Durchfahrt nach der Karmeliter-
gaſſe und dem wälſchen Spital, hat übrigens
eine regelmäßige Bauart, und einwärts viele
Bequemlichkeit. Im Jahre 1785 iſt ſolches von
außen zierlich renovirt worden.

74) Das ehemalige k. k. Kammerzahlhaus
iſt vor kurzer Zeit zum Theil ausgebeſſert, und
der Verwaltung der darinn abgehandelten Geſchäfte gemäß eingerichtet worden, bey gegenwärtiger Veranlaſſung aber, wo die ſämmtlichen Regierungsdepartements vom Schloße nach
dem vormaligen Profeßhaus der Jeſuiten verſetzt worden, iſt es nach dem Landhauſe verlegt worden. Gegenwärtig iſt hier die königl.
Bankaladminiſtration.

75) Das gewesne Jesuiter Profeßhaus ist in dem Stande, in dem man es bey der Auflösung des Ordens gesehen. Zu Anfang des gegenwärtigen Jahrhunderts wurde es gebaut; bey der Rednkzion ward es eine Kaserne, in welchem Zustande es bis zu Ende des 1788ten Jahres verblieben ist, zu welcher Zeit die darinn wohnenden Soldaten Befehl solches zu räumen, erhielten, weil man es zu einem Gebäu für die Landes- und Regierungsämter, die bisher im Schloße sich aufgehalten, einrichtete. Im Jahre 1784 wurde endlich dieses Gebäu zu einem Lanthause gemacht, und dazu eingebaut die ehemalige St. Wenzels Pfarrkirche, welche die älteste Pfarrkirche der Kleinseite gewesen, und vom Herzoge Boleslaw dem Grimmigen, welcher seinen Bruder den heiligen Wenzel umgebracht, ungefähr um das Jahr 932 erbaut, die Veranlassung ist folgende: Als des heil. Wenzels Leiche auf des Herzogs Boleslaw Befehl von Altbunzlau nach Prag in die St. Veitskirche gebracht, und beym Rathhause und dem daselbstigen Gefängnisse früh Morgens vorbeygeführt wurde, trug es sich zu, daß die vor den Wagen gespannten Ochsen stille stunden, so, daß man sie nicht von der Stelle bringen konnte, daher man genöthiget wurde, noch mehrere Ochsen und Pferde vorzuspannen, jedoch alles vergeblich. Dieses machte die Anwesenden aufmerksam, und es lief immer mehr Volk

Volk zusamm. Jeder verwunderte sich, und
fragte, was man denn so schwer führe? Die
Diener antworteten, wir führen des Fürsten
Boleslaws Schätze vom Bunzlauer in das hiesige Schloß; allein wegen der Seltsamkeit eines
solchen Zustandes soll das Volk näher getreten
seyn, den Kasten aufgemacht haben, worin sie
den Leichnam des heil. Wenzels wahrnahmen.
Als solches der geistliche Vorsteher der St. Veitskirche erfuhr, kam er mit der Klerisey auch herbey, und hielt an das Volk eine Rede, worin
er bewies, daß diese Begebenheit nichts anders
bedeute, als daß der heilige Wenzel, der in seinem Leben sich sehr barmherzig und mitleidig gegen die Nothleidenden und Gefangenen bewies,
auch nach dem Tode gern sähe, wenn die in
öffentlichen Stadtgefängnissen Schmachtende aus
dem Kerker möchten entlassen werden. Die Gefangenen sollen hierauf wirklich auf freyen Fuß
gesetzt, und gleich hierauf der Leichenwagen mit
leichter Mühe nach der St. Veitskirche gebracht
worden seyn. Zum Andenken dieser Geschichte
ist nachher jedes Jahr, am Tage der Uibertragung des heiligen Wenzeslai ein Gefangener
aus dem hiesigen Gefängniß losgelassen worden, seit einigen Jahren aber wurde diese Gewohnheit außer Acht gesetzt. Gleich nach diesem Wunderwerke wurde das Rathhaus in die
Stelle, wo sich das itzige befindet, versetzt, und
aus dem alten eine Kirche zu St. Wenzeslai errichtet,

richtet, und zu einer Pfarrey ernennt, nach der
Auflösung der Jesuiten aber wurden die Pfarr-
rechte der St. Nikolaikirche übertragen. Im
Jahre 1784 aber ist die Kirche St. Wenzeslai
bey Gelegenheit der Einrichtung des ehemaligen
Profeßhauses der Jesuiten zum Regierungsgebäude gänzlich abgebrochen worden, daß man
also heutiges Tages keine Spur mehr davon
erhält.

Die städtische Hauptpfarrkirche St. Nikolai
war bereits in alten Zeiten eine Pfarrkirche,
von der man weiter nichts mehr weis, als daß
sie der Prager Bischof Tobias im Jahre 1183.
eingeweihet hat. Vom König Wenzel dem V.
wurde sie im Jahre 1396 dem Domkapitel zu
Karlsstein geschenkt, dem sie aber in 23 Jahren darauf von den Hußiten wieder entrissen
worden, in derer Besitz sie, wie die meisten
Kirchen zu Prag, bis zur entscheidenden Schlacht
auf dem weissen Berge bey Prag geblieben. Im
Jahre 1625 mußte der kleinseitner Stadtrath
Kraft eines Hofdekrets, das der Erzbischof Harrach mit dem Herzoge von Friedland vom Kaiser bewilligt hatte, den Jesuiten diese Kirche,
sammt dem Pfarrhause und der Schule einräu-
men. Dieser Herzog Ruprecht von Waldstein
stiftete und erbaute im Jahre 1628 das Profeßhaus der Jesuiten. An der Kirche haben
der ältere und jüngere Dinzenhofer gegen hundert Jahre gebaut. Sie ist auch eine der kost-

barſten Kirchen in Prag, doch läßt ſich das Aug
keineswegs von der Menge des Goldes und des
Kunſtwerkes, von den lebhaften Farben
blenden, womit man ihre Fehler zu bedecken
denket, das Schönſte in der ganzen Kirche iſt
unſtreitig das von Xavier Palko in der Kupel
verfertigte Gemälde, und ein Blatt an einem
Seitenaltare den heiligen Franziskus Xaverius
vorſtellend. Nach Aufhebung dieſer Geſellſchaft
iſt dieſe Kirche wieder zu einer Pfarrkirche ge=
macht worden.

68) Das k. k. Leih = und Verſatzamt. In
ſelbem Hauſe wird auf Pfänder verſchiedener
Art baares Geld vorgeliehen, wovon man die
Zinſen mit 8 1/8 pro cento zahlet. Jede erſte Mitt=
woche nach Verlauf des Jahrs und 6 Wochen
werden die Pfänder, wenn ſelbe noch nicht ein=
gelöſet ſind, durch öffentliche Verſteigerung feil=
geboten.

IV. Der Kohlplatz begreift in ſich die
Häuſer Nr. 23, 24, 25, 26, 27, 28, 29, 30,
31, 32, 33, dann genau an der Brücke 34, 35.
Darinn iſt einigermaſſen merkwürdig.

31) Das Fleiſchhacker Schlachthaus. Kraft
einer Polizeyverordnung muß hierorts alles zum
Stadtkonſumo eingebrachtes Schlachtvieh ge=
ſchlachtet werden, um von deſſen guter und ge=
ſunden Beſchaffenheit überzeugt zu werden. Sol=
ches Schlachthaus hat jede Stadt insbeſondere
für ſich ausgewieſen.

V.

V. Erstes Malthefer. Plätzchen bey der
Kirche. Badegäffel bevor man von der Büf-
ckengaffe dahin fömmt , Nr., 36, 37, 38, 39.
Das Plätzl begreift an sich selbst Häuser 337,
338, 339, 340, 341, 342, 344. Unter diesen
sind merkwürdig.

36) Gasthaus zum Bade. Dieses ist zur
Einkehr der Paffagiers mit allen erforderlichen
Bequemlichkeiten versehen, hat einen Tanzsaal,
wo zur Faschingszeit Bälle gegeben werden.

37) Das Gasthaus zum Einhorn, dies ist
ein sehr geräumiges Gebäu, das inwendig zum
Empfang vornehmer Reisender wohl versehen
ist. Deffen hinterer Flügel geht nach dem
Malthefer Plätzl.

339) Malthefer Kirche, sonst bey unser
lieben Frauen unter der Kette. genannt. Diese
Kirche und Privatgebäu waren in alten Zeiten
sehr schön, groß und fest, welche aber nach
der Zeit, und besonders in den hußitischen Zeiten im Jahre 1400 ganz zerstört worden, so
daß heutiges Tags nur die alte vormalige Mauer
der alten Kirche bey dem Eingang in die itzige
zu sehen ist, als welche nach der Zeit wieder
erbaut, doch viel kleiner und der vorigen an
Pracht ungleich, indem die erste vormals über
den ganzen Hof gieng, und auch die heutige
Kirche einschloß. Eben so waren auch die
Thürme viel höher, die aber, weil sie vom
Brande beschädiget, abgetragen werden mußten.

H 2 Ebe

Ehe die Malthefer diefe Kirche erbaut, hatten
fie die Kirche St. Johann na Bogifft (das ift,
auf dem Schlachtfelde) innerhalb der Neuftadt
nicht weit vom Schweinsthor, im Porzih, und
ihr Klofter dafelbft angebauet, welche Kirche
und Klofter Elifabeth des böhmifchen Herzogs
Friedrich Gemahlinn im Jahre 1170 erbauet
und diefes zwar zum Andenken des an diefem
Orte vom Heinrich über feinen Vetter Sobi slaw
erfochtenen Sieges. Um das Jahr 1193 über=
zogen die Malthefer von der Neuftadt in die
Kleinfeite nach der heutigen Kirche und dem
Kloftergebäu, und hinterliefen in ihrem alten
Orte nur 12 Priefter zur Verfehung des Got=
tesdienftes. Ungefähr nach dem Jahr 1254
warb der Vorfteher diefes Klofters zum Groß=
prior von Böhmen ernannt, und ihm fein Sih
zu Strakonih angewiefen, zu gleicher Zeit er=
hielt er auch einen Bezirk von den umliegenden
Häufern, die feiner Gerichtsbarkeit unterwor=
fen wurden. Diefes Klofter lag bishero noch
immer außerhalb der Stadtmauer, allein Karl
der IV. ließ folches im Jahre 1354 in die Stadt
mit einziehen. Bey diefer Kirche ift befonders
merkwürdig das Archiv des Maltheferordens,
foweit es nämlich Böhmen, Mähren und Schle=
ften betrift, worüber der Ordenskanzler jeder=
zeit die Auffischt führt. Es wird niemand in den
ritterlichen Maltheferorden, er habe dann von
väterlicher als mütterlicher Seite 16 Ahnen von
guten

guten Adel ausgewiesen, angenommen. Demnach findet man in diesem Archiv viele wichtige Urkunden, welche den Stammregister des böhmischen Adels aufklären. Der Grandprior des Ordens hat auf den Landtägen die vierte Stelle.

VI. Zweytes Maltheserplätzel, bey der Statue begreift die Häuser 345, 346, 347, 348, 364, 365, 366, 367, 368, 369, 370. und fängt bey dem Prokopißischen an, von welchem schon oben das Merkwürdige davon erzählt wurde.

In der Mitte des Platzes sieht man eine Statue.

VII. Drittes Maltheserplätzl beym gräflich Nostitzischen Hause, welches in sich die Häuser 361, 362, 363, 371, 372, 373. enthält, unter welchen merkwürdig ist, das sub numero

373) Gräflich Nostitzische Palais, es besteht in einem beynahe regulären Viereck, hat 100 Schritte in der Länge und gegen 80 in der Breite.

VIII. Waldsteinisches Plätzel hat die Häuser 170, 171, 172, 173, 174, 175, 176, 177, 178, 179, 180, 181, 182, 183, 184, 185, 186, 187, 188, 189., darunter das zierlichste 176, nämlich das Fürstenbergische Palais ist.

184) Gräflich Waldsteinische hat einen sehr großen Umfang und einen schönen Garten, an dessen Ende ein Teich angebracht ist, und um welchen man zwischen einer schönen Orangerie spa-

ſpazieren kann, an der andern Seite iſt eine kleine Waldung, und in ſolcher ein Vogel‐ haus.

IX. Die Inſel Kruzpa enthält folgende Häuſer Nr. 302, 303, 304, 305, 306, 307, 308, 309, 310, 311, 312, 313, 314, 315, 316, 317. darunter iſt merkwürdig Nr.

316 und 317) Gräflich Kollowratiſche Ho‐ tel und Gartenhaus. Es liegt am Waſſer ober‐ halb der Brücke mit einem niedlichen Garten verſehen, welcher wegen ſeinen vielen auserle‐ ſenen Sorten von Nelken ſehenswürdig iſt.

X. Die Augezder Gaſſe begreift die Häuſer Nr. 390, 391, 392, 393, 394, 395, 396, 397, 398, 399, 400, 401, 402, 403, 404, 405, 406, 407, 408, 409, 410, 411, 412, 413, 414, 415, 416, 417, 418, 419, 420, 421, 422, 427, 428, 429, 430, 431, 432, 433, 434, 437, 438, 439, 440, 441, 442, 443, 444, 445, 446, 447, 448, 449. Der Augezd, welcher ein ziemlich großes Stück von der Kleinſeite beträgt, liegt unter dem Laurenziberge. Den Namen hat er von einem alten Dorfe, ſo vormals an dieſem Orte geſtanden iſt. Heut zu Tage findet man fol‐ gende merkwürdige Gebäude Nr.

396 und 397) K. K. Zeughaus iſt an dem Orte erbaut worden, wo vor breyßig Jahren der ehemals berühmte Schwarzenbergiſche Gar‐ ten geſtanden. Er war 400 Schritte lang und

300 breit. Gegenwärtig sieht man hier verschiedene alt und neue Armaturen.

408) Das kleinseitner bürgerliche Spital, nächst diesem steht die zu St. Niklas gehörige Filial genannt zu St. Johann dem Täufer, diese ist schon im Jahre 1000 zum erstenmal gebaut worden, und war schon damals eine Pfarrkirche. Sie sieht übrigens sehr altväterisch aus.

421) Die städtische Kaserne steht beym Augezderthor unter dem Laurenziberge, sie ist von Steinen ganz bequem und geräumig für die prager Besatzung erbaut, daß darinn sechs Kompagnien bequem beysammen einquartiert liegen können. Sie ist 306 Schritte lang und 30 breit, vorwärts hat sie einen Exerzierplatz.

St. Laurenzkirche am Fuße des Berges gleichen Namens ist eine von den ältesten Kirchen, zu derer Erhaltung die Bürger im Jahre 1395 den Zinsgroschen zu legen angefangen hatten, itzt ist sie eine Filial der St. Niklas Pfarrkirche, nicht weit davon ist

435) Das den PP. Karmelitern gehörige Gartenhaus, welches sehr reizend und angenehm ist.

Laurenziberg. Dieser Berg war in den ältesten Zeiten Petrzin genennet, welchen Namen der Geschichtschreiber Hagek von Petra einen Fels ableitet, Nebel hingegen sagt, daß die

Mar-

Markomannen oder auch die ersten slawischen christlichen Herzoge an diesem Berge eine Kapelle unter St. Petersnamen erbauet haben, wovon sie diesen Namen dem ganzen Berge gaben. Itzt aber wird der Berg von der daselbstigen Kirche Laurenziberg genannt. Diese Kirche ist im Jahre 991 vom Herzoge Boleslaw dem I. erbaut worden. Die Veranlassung zu diesem Baue wird insgemein von dem Volke nach einem alten Gerüchte folgendermaßen erzählt: Als die Prager in den ältesten Zeiten Steine vom Laurenziberge zum Häuserbau brachen, hatten die Steinbrecher zu ihrer Bequemlichkeit an dem Berge eine Hütte errichtet, und bey der Nacht bey kalter Witterung Feuer angerichtet. Da nun zu dieser Zeit die meisten Heiden noch unter dem freysten Vorrecht lebten, und dem Feuer göttliche Ehre erwiesen, so machten sie sich diesen Umstand zu Nutzen, um ihren gottesdienstlichen Handlungen um so eifriger obzullegen; auch wurden sie in ihrer Unternehmung um so mehr unterstützt, da sie sich im Feuer ihre Großältern, dann andere menschliche Figuren, die sie als abgeschiedene Seelen, die ihnen Sachen von besondern Dingen entdecken würden, gesehen zu haben einbildeten, woraus sie das sicherste Zeichen der günstig aufgenommenen Verehrung und des geleisteten Opfers erhalten zu haben, sich überzeugten. Als der christliche Herzog Boleslaw diesen Unfug wahrnahm,

nahm, ſolle er die Grube, worinn das Feuer
angelegt war, verſchütten, und darauf
eine Kirche zu Ehren St. Laurenz bauen laſſen,
dadurch dieſer heydniſche Aberglaube verdrängt
wurde. Nach der Zeit ſoll die Kapelle nach
und nach erweitert, und bis in den ißi-
gen Stand geſetzt worden ſeyn. Von dieſem
Berge hat man die ſchönſte Ausſicht über ganz
Prag, auch befinden ſich an ſelben viele Wein-
und Obſtgärten, wie auch verſchiedene Luſtgebäude.

XI. Badgäschen, ſieh Nr. 5. Maltheſerplätzel.

XII. Dominikanergaſſe begreift die Häuſer
Nr. 359, 360, 384, 485, 386, 387, 388, 389,
450, 451, 452, 453, 454, 455, 456. Darinn
findet man merkwürdig:

359 und 360) Das Dominikaner Kirchen-
und Kloſtergebäude wird insgemein zu St. Maria Magdalena genannt, war bereits unter dem
Herzog Wladislaw als eine Kapelle erbaut,
die große Kirche aber iſt erſt im Jahre 1372
von Kaiſer Karl dem IV. gegründet worden.
Die Dominikaner kamen hieher im Jahre 1624
nachdem ſie im Jahre 1562 das Kloſter St. Klemens, welches Kaiſer Ferdinand den Jeſuiten
eingeräumt, verlohren, und ſodann das Kloſter
St. Egidi und Franziſci auf dem Frantiſchek
mit dieſem vertauſcht hatten. Die heutige Kirche iſt auf Koſten des Grafen Michna im Jahre
1709 errichtet worden. Nächſt der Kirche ſteht
man eine Kapelle, welche in den älteſten Zeiten

zu St. Maria Magdalena genennt worden war,
und der heutigen Kirche nachher der Name gegeben. Dieſe hat ein reicher Jude, der dem
Scheine nach den chriſtlichen Glauben angenommen, aus ſeiner eigenen Synagoge, die an
eben demſelben Orte ſtand, im Jahre 1124 erbauen laſſen, denn die Juden wohnten um
dieſe Zeit auf dem Augezb, und der Errichter
ofterwähnter Kapelle ſoll einer der Vornehmſten aus ihrer Gemeinſchaft geweſen ſeyn. Man
erzählt, er hätte den chriſtlichen Glauben nur
deshalb angenommen, um von dem Herzog
Wladislaw zu großen Aemtern befördert zu
werden, da aber ſeine Abſicht mißlungen, habe
er die von ihm errichtete Kapelle durch Verun-
ehrung der darinn befindlichen geweihten Sachen
wieder zerſtöhret, worauf ſein ganzes Vermögen eingezogen, und er des Landes verwieſen
wurde. Nach der Zeit iſt bey dieſer Kapelle
ein Gebäu für die bußfertigen Perſonen weiblichen Geſchlechts, welche Magdaleniten hieſſen,
angelegt worden, allein dieſes Gebäu hatten
die Hußiten im Jahre 1419 völlig zerſtöhrt, und
wurde ein ſolches in fernern Zeiten nicht hergeſtellt. Im Jahre 1784 aber iſt das Dominika-
nerkloſter aufgehoben, und die Mönche in andere Klöſter verſchickt worden. Sonach iſt das
Gebäu ſäkulariſirt und zum weltlichen Gebrauch
beſtimmt worden.

XIII.

XIII. Heuwage hält in sich die Häuser Nr.
208, 209, 210, 212, 213.

XIV. Josephsgasse hat Nr. 9, 10, 11,
259, 260, 261, 262, 263, 264, 265. Darunter
ist merkwürdig

10 und 11) Das ehemalige Nonnenkloster
des Karmeliterordens zu St. Joseph, welches
vom Kaiser Leopold im Jahre 1656 erbauet
worden. Das Kloster hat einen sehr großen
Garten, worinn noch einige Kapellen anzutref-
fen. Im Jahre 1782 sind die hiesigen Nonnen
nach dem Kloster zu Frauenthal versetzt, und
das Jahr darauf die sogenannten englischen
Fräulen hierorts eingeführt worden. Diese
englischen Fräulen hatten bevor ein Haus
nahe dem Karmeliterkloster bewohnt, und ihrem
Institute gemäß die Mädchen in den Grundsä-
tzen einer anständigen Lebensart, als auch in den
gemeinen Verrichtungen unterrichtet.

XV. Die Karmelitergasse hält die Häuser
Nr. 352, 353, 354, 355, 356, 357, 358, 457,
458, 459, 460, 461, 462, 463. Darunter ist
merkwürdig Nr.

457) Das Karmeliterkloster und Kirche,
sonst Maria de Viktoria genannt, ist von den
Protestanten im Jahre 1611 zu bauen angefangen worden. Sie hieß damals die Drey-
faltigkeitskirche. Als sie eben im Jahre 1620
dem Kaiser Ferdinand in die Hände fiel, bekamen sie sodann die unbeschuhten Karmeliter,
woju

wozu er ihnen noch das Kloster baute. Die
Kirche allein, und ohne den zween Thürmen,
solle den Protestanten über 62000 fl. gekostet
haben. Den gegenwärtigen Namen trägt sie
zum Andenken des weissen Berges, welches der
Ort eines herrlichen Sieges ist. Das Gebäu
in sich ist sehr vollkommen, aber dabey sehr
simpel. Im Jahre 1785 ist dieses Kloster ebenfalls mit noch vielen andern aufgehoben worden.

XVI. Die Spornergasse begreift die Häuser Nr. 86, 87, 88, 89, 90, 91, 92, 93, 94,
95, 96, 97, 98, 99, 100, 101, 102, 103, 104,
105, 106, 107, 108, 109, 110, 111, 112, 113,
114, 115, 116, 117, 118, 119, 120, 121, 122,
123, 124, 125, 126, 127, 128, 129, 130, 131,
132. Darunter ist merkwürdig Nr.

87) Das gräflich Martinische Majoratshaus. Es ist ein prächtiges Gebäu, doch nach
der alten Art, weswegen es zur Wohnung für
vornehme Personen etwas unbequem ist, doch
hat es von außen ein herrliches Ansehen, und
innen ist es ziemlich geräumig, denn es hat
zwey Höfe. Hier hat der Hr. General der
Kavallerie Graf von Wurmser als dermaliger
Bewohner dieses Hauses bey Gelegenheit der
allgemeinen Religionsduldung das erste Bethaus
für die deutsch und böhmische protestantische Gemeinschaft eröffnet.

101). Das Bretfeldische Haus ist von dem dermaligen Besitzer Landesadvokaten und Konsistorialkanzlers Herrn von Bretfeld nach der neuen Bauart hergestellt worden. Hat von der Gasse ein niedliches Ansehen; die rechte Seite desselben geht nach dem Gäschen zu St. Johann unterm Bergl. Inwendig findet man's prächtig und nach dem neuesten Geschmack eingerichtet.

120) Das gräflich Kollowratische Haus ist ein ansehnliches Gebäu mit einem schönen Portal und geräumigen Zimmern.

Die ehemalige Kajetanerkirche, Theatinerordens. Dieses ist in Form eines lateinischen Kreuzes im Jahre 1672 zu bauen angefangen worden. Sonst stund allda ein Haus der Edelknaben, welches der Kaiser Leopold diesen Geistlichen geschenkt hat. Im Jahre 1717 ist diese Kirche, die sonst die Kirche U. L. F. von der Vorsicht genannt wird, eingeweihet worden; die Kupel aber ist noch immer unaufgeführt; die Statuen an den Altären sind von Alabaster schön gearbeitet. Im Jahre 1783 ist dies Kloster der Kajetaner aufgehoben worden, das Gebäu steht gegenwärtig leer.

XVII. Schloßstiegengasse begreift in sich die Häuser Nr. 134, 135, 136, 137, 138, 139, 140, 141, 142, 143, 144, 145, 146, 147, 148, 149, 150, 151, 152, 153, 154, 155, 156, 157. Darunter ist merkwürdig.

148) Das gräflich Louis Hartegische Haus, dessen Vorderseite die Aussicht nach der aufsteigenden Schloßstiege hat, ist nach der römischen Ordnung angelegt, geht hinterwärts ziemlich weit hinaus, und man kann von dessen obersten Stockwerke die Stadt weit übersehn, inwendig aber ist es an einigen Orten baufällig.

139) Das gräflich Kollowratische Pupilarhaus siehe Spornergasse.

140) Ehemaliges Kajetanerkloster, desgl. 152, 153. Gräfl. Thunisch.

XVIII. Neben der St. Wenzels, oder eigentlichen St. Nikolai Pfarre sind Häuser Nr. 158, 159, 160, 161, 162, 163, 164, 165, 166, 167, 168, 169. Darunter sind merkwürdig.

160) Das gräflich Thunische Haus.

162) Das ehemalige gräflich Klenauische, nun aber Putzlachrische Haus, ist wegen der darinn befindlichen Kapelle St. Michaelis merkwürdig. Diese Kapelle hat der heil. Wenzel im Jahre 930 gebaut. Noch zu Anfang gegenwärtigen Jahrhunderts soll man den Gang, den dieser Fürst von ihr bis auf das Schloß führete, und der nun verschüttet ist, gesehen haben. Eben in diesem Bezirk sieht man auch den hintern Theil des königlichen Landhauses, jenen nämlich, der aus dem vormaligen Jesuiten, und nachherigen deutschen Normalschulgebäu entstand, und wo gegenwärtig die Wohnung

Sr.

Sr. Exzell. des tit. Hrn. Gubernialvizepräsidenten Prokop Graf Lazansky, dann die Gubernialkanzley nebst einigen andern Departements angewiesen ist.

XIX. Thomasgasse begreift die Häuser Nr. 191, 192, 193, 194, 195, 196, 197, 198, 199, 200, 201, 202, 203. 204, 205, 206, 207. Darunter sind merkwürdig

207) St. Thomas Augustinerkloster hat erst Przemislaus Ottokarus mit einem kleinen Kloster für die Benediktiner gebaut. Der Sohn dieses Königs berief im Jahre 1285 die Augustinermönche nach Prag, ließ die Benediktiner wieder nach St. Margareth ziehen, und räumte den Ankömmlingen dieses Kloster ein. Gegenwärtig stellt die Kirche ein schönes und großes Gebäu vor, ist 100 Schritte lang, und 50 breit; um die Kirche befindet sich ein kleiner Bezirk von Häusern, über welche das Kloster vormals seine Gerichtsbarkeit ausübte. In hußitischen Unruhen ist diese Kirche, so wie viele andere mehr zerstöhret worden.

XX. Bey St. Peter und Paul Kirche sind die Gebäude Nr. 214, 215, 216, 217, 218, 349, 350, 351, 352, 353, 354, 355, 356, 357, 358. Darunter ist merkwürdig

St. Peter und Paul Kapelle, von welcher man nur folgendes erzählen kann, daß sie schon zu Zeiten Ferdinand des ersten gestanden seyn soll; dazumal gehörte sie den Besitzern des Jesuiterhauses (Baffie) als eben dieses im Jahre 1620

1620 dem Fiskus anheim fiel, kam es sodann zu dem altstädter Seminarium St. Wenzeslai sammt der Kapelle. Heut ist solche eine Filial der St. Thomas Pfarre.

XXI. Bey der Bruska ersieht man folgende Häuser Nr. 219, 220, 221, 222, 223, 224, 225, 226, 227, 228, 229, 235, 236, 237, 238, 239, 240, 241, 242, 243, 244, 245, 246, 247, 248. Darunter sind merkwürdig

223) Die k. k. Ziegelhütte. Die Gegend umher ist deswegen berühmt, weil in alten Zeiten daselbst die Libussa sich befunden haben solle, der eigentliche Ort wird unweit des Sandthors gezeigt, das von dem vielen Sande, welcher zum Behuf der Ziegelhütte durch solches dahin geführt wird, den Namen zu erhalten scheint, wie denn solches Thor vormals nicht gewesen, sondern mit großer Arbeit und Kosten erst nach der Zeit durch den Felsen gehauen worden ist.

240) Das k. k. Militairökonomiehaus vormals Kriegelsteinisches Haus genannt, ist gegenwärtig als eine Fabrike aller Militärmonturssorten umgestaltet, welche hier nach einem ungleich wirthschaftlichen Fuße, als es vorhin nicht geschehen war, verfertigt worden. Die Arbeiter hierorts sind meist obligate Leute, doch werden auch zuweilen Kontrakte mit bürgerlichen Profeßionisten angeschlossen, welche die Monturssorten nach dem vorgeschriebenen Syftem

und

und bedungenem Preise in dieser Militärökono-
mie abliefern. Die Direkzion darüber führt
eine besondere Kommißion, welche den Namen
Militärökonomiekommißion führt.

243) Das ehemalige Jesuitergartenhaus,
nunmehr im Privatbesitze, nächst daran ist die
Kapelle St. Ignaz, von dort kommt man zur
Kapelle Mariä Magdalenä. Sie liegt auf dem
Sonneberge, und ist sehr alt, wie man solches dem Aeußerlichen nach sehr vollkommen aus-
nehmen kann.

245) Die Gemeinüberfuhr, oder welche
die untere genannt wird. Hier wird man
nach der Altstadt zum Spinnhause überge-
führt.

XXII. Am Ufer der Moldau steht man die
Häuser Nr. 266, 267, 268, 269, 270, 271,
272, 273, 274, 275, 276, 277, 278, 279, 280,
281, 282.

XXIII. Neugasse begreift die Häuser Nr.
283, 284, 285, 286, 287, 288, 289, 290, 291,
292, 293. Darunter ist merkwürdig

292) Das Seminarium zu St. Peter, sonst
das wendische genannt, ist zu dem Ende gestiftet, um die aus der Lausitz gebürtige, und
dem Studium obliegende Jünglinge während
der Zeit ihres Studirens zu unterhalten. Itzt
befinden sich in selbem gegen 30 Studenten, und
stehen unter der Aufsicht eines geistlichen Vorstehers, der auch jederzeit ein Lausitzer von

Beschr. v. Prag.   C   Ge-

Geburt seyn muß. Diese Stiftung mag die Zeiten unsers Jahrhunderts nicht übersteigen.

XXIV. Unter der Brücke findet man folgende Häuser Nr. 294, 295, 296, 297, 298, 299, 300, 301.

XXV. Gegen den kleinen Venedig sind die Häuser Nr. 318, 319, 320, 321. Gegenüber steht der kleine Venedig: dies ist eine kleine Insel, so in der Moldau zwischen der Kleinseite und Altstadt an der Seite der obern Überfuhr liegt. Diese Insel dient meist zu einer Spazierfahrt der Prager Einwohner. Den Namen kleiner Venedig hat sie zum Unterschied einer andern Insel, welche hinter dem Spittelthor liegt, und der grosse Venedig heißt.

Merkwürdig ist, daß von einigen der prager Bürgerschaft eine Gesellschaft, unter dem Namen der Freyschützen, errichtet worden, welche diesen kleinen Venedig zu ihrem Versammlungsorte gewählt haben. Sie kommen zu bestimmten Tagen hier zusamm, und üben sich im Schüßen, bey welcher Gelegenheit verschiedene Preise ausgesetzet werden.

XXVI. Auf dem Platz gegen dem Moldauarm sieht man die Gebäude Nr. 322, 323, 324, 325, 326, 327, 328.

XXVII. Auf dem Grandpriorischen Platz Nr. 329, 330, 331, 332, 333, 334, 335, 336. unter diesen ist merkwürdig

333) Grandpriorisches Haus.

334)

334) Gräflich Buquvisches Haus.

XXVIII. Hinter dem gräflich Nostitzischen
Haus befinden sich die Häuser Nr. 374, 375,
376, 377, 378, 379, 380, 381, 382, 383. unter diesen sind merkwürdig

374, 376, 377) Gräflich Nostitzisches Haus
und Reitschule.

379) Kleinseitner geweste Jesuitergarten,
nunmehr dem bürgerl. Weinhändler Hr. Graf
gehörig, welcher diesen Garten zur Bequemlichkeit und Ergötzung seiner Gäste einrichtet, er
hat hier auch die sogenannte englische kalte Bäder angelegt, welche Sommerszeit bey großer
Hitze zur Erfrischung derer, die gerne baden,
vortreflich dienen.

XXIX. Profopigäßchen begreift die Häuser
Nr. 348, 349, 350, 351. Die hier befindliche
Kapelle ist schon bereits im Vorhergehenden be-
merket worden.

XXX. Neumarktsgasse begreift die Häuser
Nr. 464, 465, 466, 467, 468, 469, 470, 471.
Darunter zeichnet sich aus das gräflich Hats-
feldische Palais mit einem prächtigen Lustgarten, der sich nach dem Laurenziberge hinauf
zieht.

XXXI. Spitalgasse hält die Häuser Nr. 472,
473, 474, 475, 476, 478, 479, 480, 481, 482,
483, 484, 485, 488, 489, 490, 491, 492, 493,
528, 529, 530, 531, 532, 533, 534, 535, 536,

537, 538, 539. Darunter zeichnet sich aus das Fürst Lobkowitzische Haus unter Nr. 480.

XXXII. Wälsche Spitálplatz hat Nr. 494, 495, 496, 497, 498, 499. merkwürdig ist

494) Das wälsche Spital zu St. Karl Boromeo. Die Kirche ist unter Kaiser Rudolph dem II. von den Italiänern zu bauen angefangen worden, und im Jahre 1617 zu Stande gekommen. Das musikalische Chor ist im Jahre 1772 erweitert worden. Rebel setzt in seiner Beschreibung der Stadt Prag die Erbauung dieses Spitals in das Jahr 1353, indem er bezeigen will, daß um diese Zeit Karl IV. die Gegend des Laurenziberges, so nachher auf seine Anmerkung mit zu der Kleinseite einbezogen worden, einigen wälschen und französischen Künstlern zur Wohnung angewiesen, welche nicht nur allein an diesem Orte ihre Fabriken angelegt, sondern auch dieses Spital gestiftet haben sollen. Nach der Zeit ist dieses Spital durch die wohlthätigen Beyträge der in Prag sich aufhaltenden wälschen Nazion zu einem dem Staate sehr nützlichen Institute gediehen, dessen Endzweck ist, die weggeworfenen Opfer einer unglücklichen oder unerlaubten Liebe zu sammeln, selbe so lange zu erziehen, bis sie ihr ferneres Unterkommen sich selbst zu verschaffen im Stande sind.

XXXIII.

XXXIII. Gegen der Kirche St. Johann unterm Bergl stehen die Häuser Nr. 500, 501, 502, 503, 504, 505, 506, 507, 508. hinter der Kirche Nr. 509, 510, 511, 512, 513, 514, 515, 516, 517, 518, 519, 520. Merkwürdig ist Nr.

508) St. Johann unterm Bergl (in Obonze) genannt, eine Filial zu St. Niklas; die Kirche ist eben so alt, als die neben ihr stehende Kapelle des heil. Matthäus. Doch will uns Georg Strebowsky in seiner mährischen Geschichte versichern, daß die erste bereits vom Herzog Wladislaw I. sey erbaut worden. Im dreyzehnten Jahrhundert kamen die Maltheser, damals noch die Rhodiser Ritter — auf die Kleinseite, und bauten sich da ein Kloster.

XXXIV. Todtengasse begreift die Häuser Nr. 521, 522, 523, 524, 525, 526, 527.

II. Hradschin.

Der Ursprung des Namens Hradschin (Hrab schany) wird von dem böhmischen Wort Hrad, so ein Bergschloß bedeutet, hergeleitet. Hradschin, oder der obere Theil der Kleinseite hat aamentlich drey Hauptabtheilungen, als erstens den Schloßbezirk, welcher den untersten Theil vom Hradschin ausmacht, zweytens den eigentlichen Hradschin, so der mittlere Theil ist, und zugleich die sogenannte neue Welt begreift;

Drit-

drittens den strahöfer Bezirk als den obersten
Theil, darunter auch der Pohorzeletz gezählt
wird. Wenn man dem Ursprunge vom Hradschin in Beziehung auf seine Erstehungsart
nachgeht, so findet man, daß die erste Anna-
gung des königlichen Schloßes zugleich die Gelegenheit zum Anbau und Erweiterung dieses
obern Theils der Stadt Prag gegeben. Hagek
setzt den Ursprung vom Hradschin in das Jahr
717, zu welcher Zeit Libussa den am dritten
Ort befindlichen Wald umhauen, und zuerst ein
hölzernes Haus aufgerichtet haben wollte. Dieser Geschichtschreiber bezeigt weiters, daß dieses Haus mit dickem Walde und einem Bächlein
umgeben seye. Uibrigens ist es wahrscheinlich,
daß von der Zeit der ersten Aenderung des
königl. Schloßes auch nach und nach die Gegend
um Hradschin mit Inwohnern besetzt zu werden
anfieng; doch ist Hradschin für keine Stadt zu
halten gewesen, indem er nur, so zu sagen,
mit Hütten bebaut war. Selbst zu den Zeiten
König Wenzels I. um das Jahr 1241 wurde
der untere Theil vom Hradschin aus Furcht gegen die in Mähren und Schlesien eindringende
Ungarn und Tartarn mit einer Mauer umgeben, der obere Theil jedoch wurde nicht mit zur
Stadt gerechnet, als bis zu den Zeiten Karls
des IV. da der ganze Hradschin mit einer Mauer
zur Stadt Prag vereiniget worden, und nachher als eine königliche Stadt dem Landesun-

fter-

terkammeramte unterworfen. Unter der Regierung
Kaiser Josephs I. ist Hradschin als die vierte Stadt
von Prag angesehen worden, da es dann unter
die Gerichtsbarkeit des kleinseitner Stadthauptmanns gelanget. Bey der Vereinigung des prager Stadtraths im Jahre 1784 ist endlich Hradschin zu dem vierten Hauptviertel von Prag
beygezählt worden. Gegenwärtig begreift Hradschin beynahe zweyhundert Häuser, unter denen
sich viele schöne und prächtige Paläste, denk-
würdige Gebäude, und Alterthume befinden.

I. Der Schloßbezirk begreift die Häuser
Nr. 1, 2, 3, 4, 5, 6, 7, 8, 9, 10. Darunter
ist merkwürdig:

Die königliche Burg steht auf dem vormals
genannten Schweinsberg, der sich auf der Kleinseite erhebt, und in der Höhe eine Ebene bildet, welche sich gegen Abend zu über den eigentlichen Hradschin, den Pohorzeletz, und einem beträchtlichen Bezirk hinter die Stadt erstreckt. Von der Mittagsseite liegt der Petziner
oder Laurenziberg demselben entgegen, welche
beyde beym strahöfer Stadtthore sich vereinigen.
Die vortheilhafte Lage der königlichen Burg ge-
währt dem Auge die angenehmste Aussicht in
die schönsten Gärten dieses Berges, und gegen
Morgen zu, in alle Theile der Stadt, welche
die Moldau in der Mitte durchfließt, und über
diese noch einige Meilen weit ins Land.

Auf

Auf der mitternächtlichen Seite befinden
ſich über den ſogenannten Hirſchgraben, der
königl. Faſan = und Luſtgarten, die königl. Reit=
bahn, die im Jahre 1761 abgebrannt, und in
vier Jahren darauf wieder erneuert worden.
Zudem ſteht zwiſchen dem Luſtgarten, und dem
königl. Holzplatze das mathematiſche Obſerva=
torium, das meiſtens der berühmte Tycho Brache
zu ſeinen aſtronomiſchen Beobachtungen ſich aus=
geſehen hatte; auch noch andere Gebäude, die
unter dem Kaiſer Rudolph aufgeführt worden.
Außer der Stadt aber reizet die angenehme Ge=
gend des Bubenz und das zum Fräuleinſtift ge=
hörige Troja.

Dieſe, noch in der Stadt eingeſchloſſene
nördliche Seite rechnet man ſeit den Zeiten Kai=
ſer Ferdinands, der ſie zum erſtenmale mit einer
Holzbrücke an die ſüdliche Seite verband, noch
zum Schloße. Das alte Schloß oder die Seite
gegen Süden zu wird in das Obere und Untere
abgetheilt. Jenes iſt der höchſte und ebenſte
Theil, nimmt ſeinen Anfang beym Hradſchin,
wo er über 200 Schritte breit iſt, und lauft
bis zu Ende des letzten Flügels der königl. Burg,
dieſes nimmt beym Ende des erſtern ſeinen An=
fang, und endigt ſich bey der ſogenannten al=
ten Schloßſtiege, wo deſſen Breite nicht über
100 Schritte hält. Die Länge dieſer beyden
Theile iſt ziemlich gleich und betragen zuſammen
700 Schritte. Das Schloß iſt ferners von Na=
tur

tur der Länge nach mit vielen Gräben umgeben,
davon aber derjenige, der südwärts lag, und
den man den Schloßgraben nannte, bey dem
neuen Schloßbaue mit Schutt ausgefüllt worden, auf dessen Ebene man ein Ziergärtchen
anlegte. Der nordwärts liegt, ist eben der ge-
dachte Hirschgraben. Hiernächst hat man noch
zur Befestigung des Schloßes zween Gräben,
den einen von der westlichen, und den andern
von der östlichen Seite ausgestochen, die aber
binnen etlichen Jahren bis auf einen Theil des
letztern verschüttet worden.

Das ganze Schloß hat drey Einfahrten,
oder vier Eingänge. Die Haupteinfahrt ist von
der Abendseite über den Hradschin sowohl, als
auch aus der Mitte der Stadt durch die Sporn-
gasse. Von Süden steigt man über die sogenannte neue Schloßstiege, die, um den Fuß-
gängern den Weg abzukürzen, in spätern Zeiten angelegt ward. Eben eine solche, doch von
der Mitte der Stadt etwas abgelegene Stiege,
und nächst ihr ein Fuhrweg, ist in der Bruska,
die, wenn sie gleich unten am Fuße des Berges
von dem Wetzberge des heil. Wenzels getrennt
sind, in der Höhe dennoch sich um einander vereinigen. Jene wird, weil sie eben so alt, als
Prag ist, in Ansehung der neuen, die alte
Schloßstiege genannt. Endlich ist noch von der
nördlichen Seite eine Einfahrt angebracht, die

über

über die Marienſchanze und den Hirſchgraben
geht.

Der Urſprung des königlichen Schloßes
fällt in die Zeit der erſten Erweiterung der Stadt
Prag. Zu eben der Zeit, als die Böhmen jen‐
ſeits der Moldau die Altſtadt anlegten, ließ
Herzog Mnata auf dem Schweinsberge das
von Libuſſen gebaute hölzerne Haus niederreiſſen,
und ſtatt deſſen für ſeine Gemahlin Streſiſlawa
und ihr Gefolge ein weitläufiges und prächti‐
ges Schloß von Stein an eben dem Orte auf‐
führen, wo es noch heut zu Tag ſteht. Weil
nach der Zeit der heil. Wenzel manchen Ver‐
folgungen der Heyden ausgeſetzt war, ſo ließ
er es noch über dieß befeſtigen, und reſidirte
ſodann meiſtentheils darinn. Dies gab Anlaß,
es nachmals Hrad ſw. Waczlawa (das Schloß
des heil. Wenzels) zu nennen.

Im Jahre 1253 befahl König Wenzel der
II. als die Tartarn in Mähren einfielen, die
Schloßmauern zu verbeſſern, und mit Schuß‐
löchern und Erkern zu verſehen. Hernach ließ
Kaiſer Karl IV. ungefähr um das Jahr 1333
ein ganz neues Schloß nach Art deſſen, das er
ehedem in Paris geſehen, aufführen, und einige
Jahre darauf noch mehr erweitern, und ſehr
prächtig verzieren. In den Huſſitiſchen Empö‐
rungen befahl Kaiſer Sigmund die eingefallénen
Schloßmauern abermal herzuſtellen.

Bisher hatten die Herzoge und Könige in Böhmen ihre ordentliche Residenz, theils auf dem Wischehrad, theils auf der Altstadt im Königshofe; als sie aber von Wladislaw hieher versetzt worden war, blieb sie in der Folge beständig an einem Orte. Hier ließ der König zu Ende des 15. Jahrhunderts einen herrlichen Pallast anlegen, welcher im Jahre 1502 gänzlich ausgebaut wurde. Benesch ein Bürger von Laun, und zu seiner Zeit ein Architekt, der sich im Wölben vor allen andern auszeichnete, brachte ihn zu Stande; und der geschickte Egidius Sadeler hat ihn unter andern in seiner Abbildung von Prag in Kupfer gestochen.

Im Jahre 1541 ist durch entstandenen Brand beynahe das ganze Schloß in die Asche gelegt worden, von welchem der große Saal, und ein paar Flügel allein unbeschädigt blieben. Was durch diesen Brand verheeret wurde, säumte Kaiser Ferdinand nicht nur in vorigen, sondern viel bessern Stand setzen, denn er ließ, wie wir schon hörten; beyde Schloßseiten mit einer Brücke verknüpfen und das Observatorium bauen. Diese Brücke, so auch ihres häufigen Staubes wegen, die Staubbrücke genennt wird, und bedecket gewesen, hat man im Jahre 1769 abgetragen, und statt ihr einen breiten Damm aufgeführt, der 100 Schritte und darüber lang ist, und querüber durch eine zirkelförmig gewölbte Stolle den Bach Bruska leitet.

Nach

Nach der Zeit wurde das Schloß unter
dem Kaiſer Rudolph II. und Mathias ſowohl
in Anſehung ſeiner Größe als Schönheit noch
vollkommener. Kaiſer Rudolph ließ für den Schaß
von Gemälden die Bildergallerie bauen, in welche er die prächtigſten Werke von Naturalien,
und beſonders ſolche, die mit Edelſteinen beſeßt waren, ſammelte. Auch war er dem Gär-
tenbau ſehr ergeben, ſo, daß er keine Sum-
men, die ſeltenſten in - als ausländiſche Pflanzen herbeyzuſchaffen, ſparte; der Ort, wo ſie
gepflanzt wurden, iſt der königliche Luſtgarten.
In dieſem weitläuftigen Garten führte er gleichfalls an ſchicklichen Orten einige Gebäude auf,
davon man noch hie und da eines, und von
den übrigen noch Uiberbleibſel, nebſt der vom
harten Metall gegoſſenen Fontainen ſieht. Um
dieſen war im Hirſchgraben, der mit Gebüſch
und hohen Bäumen ſtark beſeßt geweſen, und
den der Bach durchläuft, das meiſte Wild.

Als Mathias Kaiſer geworden, beſchloß
er die Burg ganz neu zu bauen. Scamozi erſchien zu eben dieſer Zeit in Prag, und gab einen Plan zu ihrer Erbauung an, der einſtim-
mig gutgeheißen wurde. Im Jahre 1614 wurde der Bau unternommen, ſo wie es die Inſchrift auf dem Hauptportal beweiſt. Man fieng
an die Vorderſeite, und eine Wand des linken
Flügels, die einen rechten Winkel mit jener
machte, alſo zu führen, daß dieſe ſchief, und

an

an das innere Thor des Durchganges nach dem
Domm auf den ſpaniſchen Saal fiel. Die Ausführung dieſes Baues unterblieb, indem ſich
nach einiger Zeit die Empörungen in Böhmen
ereignet hatten, während der Kaiſer Mathias
1619 geſtorben, und unter dem folgenden Kaiſer Ferdinand II. die Reſidenz von hier nach
Wien verſetzt wurde.

Doch verhinderte dies die folgenden Monarchen nicht, Beyträge zur Verſchönerung des
hieſigen Schloßes zu machen. Kaiſer Ferdinand
der III. hatte die geſchickteſten und erfahrnſten
Männer in der Baukunſt zu Rathe gezogen,
und 1640 die ſämmtlichen königl. Gebäude, ſo
viel ſich thun ließ, verbinden laſſen. Von
der Krönung Kaiſer Karl des VI. zum böhmiſchen König, iſt jenſeits des Hirſchgrabens unter der Aufſicht und nach den Riſſen des Johann Biblena das königliche Theater gebaut
worden, das aber in der Belagerung vom Jahre
1757 ſammt dem daran ſtoſſenden Ballhauſe
und der zahlreichen Orangerie abgebrannt, und
bisher nicht wieder hergeſtellt iſt.

Unter der Regierung Marien Thereſiens
hat das Schloß eine ganz neue Geſtalt bekommen; es iſt größtentheils neu, und überhaupt
ordentlicher, regelmäßiger und maßiver, als
es bevor war, gebaut worden. Den Entſchluß
hiezu faßten Ihre Majeſtät hier in Prag, als
im Jahre 1754 zu dem königl. Fräuleinſtift der
Grund-

Grundstein gelegt wurde, deſſen Bau im Jahre 1756 angefangen und um das Jahr 1774 geendigt worden.

Gegenwärtig bildet die königl. Burg ein irreguläres Viereck, deſſen längere Seiten nach dem Hradſchin, und die Domkirche, die kürzere aber nach der Stadt und dem Luſtgarten gerichtet ſind. Hinterwärts iſt noch an die kürzere Seite gegen die Stadt zu, ein langer gebrochener Flügel gefügt, der gegen Morgen lauft, und ſich an den vormaligen Regierungsgebäuden, die ihm anhängen, endigt. Die Vorderſeite iſt der vorigen gar nicht ähnlich und am meiſten verſchönert worden. Ehemals hatten die verſchiedenen um das Schloß gelegenen Gebäude, Buden, Wälle, und Zugbrücken die Ausſicht der königlichen Reſidenz ſehr verhindert, dieſe Häuſer aber ſind bey dem neuen Bau abgebrochen, und der Graben ausgefüllt worden.

Ueber dem alten Thore, das an die neue Schloßſtiege hinausführt, ſpringt ein Flügel von neun Fenſtern vor, deſſen Breite bis zum fünften Fenſter, drey Fenſter, der vier letzten aber die zwey Fenſter weit gegen die Mitte vorgeführt ſind, fünf Fenſter hält. Von der andern Seite iſt gleichfalls ein Flügel der parallel mit jenem lauft, angebaut, jedoch nicht am Ende der Vorderſeite, ſondern beynahe in der Mitte derſelben, und zwar deswegen, weil erſtlich der erzbiſchöf-

liche

liche Pallaſt, der links nahe anſteht, die Hälfte
derſelben bedecken würde, wenn man hinterwärts auf dem hradſchiner Platze ſtünde, und
zweytens weil es ſchlechterrings nöthig geweſen
war, die hintere Hälfte der Vorderſeite,
um die ganze in eine gerade Linie zu bringen,
mehr, beſonders gegen das Ende zu, einzurücken, wo ſodann der ſpaniſche Saal wieder,
und dazu auch ſchief vorſpringen möchte. Zwiſchen den beyden Flügeln ſtehen acht Pfeiler ins
Gerunde, die mit eiſernen Gittern, darunter
ſich drey Gitterthore befinden, zuſammen hän-
gen. Auf den zwey mittelſten Pfeilern ſtehen
zwo kolloſſaliſche, auf den zween nächſten, wo
kleinere Gruppen, und auf den übrigen, vier
Vaſen.

Die ganze Vorderſeite iſt ſo lang, als der
Schloßberg allda breit iſt, nämlich 95 prager
Klaftern, oder 200 Schritte, und die Höhe
iſt, wie in der ganzen Burg von drey Ge-
ſchoßen oder Stockwerken. Beym Eintritt in
das Portal ſieht man zur Linken die vormalige
Schloßwache, welche aber aufgehoben ſind;
zur Rechten eine ſteinerne Treppe mit einem
Ruheplatz, die in das letzte Gemach der königl.
Zimmer führt. Daraus kommt man in den el-
nen Schloßhof, der 380 Fuß lang und 165
breit iſt. Die entgegen ſtehende Seite hat zween
Bögen, der zur Linken führet in die Domkirche,
der zur Rechten führet in den großen Schloßhof,

Links

Links geht man einer steinernen Fontaine vorbey nach der Domseite zu. Die Schaale an ihr wird von vier Männern getragen. Wo sich die Bildergallerie, welche 192 Fuß lang und 40 breit ist, mit dem spanischen Saal zusammenfügt, da tritt man auf den Damm, der von beyden Seiten mit starken hölzernen Geländern versehen ist, heraus. Gerade gegen den Ausgang aus dem Damm steht die königl. Hofkapelle. Die beyden auf dem Schloßhofe befindlichen Bögen führen nach dem zweyten großen, oder innern Schloßhofe, der längst des langen Flügels eine Vertiefung von etlichen Staffeln hat. Von außen sehen wir die vormaligen Regierungsgebäude, und etwas seitwärts die St. Veitskirche. Vorwärts in der Mitte der königl. Zimmer ist ein Portal zu sehen, dessen Balkon von gekuppelten Säulen getragen wird. Dieses Portal führt zur Hauptstiege nach den Vorgemächern der königl. Paradezimmer. Dem Portale entgegen stehet ein steinerner Rohrkasten, und darauf doch etwas rückwärts die gerühmte Statue von Erz des heiligen Georg, der mit dem Pferde 3 Ellen hoch ist, Martin und Georg von Außenberg haben sie zu Prag im Jahre 1373 aus harten Metall gegossen. Es ist bekannt, daß die Epoche der Wiederherstellung der bildenden Künste ins Ende des fünfzehenden Jahrhunderts fällt, und eher kein anderer, als der gothische Geschmack allenthalben

der

der herrschende war, und man kann nicht wi-
dersprechen, daß diese Statue einiges Gepräge
dieses verdorbenen Geschmackes an sich habe,
aber jeder Kenner wird auch gestehen müssen,
daß die Natur gut ausgedrückt worden, und
alle größere Parten, insonderheit des Pferdes,
richtige Verhältnisse haben, und überhaupt die
Künstler viele Geschicklichkeit vorlegen.

Aus den königlichen Zimmern führet ein
Gang (Oratorium) in die Domkirche. Er ist
an der Seite gegen den Schloßhof mit einem
Portale versehen, dadurch man von beyden
Seiten über etliche Stuffen hinauf steigt.
An den kurzen Flügel der Burg stößt der große
Saal, der bis an die Allerheiligen Kirche fort-
läuft. Er ist 60 Fuß breit und 216 lang. Jenes alte vorstehende Gebäu war vormals die
königl. böhmische Hofkanzley, und sodann die
königl. Statthalterey, dieses aber war nachmals
dem königl. Fiskalamte angewiesen. Unter diesem Fiskalamte lief ein Gang nach dem kön. Fräu-
leinstift. An die Allerheiligenkirche stößt die sogenannte Landstube. Ihre Länge beträgt 60,
die Breite 40 Fuß. Die Landstube scheint, da
sie eben so, wie der Saal, aussieht, zu gleicher
Zeit mit ihm erbaut zu seyn.

Nun betrachten wir die innere Eintheilung
der häufigen Gemächer, und ihre Bequemlichkeit, da man aus einem in das andere die ganze
Burg durchgehen kann. Die prächtige Treppe

Beschr. v. Prag.　　D　　　in

in der Vorderseite geht bis an den linken Flügel, und wird beyderseits von den Fenstern
zweyer Stockwerke beleuchtet: Neben dem Ein-
gange aus dem Damm sind von beyden Seiten sechs Thöre angebracht. Unter dem spanischen Saale, und unter der Bildergallerie sind
die königlichen Stallungen, worinn über 200
Pferde Platz haben, vor der Gallerie ist noch
ein Nebenhof. Der spanische Saal hat hohe
Bogenfenster, wie die Bildergallerie, die Decke
hat grobe Verzierungen; in den Seitenwänden,
die alle sehr feste sind, findet man Wische, in
den stunden vormals antike Bildsäulen von Gips
gebildet, weil aber einige unter der Belagerung
zerstöret worden, so sind die übrigen weggeschaft
worden.

Die Bildergallerie war in vorigen Zeiten
eine der schönsten in Europa. Kaiser Maximilian fieng bereits an die schönsten Gemälde zu-
sammeln, unter Kaiser Rudolph aber wurde
noch mit mehr Eifer die Sammlung betrieben,
und endlich die Gallerie angelegt, weswegen
dieser Kaiser auch den Egidius Sadeler von
Rom nach seinem Hofe berief, und ihn zum
königl. Kupferstecher ernannte. Als aber im
Jahre 1648 der Graf Königsmark das Schloß
und die Kleinseite erobert hatte, wurde das
Beste von den Gemälden nach Stockholm geführt. Nach der Zeit befahl Kaiser Karl der
VI. die besten unter den übergebliebenen auszuwählen,

wählen, und in die kaiserliche Bildergallerie nach Wien zu bringen. Die für dießmal nicht weggeführt wurden, sind außer denen, die nach Dresden und Petersburg gekommen, in die königliche Zimmer übertragen worden.

Ein gleiches Schicksal traf die kostbaren Sachen, in der königl. Kunst = und Schatzkammer, wovon sich noch weniger erhalten hat. Der Ort, wo diese Kostbarkeiten zu sehen waren, ist das erste Stockwerk in der Kommunikazion. Rechts gegen den Balkon des Hauptportals war das königl. Landesgubernium, und zur linken sind die königl. Wohnzimmer. Das erste ist, wie gewöhnlich das Vorgemach, und ist gemalt. Das zweyte, das Tafelzimmer, das wie das dritte oder Audienzzimmer mit Bildern behängt ist; daraus kömmt man in das Spiegelzimmer, und so kann man in einer ununterbrochenen Reihe zwölf Zimmer bis an den rechten Seitenflügel der Vorderseite durchgehen, wo man überall, außer in zwey Zimmern, die mit seidenen Tapeten behängt sind, Gemälde, und alles prächtig ausmeubliret antreffen wird. Aus einigen, besonders den letzten Zimmern, kann man in Kabinete austreten, die den Gang von der prächtigen Treppe an, bis zu der Ruhstätte, die unweit des andern Bogens der Kommunikazion sich befindet, unterbrechen; aus dem siebenten geht man in die Kommunikazion, und aus dem neunten in die königl.

Hof=

Hofkapelle. In dieſer ſieht man drey Altäre von Marmor, ſie hat übrigens hohe Bogenfenſter und zwey Eingänge zu ebener Erde.

Die Zimmer im zweyten Stockwerke, ſind für das Gefolge, und die im dritten für die königl. Bediente. Die königl. Küche iſt nebſt andern dazu gehörigen Kammern im obern Stockwerke. Unten findet man ein paar Röhrkaſten, worein, wie in die übrigen im Schloße das Waſſer von der Abendſeite eine halbe Stunde weit außerhalb Prag geleitet wird. Der große Saal, darinn bey der Krönung eines böhmiſchen Königs öffentliche Tafel gehalten wird, hat einen überaus tiefen Grund, der Saal ſelbſt iſt ſehr groß, und vom König Wladislaw im Jahre 1493 unter andern, der damaligen neuen Burg zur Verſchönerung und Bequemlichkeit angebauet worden.

Das Gemäuer, das aus ins Gevierte gefügten weißen Sand= und Mauerſteinen beſtehet, und ehemals nur von außen, itzt aber auch von innen verputzt iſt, hilft den nächſten Hauptpfeilern, worüber beyderſeits fünf gothiſche Bögen geſchlagen ſind, die darauf ruhende Wölbung der Decke, die 210 Fuß lang iſt, tragen. Der Fußboden war ſonſt getäfelt, und von allen Seiten mit Buden, in denen man verſchiedene Koſtbarkeiten verkaufte, umgeben; itzt iſt er nur mit Brettern belegt, und die Buden wurden weggeriſſen, daß man wieder.

der die von beyden Seiten fortlaufenden ſteinernen Bänke ſieht. Seine Höhe hält 40 Fuß, und die Breite ebenfalls im Lichten 54 Fuß.

Die daran ſtoſſende Landſtube iſt auf gleiche Art gebauet, und iſt nur der Größe nach von jenen unterſchieden.

Die Gelegenheit das Inwendige des königl. Schloſſes zu ſehen, kann man leicht haben; hierzu braucht man ſich bloß beym königl. Zimmerwarter zu melden, der gleich beym Eintritte der Haupttreppe zur Linken ſeine Wohnung hat.

Das vornehmſte und ziemlich älteſte Gebäu auf dem königl. prager Schloße iſt die St. Veitskirche. Die Geſchichte ihrer Erbauung iſt, da ſie zweymal in die Aſche gelegt worden, wobey alle ſchriftliche Urkunden mit verbrannt ſind, in mehrere Dunkelheit, als ihre übrigen Denkwürdigkeiten, eingehüllt. Sie iſt kürzlich dieſe : der heil. Wenzel hatte zuförderſt an dieſem Orte eine Kirche zu Ehren des heil. Veits zu bauen angefangen, und es iſt glaublich, daß der Grund hiezu im Jahr 934 gelegt worden ſey. Die Veranlaſſung zu dieſem Baue war ein Glied von den Reliquien des heil. Veits, das Kaiſer Heinrich dieſem frommen Fürſten geſchickt hat. Damals herrſchte in Böhmen noch größtentheils die Abgötterey. Es läßt ſich demnach vermuthen, der heilige Wenzel habe durch

durch die Verehrung dieses Heiligen, dessen
Ruf sich eben der Zeit in ganz Deutschland
auszubreiten angefangen, das Christenthum in
Aufnahme bringen wollen. Er hatte aber nicht
das Vergnügen, die Kirche fertig zu sehen.
Nach seinem Tode, der ein Jahr darauf erfolgte,
gerieth der Bau ins Stecken; doch ward er,
nachdem im Jahr 950, bevor der Leichnam
des heiligen Wenzel von Altbunzlau nach Prag
gebracht, und in der St. Veitskirche beyge=
stellet wurde, von seinem Bruder Boleslaw zu
Ende gebracht, und in eben diesem Jahre von
Michael dem Bischofe zu Regensburg mit ge=
wöhnlichen Ceremonien eingeweiht, dem Her=
zog Boleslaw II. war die Ehre vorbehalten,
mit Bewilligung des Pabsten Johann XIII. das
prager Bisthum im Jahr 973 zu errichten, und
die Kirche der heil. Martyrer Veit und Wenzel
zu einer Kathedralkirche zu erheben. Seit die=
ser Zeit wurde sie von dem Regensburger Bis=
thum, unter dessen Gerichtsbarkeit sie anfangs
stund, getrennt, und dem Sprengel des Mayn=
zer Metropoliten einverleibt.

Ihre Gestalt läßt sich nicht zuverläßig be=
schreiben. Der Meinung des prager Dombde=
chanten Kosmas gemäß solle sie klein, und nach
der römischen Art rund gebaut seyn. Nachdem
Herzog Brzetislaw die Stadt Gnesen in Poh=
len erobert, und daraus der Leichnam des heil.
Adalbert nach Prag gebracht hat, ließ er ihm

zu Ehren nächst der St. Veitskirche eine Ka=
pelle im Jahr 1038 aufführen, und sein Grab=
mahl mit den auserlesensten Kostbarkeiten, die
zugleich erobert worden, auszieren. Diese Ka=
pelle wurde nachmals unter dem Herzog Spi=
tignew in die neugebaute, und erweiterte Dom=
kirche eingeschlossen. Denn, als dieser Herzog
bemerkte, daß die erste Kirche die Menge des
Volks, das sich im Jahr 1000 versammelt hat=
te, bey jährlicher Gedächthißfeyer der Uibertra=
gung des heil. Wenzels nicht faßte, beschloß
er sogleich dieser Bedürfniß abzuhelfen, und gab
in zehn Tagen darauf, den 14. März einen
Plan zu einer neuen Kirche an, deren Umfang
ungleich größer als der vorige werden sollte.
Bald darauf legte er den Grund dazu, und
trieb den Bau mit großem Eifer, starb aber zu
Anfang des folgenden Jahrs, da das Mauer=
werk noch nicht zu Stande gebracht war. So=
dann ward ihr Bau von seinem Bruder Wra=
tislaw dem nachmaligen Könige vollends aus=
geführt, und der Kirche, die er überdies noch
mit Altären, Gemälden, und andern Kirchen=
geräthen versehen, einen großen Thurm ange=
baut; dieser Thurm gerieth im Jahr 1132 durch
einen Wetterstrahl in Brand, wurde aber so=
gleich von dem Herzog Sobieslaw wieder her=
gestellt.

Auch diese Kirche hatte keine lange Dauer.
Sie brannte neulich im Jahre 1142 unter Wla=

dislaw

dislaw II. sammt dem Archiv ab, und wurde
von eben diesem Könige binnen zwey Jahren
wieder erbaut. Diese neue Kirche übertraf die
vorigen sowohl in Anschung der Stärke als
ihrer Zierlichkeit; denn statt einer Decke von
Holz, bekam sie ein maßives Gewölbe, und statt
den Schindeln ward ihr Dach mit Schiefern
gedeckt. Auch wurden an die Stelle des vorigen Thurmes zween große Thürme gesetzt, wozu noch drey kleine kamen. In diesem Stande
blieb nun die Domkirche bis sie vom Kaiser
Karl IV. in eine prächtigere verwandelt worden. Schon zu Ende der Regierung seines Vaters, des Königs Johann, wurde die vorige
abgebrochen, und der Grundstein mit großem
Gepränge zu der neuen, wie sie noch gegenwärtig ist, gelegt. Dies geschah im Jahr 1344
nachdem kurz bevor die alte Kathedralkirche auf
Anhalten der den Monarchen durch eine Bulle
des Pabst Klemens II. zu einer Metropolitans
kirche erhoben worden.

.König Johann fieng den Bau im Jahre
1344 an, und Kaiser Karl setzte ihn von 1346
durch 32 Jahre mit allem Fleiße fort. Endlich
kam unter dem Könige Wenzel dem V. die Chor-
seite im Jahre 1380 zu Stande. Benesch Kra-
bicze von Weitmühl ein Domherr hat unter
dem Kaiser Karl die Aufsicht über den Bau geführt, und der erste Erzbischof Ernest hat alle
seine Einkünfte aus dem zu jener Zeit sehr ein-
träg-

träglichen przibramer Bergwerke, wozu die da=
ſigen Bürger nicht wenig beytrugen, zu ihrer
Eibauung beſtritt. Der Erzbiſchof Gerozſtein hat
ſie im Jahre 1385 eingeweiht. König Wenzel
ließ es bey der Ausbauung der Chorſeite nicht
bewenden, ſondern er legte im Jahre 1392 den
Grund zu dem vordern Theile derſelben. Allein
die balb darauf erfolgten Hußitiſchen Empörun=
gen verurſachten eine Hinderniß im Bau, wäh=
rend denen die Kirche zweymal ſehr nahe dar=
an war, daß die Hußiten die Chorſeite ſogar
perheeret hätten, wenn ſie nicht von einigen
Patrioten verhindert worden wären, indeſſen wur=
de ſie doch gänzlich ausgeplündert. Ein gleiches
hätte getroffen, den mit Edelſteinen goldenen
Sarg des heiligen Wenzels, und die mit Sil=
ber und Gold eingefaßte Reliquien, wenn ſie
nicht bevor in das damals befeſtigte Schloß
Karlſtein wären in Sicherheit gebracht wor=
den.

Die folgenden Könige, Albrecht Herzog
von Oeſterreich, ſein Sohn Ladislaw, und
Wladislaw, Kaſimirs III. Königs in Pohlen
Sohn, haben den Schaden wieder größten=
theils erſetzt, und wenn gleich die zween er=
ſteren über dies den Entſchluß gefaßt hätten,
den Vordertheil der Kirche gänzlich auszubauen,
ſo haben dennoch ihre frühzeitigen Sterbefälle
das letztere nicht zugelaſſen. Einen noch här=
tern Stoß hatte die Domkirche St. Veit bey

dem

dem großen Brande im Jahr 1541 auszuhalten, wobey ſie, weil ſie um und um mit Flammen umgeben war, viel gelitten hat. Die meiſten Tafeln, womit ſie ſtatt einem erhabenen Dache bedeckt war, ſind vor Hitze zerſprungen, die Pfeiler aber ſammt den Verzierungen zertrüm= mert worden.

Kaiſer Ferdinand I. ließ ſtatt des vorigen platten, ein erhabenes mit Kupfer bedecktes Dach aufſtellen, und überhaupt die baufällig gewordene Chorſeite mit dem Thurme, der St. Adalbert, und Dreyfaltigkeitskapelle ſo viel möglich wieder in guten Stand ſetzen. Der Thurm ſoll bey dieſer Gelegenheit, weil man ſeinen Einſturz zu befürchten anfieng, bis auf die Hälfte abgetragen worden ſeyn. Dieſer Kaiſer war auch geſinnt, die Domkirche nach ihrer ganzen Größe herzuſtellen, aber der Tür= kenkrieg und andere Hinderniſſe zwangen ihn ſein Vorhaben unerfüllt zu laſſen. Jene Pfei= ler, die man zur Seite der St. Adalbertska= pelle ſieht, rühren vom Erzbiſchof Mathias Ferdinand her, der beynahe vor hundert Jah= ren dieſen Bau unternommen, weil er aber bald darauf geſtorben, unausgeführt laſſen muß= te. In der letzten Belagerung vom Jahre 1757 iſt die Kirche nicht nur beſchädigt worden, ſon= dern auch neuerdings in Brand gerathen, doch iſt der Schade bald wieder verbeſſert worden.

Dem

Dem äußerlichen Ansehen nach betrachtet, steht die Domkirche beynahe in der Mitte des großen Schloßplatzes, und zwar so, daß der Haupteingang gegen Abend, und das Chor nebst dem Hauptaltar wie bey den meisten alten Kirchen gegen Morgen gerichtet ist, und wenn gleich die Kirche weder in der Mitte der Stadt, noch an einem ebenen Ort gelegt worden, so hat man doch wenigstens diese Unbequemlichkeit dadurch zu heben gesucht, daß man sie von allen Seiten der Stadt, so viel sichs thun ließ, mit einem seichten Zugang versehen hat. Auch dies verdient gelobt zu werden, daß sie gleich anfangs frey, und auf einen großen Platz gesetzt worden. Was die Gestalt der Kirche betrift, so hat sie die Form eines lateinischen Kreuzes. Vor der Kirche liegt ein Platz ins Gevierte, der 60 Schritte lang, 50' breit, und mit einer niedrigen Mauer umgeben ist, worauf die Statue des heil. Veit und Wenzels stehen. In diesen Vorhof geht man durch drey Sprengwerke und erblickt zur Seite eines jeden zwo Gassen. Gegen die Mitte zu steht die Kapelle des heil. Adalbert, die achteckig gebaut, und die Dicke der Mauer mit eingerechnet 36 Fuß weit ist. Dieser vorbey führt ein Pflaster von Quatersteinen zu den Hauptthüren der Kirche; der übrige Raum dient zum Gottesacker.

Bevor man in die Kirchthüre selbst tritt, kömmt man in einen bedeckten Säulengang, der

bey=

beynahe ſo lang, als die Vorderſeite der Kirche breit iſt: weil die Vorderſeite der Kirche
nicht ausgebaut iſt, ſo dient ihr dieſer bedeckte
Gang ſtatt einer Halle.

Die Kirche hat eben deswegen, weil ſie
nicht ausgebaut iſt, keine ordentliche Vorderſeite.
Einige meinen, daß dieſe Feſte daher, rührt,
weil bey Ausbauung der ganzen Kirche die mittlere Mauerhalle weggeriſſen werden müßten,
andere aber behaupten, dies wäre geſchehen,
um die böhmiſche Gemeinde von der deutſchen
zu ſcheiden, denn es iſt zu wiſſen nothwendig,
daß bey feyerlicher Begängniß des Feſtes, eines
oder des andern heiligen Landespatrons, oder
andern Feſttagen die deutſche Gemeinde in dieſem Säulengange ſich zu verſammeln pflegte, da
indeſſen die Böhmen in der St. Wenzelskapelle
dem Gottesdienſte beywohnten.

In einer Höhe von 75 Fuß erheben ſich
in den beyden Seitenwänden zwey hohe gothiſche Fenſter. Die Malerey in der Vorderſeite
rührt von dem ehemaligen landſtändiſchen In-
genieur Profeſſor Schor her, er verfertigte ſie
zu der Feyer der Heiligſprechung des heil. Johann von Nepomuk im Jahr 1729. Nachdem
aber das Gemälde theils in der letzten prager
Belagerung beſchädigt worden, theils durch die
Länge der Zeit abgeſchoſſen, ſo hat ſie Hr. Ha-
ger im Jahre 1771. wieder erneuert.

Beym

Beym Eintritt in die Kirche ſelbſt ſcheint
das Hauptgewölbe gleichſam dem erſten Anblicke
nach in freyer Luft zu ſchweben. Das Schif
ruhet auf 15 gothiſchen Bögen. Eben ſo viel
Wandpfeiler tragen die Kreuzgewölbe, die um
das Schif herumlaufen, und die Abſeiten aus=
machen. Jedes dieſer Gewölbe führt in eben
ſo viel Kapellen. Die äußere Form der Kirche
hat alſo das Anſehen einer Piramide, und ob=
ſchon den Zuſchauer keine ſchöne Bauart ein=
nimmt, ſo blenden ihn dagegen auch nicht über=
flüßige und unnatürliche Zierrathen. Ihre Anla=
ge, ihre Bauart hat viel Vortheilhaftes; ja
wie können es jene wagen, ſie unſern meiſten
Kirchen neuerer Bauart in Abſicht auf das
Große und Prächtige vorzuziehen. Der Fußbo=
den, der durchaus mit weiſſen und gräuen mar=
mornen Tafeln belegt iſt, liegt zwo Stuffen tie=
fer, als die Thüre der Vorderſeite. Dieſes
ſtimmt nicht allerdings mit dem Wohlſtande
überein, vermög deſſen eine Kirche um einige
Stuffen über die Gaſſe erhöht ſeyn ſolle, um
den Vorzug der heiligen Handlungen unter an=
dern anzudeuten. Zwiſchen den hinterſten acht
Pfeilern befindet ſich das Chor. Die in=
wendige Länge der Kirche beträgt ſammt
der Rundung der Abſeiten, und der Tiefe der
mittelſten Kapelle hinter dem Chor zwey hun=
dert und acht, ohne derſelben aber, das Schif
mit dem Chor allein, hundert ſieben und fünfzig
Fuß.

Fuß. Die Breite des Schifs hält acht und
vierzig, und die ganze Breite der Kirche hundert vier und vierzig Fuß. Vom Fußboden bis
an den Schluß des Gewölbes rechnet man hundert ſechzehn Fuß, vom Fußboden aber bis an
die oberſte Spitze des Kreuzes der drey kleinen
Thürmchen hundert vier und ſiebenzig Fuß.

Linker Hand in der vierten Kapelle, worunter auch ein Eingang in die Kirche geht, iſt
das königl. Oratorium, worein ein Gang aus
der königl. Burg führet. An ſelbes ſtößt das
muſikaliſche Chor der St. Wenzelskapelle, man
ſteigt hinauf mittels einer ſteinernen Treppe aus
der britten Kapelle, die mit doppelten Gängen
durchbrochen iſt.

Wenn man die Kirche in Beziehung auf
ihre inwendige Beſchaffenheit überhaupt betrachtet, ſo wird das Aug durch das Gerege der
Rundung und der verſchiedenen Ecken, in denen ſich die Kapellen befinden, ſammt den vielen lichten Oeffnungen, und der in der Luft
gleichſam ſehr hoch ſchwebenden Decke ungemein ergötzt, und ein angenehmes Erſtaunen
würde am höchſten ſteigen, wenn die Kirche vollkommen ausgebaut werden ſollte.

Die Form des Schloßthurms, wie ſich aus
ſeiner Anlage ſchließen läßt, war eine Piramide. Man giebt ihm 506 Fuß Höhe, wenn er
nicht abgekürzt wär. Im Jahr 1770 hat er,
nachdem ſein Dachſtuhl zehn Jahre bevor vom
Wet-

Wetterstrahl ausbrannte, einen ganz neuen und
etwas höhern, der wie der vorige, mit Kupfer
bedeckt wurde, bekommen. Die Kosten beliefen
sich auf 4000 fl. Nunmehr ist er bis unter der
Kuppel, die bis zur Kugel 108 Fuß hält, 124
Fuß, bis an die Spitze des Kreuzes, das der
Löw trägt, 314 Fuß hoch. Die Seiten der
Grundfläche halten 46 Fuß, und sind mit 14
Fuß höhern Pfeilern verstärkt. Zwischen diesem
Thurm und der Kirche liegt die Dreyfaltigkeitskapelle. Von der Abendseite aber das Kapitel-
archiv, worinn auch das Kapitel pflegt gehalten zu werden.

Was die eigentlichen Verzierungen der
Kirche betrift, so besitzt unser Dom hierinnfalls
nicht minder viele Vorzüge. Die Verschönerun-
gen der Säulen nicht gerechnet, findet man hier
manche Denkmäler der Pracht und des An-
sehens. In den Kapellen trift man verschiedene
alte Gemälde und Inschriften an, theils in
Kalk, theils in Oelfarben, und theils auf
Leinwand verfertigt, die auch ganz hübsch sind.
Die Lebensgeschichte des heil. Johann von Nepomuk in Leinfarben gemalt, sind ganz vollkommen. Der Hauptaltar, welcher in der Rundung des Schifs frey steht, hat durch seine
Erhöhung ein majestätisches Ansehen. In das
Chor kömmt man mittels einer steinernen Treppe. Zwischen den vier ersten Pfeilern stehen in
gedoppelten Reihen Chorstühle, und weiter oben
zur

zur Rechten der königliche, zur Linken der erzbischöfliche Thron. So wie die übrigen Ne-
benaltäre, ist auch erwähnter Hauptaltar aus
Holz gemacht, und vergoldet. An Festtagen
wird dieser Altar mit einem großen sammetenen
Baldachin, der reich mit Silber gestickt ist, geziert, dann werden auf selben ein 10 Fuß ho-
her Tabernackel, 6 Fuß hohe Statuen, Bru-
sten, worinn die Reliquien der böhmischen Lan-
despatronen sich befinden, gestellt. Dergleichen
Statuen, Trusten, Hände, Lampen findet man
noch mehrere in der Domkirche, die aus dem
reinsten Silber gegossen, zum Theil mit Edelsteinen besetzt, zum Theil aber vergoldet sind. Auf
den meisten Pfeilern der Kirche waren mit
Schnitzwerk gezierte Glasschränke, und darinn
eine Menge gold und silberne Opfer, welche
aber im Jahr 1784 abgenommen worden sind.
Hinter dem Altar liegt der Leib des heil. Veits,
den Kaiser Karl IV. aus Pavia herein führen
ließ; diesem Heiligen ist auch der Altar, der in
der Rundung der Abseiten dem hohen Altar
gleichsam auf dem Rücken liegt, geweiht. Die
erste Kapelle zur Rechten vom Haupteingange
ist verschlossen, und dem heil. Wenzel gewidmet. An ihrer Thüre sieht man den Ring, an
welchem sich dieser Martyrer zu Altbunzlau angehalten haben solle, als er von seinem Bruder daselbst ermordet wurde. In der Kapelle
sehen wir die Geschichte dieses Heiligen auf der

Mauer

Mauer in Oelfarben, die ſeit dem Jahre 1379 ſich noch erhalten, und wobey man auch das Bildniß Karl IV. ſammt ſeiner letzten Gemahlin antrift.

Untenher ſieht man noch heutiges Tags die von dieſem Kaiſer angebrachte Inkruſtazion von Halbedelgeſteinen. Auf dem Altar ruht der Leichnam des heiligen Wenzels. In der Höhe ſieht man ſeine Statue nebſt zween Engeln von Silber, von der Rückſeite bemerkt man noch ſeinen Panzer und Helm. Da dieſes Grab mit einem goldenen und mit Edelſteinen reich beſetzten Sarge von Kaiſer Karl IV. geziert, ſo mußte dieſes zur Erhaltung eines großen Kriegsheeres unter dem Kaiſer Sigmund zu Gelde gemacht werden, jedoch ließ nach der Zeit der Erzbiſchof Mathäus Ferdinand einen von Marmor verfertigen, und ihn mit ſteinernen Statuen verzieren. An den vier Ecken ſtehen eben ſo viel Löwen im weiſſen Marmor gearbeitet, die Fußhörner tragen, worauf große ſilberne Leuchter zu ſtehen pflegen. Dieſen zur Seite ſteht der Reliquienaltar, worinn eine ſehr große Menge Reliquien aufbewahrt wird, welche im Jahr 1645 von Karlſtein nach Prag übertragen worden, und davon viele in Silber und Gold gefaßt ſind. Unter andern findet man allda ein großes Stück vom Kreuze Chriſti, einen Nagel von der Kreuzigung, einen Schleier der Mutter Gottes, welcher mit dem Blute un=

Beſchr. v. Prag.　　E　　ſers

fers Erlöfers gefärbt ift, ein Bildniß Mariä,
das der heil. Lukas gemalt haben foll, und die
unverfehrte Zunge des heiligen Johann von Nepomuck. In diefer Kapelle wurden in vorigen
Zeiten auch die königl. Kron, die Reichsinfig-
nien, und Urkunden der böhmifchen Stände
aufbewahrt. Ubrigens ift fie auch die Tauftka-
pelle. Nächft der St. Wenzelskapelle ift die
Lobkowitzifche oder fogenannte Todtenkapelle:
vermuthlich deswegen mit diefem Namen bemerkt, weil erwähnte Familie ihre Gruft hierorts hat, zu deffen Bedeutung auch der Altar
die Begräbniß Chrifti vorftellt, diefe Kapelle
wird fo, wie alle übrige mit einem marmor-
nen Geländer umgeben.

Weiter hinaufwärts fieht man die Treppe
in das königliche Oratorium, das fich in der
vierten Kapelle befindet, dann kömmt man in
die gräflich Waldfteinifche Kapelle. Die fechfte
ift die St. Johannnskapelle, welche man auch
aus der Statue diefes Heiligen, die ihm zu
Ehren von auffen im Jahre 1763 gefetzt worde,
erkennen kann. Vor diefer Kapelle fteht in der
Rundung der Abfeiten der koftbare ganz aus
Silber verfertigte Altar, demfelben Heiligen
gewidmet. Er beftebt aus dem Sarge, worinn
feine Gebeine ruhen, der von vier großen Engeln, neben denen eben fo viel kleinere mit Leuch-
tern fitzen, getragen wird. Diefes Grabmaal
ift außer Lande aus den Opfern, die diefem

Heiligen gebracht wurden, gearbeitet worden,
dazu ist noch die marmorne Balluſtrade, ſammt
den darauf ſtehenden ſechs Vaſen, und den ge=
ſtalteten Haupttugenden hinzu gekommen. Der
große Baldachin von Damaſt mit 4 Flügeln,
der ſehr reich mit Gold geſtickt und verbrämt
iſt, haben Se. fürſtliche Gnaden der jetzige Erz=
biſchof von Prag Anton Peter Graf von Přži=
chowsky verfertigen laſſen; wozu von Sr. Hoch=
würden dem Hrn. Domprobſt Strachowsky ſtatt
den ehemaligen Engeln von Holz vier andere
von Silber, ſo die Flügel des Baldachins tra=
gen, und über 910 Mark wägen, hinzugekom=
men. Sie koſten 18954 fl. Zudem ſahe man
hier eine große Menge golb = und ſilberne
Opfer.

Die nächſtfolgende Kapelle iſt die gräflich
Sternbergiſche; ihr folgt die hinterſte Kapelle.
In der zehnten Kapelle finden wir einen marmor=
nen Altar, den Se. fürſt. Gnaden der Herr Erzbi=
ſchof im Jahre 1772 verfertigen laſſen. Die eilfte
Kapelle iſt der heil. Anna gewidmet. Die Sakri=
ſtey nimmt den Raum von 2 Kapellen ein; hier
wird das koſtbare Kirchengeräthe aufbewahrt. In
der letzten Kapelle endlich ſehen wir auf dem Altar
den Leib des heil. Sigmund beygeſetzt. Bey=
nahe in der Mitte der Kirche ſteht ein Cruzifix=
altar, ein Werk der gothiſchen Kunſt, das Cru=
zifix iſt mit einem im Feuer ſtark vergoldeten
Bronze überzogen, und unterher mit Silber=

arbeit

arbeit verziert. Die Orgel ist gleichfalls sehr
schön und prächtig, die im Jahre 1767 aufge-
setzt worden, nachdem die große von Ferdinand I. herrührend in der letzten Belagerung
geschmolzen.

Das unterm Cruzifixaltar stehende Mausoläum der böhmischen Könige ist sehenswürdig.
Kaiser Rudolph II. ließ dieses Werk der Kunst,
den darunter begrabenen Monarchen zum Denkmale setzen. Es ist 15 Fuß lang, 13 breit, 6
hoch, und aus Alabaster künstlich gebildet. In
der Höhe sieht man drey Leichname mit einigen
Genien umgeben, auf allen vier Seiten bemerkt man noch andere Bildnisse in halb erhabener Arbeit. Das ganze Grabmaal ist, um
nicht beschädigt zu werden, mit einem eisernen
Gitter umfaßt. Vor dem Hauptaltar sieht man
den Grabstein von der Gruft des prager Domkapitels. In den Kapellen der Rundung aber
haben sich bisher einige Grabsteine der böhmischen Herzoge und Bischöfe erhalten.

Vor der St. Wenzelskapelle sehen wir den
Leichenstein des in der Geschichte bekannten
Georg Popel von Lobkowitz stehen. An dem
nächst daran stoßenden Pfeiler sieht das Grabmaal des Grafen Leopold Johann von Schlick.
Es bildet einen Obelisk, oder Sonnensäule, so
aus Marmor gearbeitet ist, auf dieser sieht man
die Bildniß des verstorbenen Grafen, und am
Fuße noch einige andere Statuen.

Am

Am zweyten Pfeiler der Seitenmauer steht
der Grabstein des Oktavius Spinola, der aber
mit dem berühmten Helden aus Palermo nicht
verwechselt werden muß. Er ist in Lebensgröße
vorgestellt. In der Rückwand der Abseiten sehen wir zur Linken des Altars des heil. Veits
das Epitaph des Christoph Guarinonius, der
ein berühmter Arzt zu seiner Zeit, nämlich unterm Kaiser Rudolph und Mathias gewesen,
und zu Prag im Jahre 1607 gestorben. An dem
mittlern Pfeiler der St. Sigismundskapelle ist
eine Grabschrift des gelehrten Helfenik v. Gut,
eines Gesandten und Raths vom Kaiser Ferdinand I. Maximilian II. und Rudolph II. In
der Kapelle selbst bemerkt man die Grabstätte
des Sigmund Bartorius, eines Fürsten aus
Siebenbürgen, der aus der ungarischen Geschichte bekannt ist, des Rechtsgelehrten Johann
Ullrich Josius, und des Anton von Kadona nebst
des gräflich Czerninischen Mausoläum.

In der Mitte des Vorhofes steht die St.
Adalbertskapelle, die ein irreguläres Viereck
bildet, dessen längster Durchmesser 35 Fuß in
der Weite hält. Inwendig treffen wir an verschiedene Gemälde in Kalk und Leinwand, und
den aus Holz geschnitzten Sarg, worinn der
Leib des heiligen Adalberts ruhet.

In der Dreyfaltigkeitskapelle zwischen dem
Thurm und der St. Wenzelskapelle finden wir
einen Schatz von den kostbarsten Kirchengeräthe,

räthe, und auswärts gegen die königliche Burg
zu, erblicken wir eine alte Mosaikarbeit, die
unterm Kaiser Karl. IV. im Jahr 1371 verfertigt wurde, es stellt die Auferstehung der Todten und das letzte Gericht vor. Am Fuße des
Thurms fällt uns das Hasenburgische Grabmaal
in die Augen. Die im Thurm aufgehängten
großen Glocken, davon die größte Kaiser Sigmund gießen ließ, verdient noch bemerkt zu
werden. Jene kömmt der großen Erfurter
Glocke am nächsten, und übertrift die zu Olmütz,
Glatz und Wien an Größe, diese wiegt nur 80
Centner, und ist zum erstenmale von zween
sehr geschickten Künstlern Barthou und Andreas
Watscheck im Jahr 1509 gegossen worden. Beyde aber ließ Kaiser Ferdinand I., nachdem sie
in dem großen Brand zusammgeschmolzen, wieder übergießen. Nebst diesen finden wir noch
mehrere kleinere Glocken allda. Uiber ihnen ist
ein kostbares Uhrwerk angebracht, das mit vier
Zifferblättern, so die ganzen Stunden, und
mit vier andern, welche die Viertelstunden anzeigen, versehen ist.

Der in der Höhe angebrachte Gang ist so
beschaffen, daß man gemächlich rings um gehen
kann; daraus hat man die reizendeste Aussicht
nicht nur über die ganze Stadt, sondern auch
in die umliegende schöne Gegend.

Ns

Nr. 2. Das königl. Damenstift. Dieses ist ein rühmliches Denkmaal der unvergeßlichen Maria Theresia, zum Nutzen, Glanz und Ansehen der böhmischen adelichen Familien errichtet. Die Kandidatinnen müssen zur Erprobung des stiftmäßigen Adels folgende Beweise darbringen: der zum Grund gelegte Stammbaum, welcher nachher in dem Stiftsarchiv verwahrt wird, muß auf Pergament verfertigt und gemalt werden. Alle Wappen in jedem Quartier oder Grad, sind mit Schild, Helm, und allen sonst gewöhnlichen Insignien zu entwerfen. Die Tauf- Geschlechts oder Zunamen, wie auch die zum Unterschied der Stammästen oder Zweigen hervorkommende Geschlechtsbeynamen müssen nebst dem mit der eigentlichen Ortographie beygesetzt werden. Der Stammbaum aber selbst soll von vier aus dem ersten des Adels jenes Landes, wo das Geschlecht der Kandidatinn begütert ist, unterschrieben, und mit ihrem angebornen Insiegel gefertigt seyn, welche letztere zu besto längerer Dauer sich in angehängten hölzernen Kapseln im Siegelwachs eingedrückt, und verwahrt befinden. Noch ist bey der Unterfertigung dieses zu beobachten, daß keiner aus den Unterfertigten der Kandidatinn in gerader Linie anverwandt wäre. Nachdem nun der Stammbaum auf gleich beschriebene Art in vollkommene Richtigkeit gebracht worden, so kömmt es weiter auf die Filiationsproben an, mittels welchen

eine

eine jede Kandidatinn zu beweiſen hat, daß ſie
von 16 ritterbürtigen und ſtiftsmäßigen Ahnen,
nämlich 8 von väterlicher, 8 von mütterlicher
Seite als eine Rittergenoſſinn wahrhaftig ab-
ſtamme, und herkomme, auch kein anderes, oder
unrechtes Geſchlecht angegeben habe. zu dieſem
Ende hat dieſelbe die zu ihrem Stammbaum be-
nöthigte Urkunden, nebſt einer kurzen Ausführung beyzulegen, in welcher ſie kürzlich zeiget,
wie die wahre Abſtammung von einem Geſchlechte
zum andern gegründet, und bewieſen werde.
Erwähnte, Urkunden der richtigen Abſtammung
oder Filiation beſtehen in beglaubten Taufſchei-
nen, in rechtsgegründeten Auszügen und Zeug-
niſſen aus Ehe- Sterb- und andern Kirchen-
büchern, dann, in Heurathsverträgen, Teſta-
menten, Erbserklärungen, Theilungslibellen,
Lehen und Beſtallungsurkunden über vertretene
adeliche Aemter, Familienverträge, und gerichtliche Vergleiche. Endlich können auch in Er-
manglung dergleichen Schriften, glaubwürdige
Hausſchriften beygebracht werden.

Sollte es ſich dennoch fügen, daß durch
Feuersbrunſt, Kriege, oder ſonſtige Verheerun-
gen die Hausarchive zerſtört worden, ſo iſt hierinfalls die Vorkehrung getroffen, bewährte
Zeugniſſe anſtatt der Originalurkunden geltend
zu machen. Wenn aber dieſer Abgang der
ſchriftlichen Urkunden ein adeliches Geſchlecht
beträfe, welches bereits erloſchen, ſo wird auch

in

in diesem Fall, ein, auf erwähnte Art verfer=
tigtes, von dreyen dieses adelichen Geschlechts
nächsten Anverwandten unterschriebenes Zeug=
niß für zureichend angenommen. Uibrigens ist
es nicht erforderlich Originalurkunden beyzu=
bringen, die Landesstelle nimmt auch von einem
Notarius publikus unterschriebene Abschriften
an. Nach den Filiazionen und Abstammungs=
proben kömmt die turnier= und ritterbürtige
Stiftsmäßigkeit bey den 16 obersten Ahnen zu
erweisen, von welchen alle erste Geadelte (primi
acquirentes) ausgeschlossen sind, und sofern die
zur Erörterung der Adelsprobe bestellte Perso=
nen einen Zweifel über ein oder anderes Ge=
schlecht hätten, so muß der probirende Theil
diesen Anstand durch Aufsteckung einer Gabel
beheben, und durch glaubwürdige Urkunden dar=
thun, daß die in diesem Quartier bemerkte Per=
son, sowohl väterlich = als mütterlicher
Seits schon adelich gebohren worden. Die
turnier und ritterbürtige Stiftmäßigkeit der
16 obersten Ahnen kann durch folgende Zeug=
nisse erprobt werden: als von dem Herrn und
Ritterstande, von den sammentlichen Reichsrit=
terschaften, von des Waltheserordens Provin=
zialkapiteln, von des deutschen Ordens Balleyen,
von den Dom und übrigen Reichsstiften, alten
Grabsteinen, Kirchenfenstern und dergleichen
sichern Denkmälern, wozu der adeliche Ritterstand
dargethan werden kann.

Eine

Eine gleiche Bewandtniß hat es mit den Wappen, Helm- und Kleinodienproben, über welche die Probenden ſich mit einem glaubwürdigen Zeugniß von den Landesſtellen, und Ritterſchaften, Reichsſtiftern u. d. gl. zu verſehen haben, welchen das zu probiren kommende Wappen gemalter beygefügt ſeyn muß. Bey dem Umſtand der Veränderungen der Wappen hat die Kandidatinn die Urſache hievon anzuführen.

Nr. 3. Fürſt Lobkowitziſches Haus, ein altes, weitſchichtiges Gebäu, das ſehr baufällig iſt. Hier fängt ſich die ſogenannte alte Schloßſtiege an, welche nach der Kleinſeite führet. In der Gegend umher bemerken wir Nr. 4. den dem prager Domkapitel gehörigen Weingarten, und

Nr. 6. Das Oberſtburggräfliche Amthaus. Hier war vormals ein Gericht gehalten, wo die ſchriftlichen Verbindlichkeiten, Unterſuchungen der Zeugniſſe, die Ertheilungen der Steckbriefe u. d. gl. abgehandelt wurden. Die ſämmtlichen Räthe dieſes Kollegiums waren von dem oberſten Burggrafen ernannt, und beſtunden aus Ritter- und Burgerſtandsperſonen. Der Präſident jedoch mußte jederzeit aus dem Ritterſtande ſeyn. Im Jahr 1783 iſt dieſes Gericht aufgehoben worden, und deſſen Geſchäfte dem neu eingeführten Landrecht zugetheilt worden.

Nr. 33.

N. 33. Ehemaliges Nonnenkloster St. Georg. Die dasige Kirche hat Wratislaw der Vater des heil. Wenzels im Jahre 912. bauen lassen, und solche zu seinem Begräbnißort gewählt. Er liegt auch hier sammt seiner Mutter der heil. Ludmilla begraben. Im Jahr 967 wurde diese Kirche zur ersten Abtey des Königreichs durch Veranlassung der Fürstin Mlada des Herzogs Boleslaw des Frommen Schwester erhoben. Erwähnte Fürstin hat hierorts die Nonnen des Benediktinerordens eingeführt, und selbst die Stelle der ersten Aebtissinn begleitet. Im Jahr 1142 ist dieses Kloster bey Gelegenheit der vom Herzog Konrad unternommenen Belagerung von Prag abgebrannt, die Nonnen, so damaliger Zeit 70 an der Zahl gewesen seyn sollen, flüchteten sich nach dem Augezd, wo ihnen unter dem Laurenziberge ein Haus zur Bewohnung inzwischen angewiesen wurde. Karl IV. hat im Jahr 1348 dieses Stift zu einer gefürsteten Abtey erhoben, dessen Aebtissinn das Recht hatte, wenn eine Königinn von Böhmen gekrönt wurde, ihr mit dem Erzbischofe die Krone aufzusetzen.

In den hußitischen Unruhen ist dieses Kloster abermal zerstört worden, die Nonnen wurden dieser Zeit mit verschiedenen andern gegen 100 an der Zahl von den Aufrührern nach der Altstadt in das Kloster St. Anna überführt. Das Gebäu, so wie man es gegenwärtig sieht, ist

iſt nach der Feuersbrunſt vom Jahre 1541 her=
geſtellt. Dieſes Kloſter hat folgende Privile=
gien. Pabſt Eugen III. hat für ſich und ſeine
Nachfolger den Schutz des Kloſters angenommen.
Ohne Bewilligung der Aebtiſſinn konnte die un=
tergeordnete Kloſterfrau nach ſchon vollbrachten
feyerlichen Gelübden ihr Kloſter mit einem an=
dern nicht vertauſchen. Wenn das Land in geiſt=
lichen Bann (nach Gewohnheit damaliger Zei=
ten) gethan wurde; ſo könnte demohngeachtet
der Gottesdienſt in hieſiger Kirche, doch nur in
der Stille und bey geſchloſſenen Thüren verrich=
tet werden. Das Kloſter war ferners berech=
tigt, die in fremde Hände gerathene Zehnten,
oder ſonſtige Einkünfte jederzeit von was immer
mer für einen Beſitzer zurückzufordern, durch
eben dieſe päbſtliche Gnadenbezeigungen erhielt
das Kloſter das Recht einer freyen Wahl ihrer
Aebtiſſinn. In den Kloſterſtrittigkeiten ward der
Oſſegger Abt zu einem Schiedsrichter angewie=
ſen. Dieſen Vorzügen ungeachtet hat dieſes
Kloſter ſo wie andere mehr dem Verhängniß der
Aufhebung nicht widerſtehen können, vom Jahr
1782 hat ſein Inſtitut aufgehört. Das Gebäu
iſt gegenwärtig unbewohnt.

28) Der weiſſe Thurn, oder das ſoge=
nannte Gefängnißhaus für adeliche Perſonen,
die ſich eines Verbrechens ſchuldig gemacht
haben.

34)

34) Vormalige königl. Schloßhauptmanns-
wohnung, unter deſſen Gerichtsbarkeit der
Schloßbezirk ſtand. Die Stelle wurde aber im
Jahr 1785 aufgehoben.

Von 37 bis 48 zum präger Domkapitel gehörige Häuſer.

50) Königlicher Luſtgarten, welcher durch
einen breiten tiefen Wall, der aber ißt mit
einer Zugbrücke bedeckt iſt, von der königl. Reſidenz abgeſöndert iſt. Dieſer Garten iſt 7 bis
800 Schritte lang, und 100 bis 200 breit, und
alſo ſo lang, als der mittägige Schloßbezirk.
Der Garten iſt mit den äußerſten Mauern,
welche den Schloßbezirk gegen Norden ſchließt,
umgeben, in dem Graben aber zwiſchen dem
Schloße und dem Garten war ein Thiergarten.
Der Garten iſt ißt, da der Hof hier in Prag nicht
reſidirt, nicht beſonders ſchön, und alſo von
den Zeiten Rudolphs, eines großen Liebhabers
der Botanik, ſehr unterſchiedn. Gegenwärtig
iſt noch der metallene Springbrunn zu ſehen,
der durch den belaubten Gang dem Auge des
Zuſchauers eine perſpektiviſche Ausſicht verſchaft.
Auch bemerkt man hier ein beſonderes Luſthaus,
ſo insgemein das mathematiſche Haus genannt
wird, dieſes iſt 100 Schritte lang und 40 breit,
von Stein gebaut und mit Kupfer gedeckt, man
kann unten zwiſchen den ſteinernen Pfeilern
und oben ganz frey uns daſſelbe gehen, und die
ſchönſte Ausſicht gegen Morgen über die Stadt
                                            gegen

gegen Mittag und Mitternacht auf das Land
erhalten. Inwendig sind oben und unten zwey
schöne Säle, von der andern Seite ist das königliche Stall und Reithaus.

53) Königlicher Fasangarten nächst der
Marienschanze, ein lustiger und angenehmer
Ort, wohin man aus der Stadt einen Spaz er-
gang macht, und allerhand ländliche Erfrischun-
gen genießen kann, dieser Ort ist mehr von der
Natur als der Kunst reizend.

Wenn man aus dem großen Saal der königlichen Residenz nach dem Moldaufluß sieht,
so erblickt man ein Monument, welches anzei-
get, daß allhier zu Anfang des dreyßigjährigen
Kriegs Wilhelm Herr von Slawata, Jaroslaw Herr von Martinitz, oberster Landmarschal
und Philipp Fabrizius Platten Sekretär des
Staatraths aus den Fenstern von den protestantischen Räthen sind gestürzt worden, da sie
sich geweigert den Vorschlägen der letztern bey-
zustimmen. Obschon diese Personen von einer
Höhe von 28 Ellen gefallen, so sind sie doch
nicht beschädigt worden. Dieser Fall ist deswegen merkwürdig, weil er die erste Gelegenheit zu dem dreyßigjährigen Krieg gegeben.

Nächst an der königlichen Burg ostwärts
liegt die Kollegialkirche und Landkapelle bey Allerheiligen, eine der allerältesten Kirchen, und
schon vom Herzog Borziwog im Jahre 900 gebaut und vom heiligen Cyril eingeweiht. Der
ober-

oberste Landrichter Stenko von Rosenberg ließ
sie im Jahre 1263 erweitern. Endlich ernennte
sie Karl IV. zu einer Kollegialkirche. Nachdem
sie 1541 abgebrannt, ist sie wieder von der Königinn Elisabeth, der Tochter Kaisers Maximilian II. hergestellt worden. In erwähnte Kirche gebt ein Oratorium aus dem königlichen
Damenstift.

Zu den im Schloßbezirke liegenden Kirchen nehmen wir noch die Mariahilfkirche auf
der Marienschanze, die erst im Jahre 1761 auf
Kosten des Domkapitels, das auch das Ius
patronatus davon besitzt, erbaut worden. Die
Freskomalerey allhier rührt vom Palko her,
die eine seiner allerschönsten ist. Das Hochaltar ist theils aus Silber, theils aus im Feuer
vergoldeten Bronze gearbeitet.

Eben auf dieser Marienschanze sieht man
das Monument des Generals Freyherrn von
Ellrichshausen, der kurz nach dem geschlossenen
Teschner Frieden zu Prag gestorben ist.

Zwischen dem königlichen Lustgarten und
der königl. Holzlege steht das mathematische
Observatorium des einst berühmten Tycho Brahe
und noch mehr andere Gebäude, die unter dem
Kaiser Rudolph aufgeführt worden sind.

II. Hradschinerplatz begreift in sich die
Häuser Nr. 56, 57, 58, 59, 60, 61, 62, 63, 64,
65, 65, 66, 67, 68, 69, 81, 82, 83, 84. darunter sind merkwürdig

Nr.

Nr. 56) Erzbischöfliche Residenz linker Hand beym Haupteingang in die königliche Burg. Ein langes, hohes und reguläres Gebäu. War erst unter dem Kaiser Ferdinand I. hieher verlegt worden, nachdem vorher die prager Bischöfe ein Haus auf der Kleinseite nahe der Brücke dem heutigen sogenannten Sachsenhaus gegenüber bewohnet, welches in den hußitischen Unruhen also zerstöhret worden, daß man heutiges Tags keine Spur mehr davon sieht. Die heutige Residenz ist von Sr. fürstl. Gnaden dem jetzigen Herrn Erzbischofe sowohl dem Aeußerlichen als Innerlichen nach verziert, und mit allen erforderlichen Bequemlichkeiten reichlich versehen worden. In der Vorderseite der Residenz befinden sich die prächtig eingerichteten erzbischöflichen Wohnzimmer, in dem Hintergebäude aber wird das erzbischöfliche Konsistorium gehalten.

57) Adam gräflich Sternbergisches Haus.

64) Gräflich Martinizisches Majoratshaus. Ein uraltes Gebäu mit zween großen Höfen und einem Garten.

81) Barnabitenkloster und Kirche insgemein St. Benedikt genannt, war vor Zeiten eine Pfarrkirche, allein im Jahre 1627 erhielten sie die Barnabiten. Diese kauften im Jahre 1655 das nebenstehende Kolowratisches Haus an sich, und erbauten allda ihr Kloster, das aber im Jahre 1785 aufgehoben worden ist.

82)

82) Schwarzenbergiſches Palais.

In der Mitte dieſes Platzes ſteht eine Bildſäule, und etwas unten ein kleines Häuschen, welches ſammt dem unebenen Boden den ſonſt ſchönen Platz einigermaſſen verunſtaltet. Zu dieſer Verunſtaltung trägt auch vieles bey, daß die der erzbiſchöflichen Reſidenz gegenüber ſtehende Seite unausgebaut ſteht.

III. Urſulinergaſſe begreift Häuſer 70, 71, 72, 73, 74, 75, 76, 77. darunter ſind merkwürdig:

70) Königliches Edelknabenhaus.

73) Hradſchiner Stadthurm.

74) Königliches Hoſpital.

75, 76, 77) Urſulinerkloſter und Kirche, zum heil. Johann von Nepomuk genannt, iſt im Jahre 1728 zu Stande gekommen. Schon im Jahre 1691 giengen einige Nonnen aus dem Neuſtädter Urſulinerkloſter mit erzbiſchöflicher Bewilligung auf die Kleinſeite; als ihnen aber das Haus Nr. 216, das ſie gegen dem goldenen Schiff in Beſitz nahmen, zu enge wurde, zohen ſie erſt auf den Hradſchin, wo ſie ihrem Inſtitute gemäß nebſt ihren Koſtgängerinnen auch andere Mädchen im Schreiben und Leſen, im Chriſtenthum und verſchiedenen Frauenzimmerarbeiten unentgeltlich unterrichteten. Dieſe Nonnen ſind im Jahre 1784 wieder in das neuſtädter Kloſter verſetzt und das Kloſter von Artilleriekompagnien in Beſitz genommen worden. Dieſe Urſulinergaſſe wird ſonſt auch die neue Welt ge-

Beſchr. v. Prag.   F   nannt,

nannt, weil sie gleichsam das äußerste Ende
von Prag ausmacht.

IV. Rathhausgasse begreift Häuser Nr.
78, 79, 80, 187, 188, 189, 190, 191, 192,
193. Darunter sind merkwürdig:

Nr. 78) Graf Trautmaunsdorfische Haus.

79) Gräflich Martinizisch.

80) Herzog Zweybrückisch.

193) Hradschiner Rathhaus. Ein unbe-
trächtliches Gebäu. Die Gerichtsbarkeit des
Stadtraths erstreckte sich vormals auch über eine
kleine Zahl von Bürgerhäusern, weil das strahöfer Nebenrecht sich darum mit dem Magistrat
getheilet. Hradschin an sich selbst betrachtet ist
erst im gegenwärtigen Jahrhundert zu den prager Städten beygezählt worden, da es sonst
eine königliche Stadt gewesen, und unter das
Kreisamt gehört hat. Bey der Vereinigung
des prager Magistrats im Jahre 1784 ist der
Hradschiner Stadtrath aufgelöst worden.

V. Spornergasse, begreift die Häuser 85,
86, 87, 88, 89, 91, 92.

VI. Hohlerweg begreift die Häuser Nr. 93,
94, 95, 96, 97, 98, 99, 100, 101, 102, 103,
104, 105, 106, 107, 108. Darunter ist merkwürdig

108) Strahöfer Hospital mit der Kirche
der heiligen Elisabeth, die der Abt Kaspar von
Questenberg mit dem Spital im Jahre 1622 durch
die Beyhilfe seiner Anverwandten bauen ließ.

VII.

VII. Pohorzeleß, der dritte und äußerste Theil vom Hradschin einst der Jurisd. zion des Strahöfer Abten gehörig, hat diesen Namen von der Landstelle erhalten; begreift die Häuser Nr. 109, 110, 111, 112, 113, 114, 115, 116, 117, 118, 119, 120, 121, 122, 123, 124, 125, 126, 137, 138, 139, 140, 141, 142, 143, 144, 145, 146, 147, 148, 149, 150. Darunter sind merkwürdig

149) Gräflich Kinskisches Haus.

150) Gräflich Schlickisches Haus.

VIII. Strahöfer Plaz begreift Häuser Nr. 127, 128, 129, 130, 131, 132, 133, 134, 135, 136. Darunter ist merkwürdig

130) Strahöfer Stift. Dieses Stift ist eins der reichsten in Böhmen, und im Jahre 1143 vom Könige Wladislaw aus einem Gelübde gegründet worden, da er zum Besitze des Reichs, das ihm sein Vater der Herzog in Mähren Konrad strittig gemacht hatte, wieder gelanget. Heinrich Bischof von Olmütz trug am meisten durch sein Einreden dazu bey, daß der König sein Vorhaben um so schleuniger ins Werk setzte, denn er gab vor, daß Prag der Stadt Jerusalem, und besonders Strahof dem Berge Sion ganz ähnlich sehe; deshalb ein Prämonstratenserkloster auf dem Hradschin, so wie in Jerusalem auf dem Berge Sion sich eins befindet, zu erbauen sehr schicklich sehe, welchem man den Namen Sion geben könnte. Der Kö-

F 2 nig

nig von dieser Vorstellung eingenommen, ließ
bald das Kloster bauen, und da es fertig war,
führte er einige Prämonstratensermönche von
Rheinfeld in selbes, die ihn zum Dank versi=
cherten, daß sie ihrem Institute gemäß die geist=
lichen Pflichten genauest beobachten und vollzie=
hen werden. Im Jahre 1182 wurde die Kir=
che von Albrecht dem Erzbischof von Salzburg
das zweytemal eingeweihet, weil bey der ersten
Einweihung das Chor noch nicht fertig gewesen,
und man bey dessen völliger Ausbauung mit
dem Hauptaltare etwas weiter fortrücken mußte.
Im Jahre 1258 ist dieses Stift durch eine
plötzlich entstandene Feuersbrunst völlig abge=
brannt, nach fünf Jahren aber wieder ganz
hergestellet worden. Doch hatte es in den hus=
sitischen Unruhen mehr gelitten, da es bey der
von den Aufrührern im Jahre 1420 vorgenom=
menen Belagerung des prager Schloßes zer=
stöhrt worden war. Nach der Zeit wurde es
abermal erbaut, und in gegenwärtigen Stand
gebracht. Die Klosterbibliothek allhier ist sehens=
würdig, und besteht aus einer Sammlung schö=
ner und auserlesener Werke; sie ist erst im Jahre
1783 erweitert, und bequemer eingerichtet wor=
den. Der hiesige Abt ist ein Landesstand, und
hat Sitz und Stimme auf den Landtägen. Be=
merkenswürdig ist auch hier die Grabstätte des
heil. Norberts Stifters des Prämonstratenser=
ordens und Bischofen zu Magdeburg; diese
Grab=

Grabstätte befindet sich in der Mitte der Kirche, wegen Besitz aber des Leibes dieses Prälaten führt das hiesige Kloster mit dem Magdeburger noch bis auf den heutigen Tag einen Prozeß. Die Kirche wird sonst Mariä Himmelfahrts= kirche genannt. In diesem Bezirk hat übrigens Kaiser Rudolph II. unter dem Abt Lohelius die Kirche St. Rochi bauen lassen, welche eine Pfarrkirche ist, und von den Prämonstratensern versehen wird.

IX. Lauretaplatz begreift die Häuser 151, 152, 153, 154, 155, 156, 179, 180, 181, 182, 183, 184, 185, 186. Darunter sind merk= würdig

151) Gräflich Tscherninisches Palais über= trifft alle Privatgebäude in Prag, hat große und maßive steinerne Säulen, deren 32 sind, und von unten an, bis unter das Dach gehen. Zwischen jeder Säule ist ein Fenster in allen drey Stockwerken. Hinter dem Pallast ist ein schöner Lustgarten, und nächst diesem ein ange= nehmes Lustwäldchen.

154) Kapuzinerkloster mit der Kirche St. Maria der Engeln genannt, welche der Frey= herr von Molar im Jahre 1600 gestiftet. Re= del behauptet S. 268. daß es Kaiser Rudolph gewesen. Bald nach der Stiftung dieses Klo= sters war es nahe, daß die Mönche dies Land räumen sollten, weil sie den königl. Astronom (Tycho Brahe) der seine Sternwarte unweit

des

dem Kloster angelegt gehabt, und daraus öfters
bey Nachtzeit das Gestirn beobachtete) für einen
Zauberer öffentlich ausgaben, und behaupteten,
daß diese seine nächtliche Beobachtungen sie in
ihrer Andacht störe. Die Kirche ist nach der
Art wie die zu Assis gebaut. Im Kloster trift
man über 50 Mönche an. Das hiesige Mut-
tergottesbild steht deshalb in großer Verehrung,
weil es zwölf Stunden im Feuer, in welches
selbes von den Protestanten geworfen wurde,
unversehrt geblieben ist. Selbes ist im Jahre
1660 von Rothenburg hieher gebracht worden.
Nächst diesem Kloster sieht man die Lauretani-
sche Kapelle. Diese hat die Gemahlinn des
Wilhelm Popel von Lobkowitz im Jahr 1627
errichten, und nach der Zeit auch die herum
laufenden Kreuzgänge sammt den fünf Kapellen
aufführen lassen. Die mittelste derselben zu Ehren der Geburt unsers Heilands ist durch die
Beyträge verschiedener Gutthäter zu einer schönen Kirche geworden, die Decke ist von Rei-
nert gemalt. Die eigentliche Lauretakapelle ist
nach dem Modell der Römischen gebaut. Das
hasige Glockenspiel ist merkwürdig, indem es
vor dem Stundenschlage verschiedene Melodien
geistlicher Lieder nach Abwechslung der vier
Jahrszeiten hören läßt. Nebstdem sieht man
auch hier eine kostbare, mit Edelsteinen besetzte
Monstranze, welche von einer Gräfinn von Althan
herrühren soll, und einen ansehnlichen Kirchen-

schatz

schaß. Im Jahre 1785 ist auch dieses Kloster aufgehoben worden.

185) Gräflich Würbnisches Haus.

Kapelle des heiligen Matthäus, selbe soll in der Mitte des Lauretaplaßes zu den Zeiten des heil. Wenzels, doch nicht am nämlichen Orte, sondern wo itzt das Haus zur goldenen Kron sich befindet, gestanden seyn. Die gegenwärtige Kapelle hat die gräflich Czerninische Familie erbauen lassen. Nicht weit von hier sieht man die Säule Drahomirens, von derer Ursprung man wunderliche Dinge angiebt. Es soll nämlich Drahomita, die Mutter des heil. Wenzels, als sie nach dem Saazer Bezirke zu ihren Anverwandten, um sich mit ihnen über den Einhalt der so starken Verbreitung des Christenthums zu besprechen, vorgenommen, den Weg vor selber Kirche vorbey genommen. Der Kutscher, der das mit der Glocke zur Wandlung gegebene Zeichen wahrnahm, sprang vom Wagen, näherte sich der Kirchthüre, und wartete die heilige Handlung ehrerbietig ab. Drahomira voll von Vorsäßen gegen die Zernichtung der Christenheit, brach hier in greuliche Lästerungen gegen dies heilige Opfer aus, unter welchen sich die Erde unter ihr aufthat, und sie sammt den Pferden und Wagen verschlang. Zum Andenken dieser Begebenheit wurde die steinerne Säule errichtet, worauf man diese Geschichte gemalt sieht.

X.

x. Neuweltgaſſe hält die Häuſer Nr. 157, 158, 159, 160, 161, 162, 163, 164, 165, 166, 167, 168, 169, 170, 171, 172, 173, 174, 175, 176, 177, 178.

Ehe wir noch Hrabſchin verlaſſen, müſſen wir noch der Kapelle Mariä Einſidl erwähnen, welche bey der Einfahrt von Hrabſchin nach der mitten gelegenen Spornſtraſſe ſich befindet. Dieſe Kapelle iſt in der Form eines Thurms, und von lauter Werkſtücken gebaut. Sie hat drey Stockwerke, davon die untere im Thale, das oberſte aber, worinn das Gnadenbild auf= geſtellt iſt, auf dem Berge liegt, aus dem man, oder auch, aus dem Thale durch die Treppe, die in dem unterſten Stockwerke zu finden, hin= einkommen kann. Sie iſt deswegen ſo gebaut, damit die ehemaligen Theatiner, denen ſie ge= hörte, aus ihrem Garten hinauf kommen konn= ten. Die Gräfinn Sternberg eine gebohrne Koſtka von Nzitſchau hat die Koſten zu ihrem Baue im Jahre 1672 verwendet.

St. Barbara Säule auf dem Hrabſchin. Ein Denkmal, daß einſt bis hieher ein auf den Pfahl geſpißter Miſſethäter, nachdem ſelber gebrochen, vom Richtplaße an, bis an ſelbes Ort gekrochen ſey, und eine harte Sünde, die er verſchwiegen, dem Prieſter gebeichtet, um die Losſprechung zu erhalten. Er ſoll die heil. Bar= bara eifrig verehret haben, durch derer Fürbitte er ohne Befreyung ſeiner Sünde nicht ſtarb.

III.

III. Altstadt.

Die Altstadt liegt jenseits zur Rechten des Moldauflußes. Nach Zeugniß des böhmischen Geschichtschreibers Kosmas wurde sie zum Unterschied der Kleinseite Wischehrad genannt, weil das Schloß gleiches Namens auf ihrer Seite liegt, und von Alters her die Orte meistens ihre Namen von den Schlößern erhielten. Den Namen Altstadt hatte sie erst damals erhalten, da die Neustadt angelegt worden, um den Unterschied dieser zween Städte anzuzeigen. Nebstdem nannte man auch die Altstadt die größere Stadt, weil sie nämlich, nachdem die Häuser mehr und mehr angebaut wurden, die Kleinseite an der Größe übertraf.

Nach der Zeitrechnung des Hagek solle die Altstadt im Jahre 795 und also fast hundert Jahre nach der Kleinseite, vom Herzoge Mnata gebaut worden seyn. Die Veranlassung dazu soll folgende gewesen seyn. Es hatten nämlich die Mährer bereits durch zwey Jahre in Böhmen feindliche Einfälle unternommen, dieses kam endlich so weit, daß Herzog Mnata selbst der Gefahr sich ausgesetzt fand, aus dem Lande verjagt zu werden, es wäre auch wirklich erfolgt, wenn die Feinde ihr Kriegsglück sich zu Nutze zu machen gewußt, und geraden Wegs auf den Wischehrad losgegangen wären,

allein

allein Mnatens gutes Verhängniß hatte es be=
ſchloſſen, daß ſie anſtatt die Böhmen heftig an=
zugreifen, ſich an einem Orte verſchanzten, wel=
ches ſie Krizow genannt, um dadurch anzuzei=
gen, daß ſie die Böhmen mit Prügeln, ſo im
Böhmiſchen Kriz heißt, todtſchlagen wollen.

Indeſſen gewann Mnata Zeit ſeine Völ=
ker zuſammenzuziehen, und ſich dem Feinde zur
Wehre zu ſtellen. Die Mährer ſahen zwar die
Böhmen nächſt dem Walde auf ſie zukommen,
wußten aber nicht, wie ſtark ſie ſeyen, dennoch
giengen ſie verachtungsvoll mit Prügeln und
Stangen auf ſie los, die Böhmen empfiengen
ſie aber mit ihren Schwertern ſo nachdrücklich,
daß jene in ihr verſchanztes Lager zu kommen
große Schritte machten, allein auch dazu hat=
ten ihnen die Böhmen den Weg vertreten, und
ſie ſämmtlich in den Wald verſchlagen. Nach
dieſem ſo herrlich erfochtenen Sieg hielt Mnata
auf dem Wiſchehrad einen Landtag, auf wel=
chem er die Böhmen beredete, ein feſtes Ort
anzulegen. Die Vornehmſten des Landes durch
die Gründe der Vorſtellung ihres Herzogs über=
führt, willigten in ſein Vorhaben, und beſchloſ=
ſen ſämmtlich das Werk anzufangen. Nach ei=
nigen Berathſchlagungen kam man darinn über=
eins, der Kleinſeite gegenüber jenſeits der Mol=
dau eine neue Stadt alſo anzulegen, daß ſie
ihrer Lage nach ſowohl das Schloß Wiſchehrad
vertheidigen, als auch eine bequeme Kommuni=
kazion

kazion mit der Kleinseite haben könnte, zu wel=
chem Ende, man auch eine hölzerne Brücke über
die Moldau schlagen ließ, um den wechselseiti=
gen Zugang in beyde Städte, und derselben
Unterstützung bey feindlichen Gefahren zu be=
fördern. Viele Inwohner der Kleinseite kamen
um diese Zeit herüber, und bauten die ersten
Häuser am Ufer der Moldau, wo heut die Kir=
che St. Valentin steht, sie stachen einen Platz
oder Ring aus, der hundert Schritte lang und
eben so viel breit war, das Bauholz zu den
Häusern wurde aus dem Gehölze des heutigen
sogenannten kleinen Ringels gefällt, denn die
Gegend herum war ganz mit Bäumen verwach=
sen. Doch, muß man sich nicht vorstellen, als
wenn die Altstadt nach der Art wäre angelegt
worden, als sie gegenwärtig ist, denn dazumal
baute man nur Hütten, und was man Städte
hieß, sind gegenwärtig unsere Dörfer.

Im Jahre 823 beredete Herzog Wogen
mehrere kleinseitner Ansiedler nach der Altstadt
zu überziehen, um welche Zeit er auch diesen
Ort durch Erbauung mehrerer Häuser erwei=
tern, und mit Wällen und Gräben umgeben ließ,
den Graben, so bey der Moldau mittagwärts
geführt wurde, betrug damals 12 Schritte, und
wurde davon die Erde in Körben herausgetra=
gen. Eben dieser Herzog ließ sieben Jahre dar=
auf den Bau der Altstadt beschleunigen, indem
er selbst das Werk anordnete, und die Lage
der

der Gassen zum erstenmale ausmaße; er stach
ab den großen Ring, der heutiges Tages der
nämliche ist, und legte dort zugleich einen öffentlichen Markt an. Das Jahr darauf ließ er
eine Menge Bausteine verschiedener Art zuführ-
ren, woraus eine Mauer um die Stadt nach
dem Umkreis des heutigen Grabens, so die
Neustadt von der Altstadt scheidet, geführt worden ist. Diese Mauer ließ er überdies mit vielen Thören versehen, um den Zugang von allen
Seiten zu erleichtern. Des Herzogs Vorhaben
gieng auch dahin, einen Theil des Moldauflußes in den neu angelegten Graben abzulei-
ten, um dadurch die Stadt gegen feindliche
Anfälle sicher zu stellen, und den Inwohnern
die Bequemlichkeit des Wasserbedarfs zu verschaffen, allein die Altstädter widerriethen ihm
dieses vorzunehmen, indem sie vorgaben, daß,
da der Boden umher sandig sey, und ihre
Keller von Uiberschwemmungen vieles leiden
müßten.

Nach dem Tode Herzogs Wogen bestellte
sein Sohn Krzeßomysl im Jahre 836 vier Richter, um die gute Ordnung bey den Bürgern
aufrecht zu erhalten, und die vorkommenden
Streitigkeiten beyzulegen. Die Stadtmauer gegen Wischehrad wurde um 800 Schritte erweitert. Zur Uiberfahrt über die Moldau wurde
dieser Zeit ein großes Schiff erbaut, welches
zwey Wägen mit zehn Pferden bequem fassen
konn-

konnte. Mnata hatte zwar gleich bey Anle=
gung der Altstadt eine hölzerne Brücke über die
Moldau führen lassen, diese schien zeither ein=
gegangen zu seyn, weil man die Kommunika=
zion dieser beyden Städte mittels eines Schiffes
zu unterhalten sich genöthigt fand. Nedel in
seinem sehenswürdigen Prag St. 390. meint,
daß die ehemals von Mnata erbaute hölzerne
Brücke nur für die Fußgänger bestimmt gewe=
sen seyn sollte.

Im Jahre 1008 ließ Herzog Udalrik eine
Verordnung ergehen, daß wenn jemand Ver=
langen trüge, sich von der Kleinseite nach der
Altstadt zu übersiedeln, und Häuser nach einer
festen Bauart anzulegen, er durch einige Zeit
von Steuern und Abgaben frey bleiben solle,
hierauf erhielt die Altstadt einen beträchtlichen
Zuwachs an Bürgern, und gut gebauten Häu=
sern.

Im Jahre 1073 unter der Regierung
Wratislaws vermehrten sich schon dergestalt die
Inwohner der Altstadt, daß schon nicht Raum
genug war, innerhalb den Stadtmauern neue
Häuser anzubauen. Es geschahe demnach die
Vermittlung, daß an jenen Häusern, wo es
sich thun ließ, zwey oder auch drey Stockwerke
zugebaut wurden. Auch ließ der Herzog zur
Zierde der Stadt zu dem damaligen Gerichts=
hofe einen Thurm erbauen, der an der Höhe
mit der so berühmten Netlauka auf dem Wi=
schehra=

schehrab um den Vorzug gestritten haben
soll.

Durch das im Jahre 1316 entstandene
große Feuer ist zwar die Altstadt größtentheils
abgebrannt, allein Karl IV. hat selbe im Jahre
1353 wieder dergestalt hergestellt, daß ihr Um=
fang fast noch einmal so groß als vorher ge=
worden. Bey dieser Gelegenheit ist auch die
Neustadt an die Altstadt in Gestalt eines hal=
ben Zirkels angebaut worden, wie solches um=
ständlicher bey der eigentlichen Beschreibung der
Neustadt soll angezeigt werden.

Als die Altstadt vom Herzog Mnata ge=
baut gewesen, war sie diesseits der Moldau nur
so breit, als die gegenüber liegende Kleinseite.
Derer beyderseitige äußersten Gränzen waren ge=
gen Mittag an dem Orte, wo itzt die Brücke
über die Moldau geht, wie sie denn auch gegen
Morgen nicht einmal bis an den heutigen Ring
der Altstadt gieng, indem der Teyner und Für=
stenhof weit außer den Ringmauern derselben
stand, daher auch der erste, und sehr kleine
Markt bey St. Valentin annoch zu sehen ist,
welche Kirche auch damals für die Hauptpfarr=
kirche der Stadt gehalten worden ist. Die Er=
weiterung der Gränzen der Stadt geschahe erst
unter den folgenden Herzogen Wogen und
Krzeßömysl beyläufig 28 bis 30 Jahre nach
der ersten Gründung. Man findet in den Ge=
schichten noch die Namen der Stadtthöre be=

schrie=

schrieben, welche die Altstadt vor Erbauung der
Neustadt ingehabt. Z. B. das Porschizer, das
Kuttenberger, Brückelthor, und Bunzlauer,
an deren Stelle gegenwärtig sich Privathäuser
angebaut befinden. Es hat aber Karl der IV.
im Jahre 1367. nachdem er die Neustadt erbaut,
einige der alten Stadtthöre, Thürme und Stadtmauern niederreissen, und die Stadtgräben an
einigen Orten verschütten lassen; nur die Kommunikazion der Altstadt mit der Neustadt zu erhalten.

Gegenwärtig enthält die Altstadt 932 Häuser, worunter sich viele ansehnliche Gebäude,
Palläste, Klöster, Kirchen, und verschiedene berühmte Denkmaale befinden. Von welchen die
besondere Beschreibung der Ordnung nach gleich
folgen soll. Die Altstadt ward von der Kleinseite durch den Moldaufluß getrennt, über welchen eine kostbare Brücke gebaut ist; zwischen
eben dieser und der Neustadt liegt der Graben,
fast in der Gestalt eines Halbmondes, der zum
Theil mit einer Allee besetzt ist. Von der andern Seite in einem Winkel bey der Moldau
sieht man die Judenstadt, auch diese wird von
der Altstadt mittels einer Mauer geschieden,
deren Thöre zur Nachtszeit geschlossen werden.
Ehe wir uns in die Beschreibung des Einzelnen
der Altstadt einlassen, wollen wir bevor der prager Brücke erwähnen.

Mnata

Mnata der britte Herzog in Böhmen hatte,
als er Prag durch die Altſtadt erweiterte, die
erſte hölzerne Brücke über die Moldau ſchlagen
laſſen. Man legte ſie nicht an dem Orte an,
wo man noch heut zu Tage an einem Bogen
des Kreuzherrnſpitals einen ſteinernen Menſchen=
kopf ſieht, den man gemeiniglich Brabaz (Groß=
bart) nennet. Und woſelbſt, wie Brykowſky
dafür hält, die erſte ſteinerne Brücke errichtet
war, nicht an demjenigen, wo ſie itzt ſteht,
ſondern ſie wurde vom Tummelplatze oder St.
Valentinsplätzl, wo eigentlich die Böhmen die
Altſtadt anlegten, gegen die St. Peterskapelle
geführt. Nach Hajeks Meinung geſchahe es
im 795 Jahre, da er aber, ſeiner Gewohnheit
nach, dieſe Nachricht mit gar keinen Zeugen
belegt, und überdies noch ſeine Meinung an=
dern Schwierigkeiten, in Abſicht auf die Chro=
nologie und Geſchichte ſelbſt, unterworfen iſt,
ſo nehmen wir lieber mit dem gelehrten Ver=
faſſer der chronologiſchen Geſchichte Böhmens
das 694 Jahr dafür an.

In eben der itzt angeführten Geſchichte
des Hrn. Pubitſchka leſen wir (II. Thl. S. 359.)
es ſey im Jahr 939 der Leichnam des heiligen
Wenzels über die, von der Gewalt des Waſſers
zum Theil fortgeriſſenen Brücke, auf eine wun=
derbare Art geführt worden. Daraus läßt ſich
vermuthen, daß dieſe etwa die zweyte hölzerne
Brücke

Brücke war, und nicht diejenige, welche nach
Nedels Bericht Herzog Udalrik aufführte.

Uebrigens können wir die Dauer dieser
letztern Brücke eben so ungewiß, als der vorigen bestimmen, so viel aber wissen wir, daß
man sie gegen die Mitte des zwölften Jahrhunderts in eine steinerne verwandelte, von
deren Struktur aber unsers Erachtens keine
Nachrichten, außer den, die wir gleich mit-
theilen werden, auf uns gekommen sind. Die
Schriftsteller sind nicht einmal darüber einig,
wer sie eigentlich habe erbauen lassen. Hammerschmied' sagt, ohne sich auf jemanden zu berufen, König Wladislaw habe sie angelegt,
Judith aber, seine zweyte Gemahlin, selbe im
dritten Jahre darauf ausgebaut. Dubravius
behauptet am Ende des 12ten Buches seiner
Historie, König Wladislaw habe einen Archi-
tekteur aus Italien, der sich auf den Brücken-
bau vortreflich verstund, mitgebracht, und dieser ließ eine überaus feste, und zugleich schöne
Brücke von 24 Bögen aufführen. Dem Bal-
bin zufolge, hatte man sie Judithen allein, die
sie binnen 3 Jahren zu Stande brachte, zu ver-
danken. Das Jahr ihrer Erbauung wagen
wir ebenfalls nicht genau anzugeben, und be-
gnügen uns allein die Rechnung angezeigt zu
haben.

Nun glaubten die Böhmen eine Brücke
zu haben, die, ungeacht der damals nicht un-

gewöhnlichen Ergieſſungen der Moldau und der
Gewalt des Eiſes, beſſer als die hölzerne widerſtehen ſollte, aber auch dieſe, wiewohl ſie
jene an Stärke weit übertraf, wurde, vielleicht
weil man ihren Bau übereilte, nachdem ſchon
viele Jahre daran reparirt worden, zu Zeiten
Przemislaus Ottokars von einer großen Waſ-
ſerſtuth zerriſſen, und beynahe gänzlich weggeg-
führt. Hammerſchmied fügt noch hinzu, daß
die Prager, ſeitdem ſie eingegangen, hernach
ſich ſo lange verſchiedener Fahrzeuge zum Ueber-
ſetzen gebrauchten, bis endlich Kaiſer Karl IV.
ſie wieder hergeſtellt.

    Er legte ungefähr im 1338 Jahre am
altſtädter Geſtade mit gewöhnlichen Solennitä-
ten den erſten Grundſtein zu dieſer überaus
ſtarken Brücke, die ſich bishero noch erhalten
hat. Allein dieſes Werk wurde zu Kriegszeiten
immer unterbrochen, und kam vor ſeinem Tode
nicht zu Ende. Nach ſeinem Tode, der ins
1378 fällt, wurde der Bau ſehr langſam fortge-
ſezt. Endlich hatte König Wladislaw, der
Zweyte genannt, nachdem bereits anderthalbe
Jahrhunderte gearbeitet wurde, das Vergnügen, ſie im Jahre 1507 fertig zu ſehn.

    Kurz bevor, nämlich 1495. ſolle zwar die
Gewalt des Waſſers in der Gegend, wo das
metallene Kruzifix aufgerichtet iſt, abermals
einen Theil weggeriſſen haben, doch dieſer Schade iſt unter der Aufſicht zweyer wachſammen
Bür-

Bürgermeister der Altstadt, Prokop Pikart, und Johann Jagitschek, wobey sich der Leztere besonders eifrig bezeigte, nicht nur bald wieder gehoben, sondern der ganzen Brücke, durch einen beträchtlichen Aufwand, diejenige Stärke, und Vollkommenheit gegeben worden, mittelst welcher sie bisher aller Gewalt widerstanden hat. Die Kosten soll die altstädter Gemeinde darauf gewendet haben.

In dem starken Eisgang von 1784. den 28 Hornung, hatte die Brücke eine große Erschütterung gelitten. Den St. Xaver und Wenzeslaipfeiler, dann jener an dem das steinerne Wachthaus angebaut stand, sind von den Geländern getrennt worden, erwähntes Wachthaus stürzte selbst ins Wasser, und tödtete durch seinem Fall drey darinn zur Wache beorderte Soldaten. Die Wölbung selbst erhielt hie und da beträchtliche Risse, und drohte Gefahr, schädliche Folgen nach sich zu ziehen. Allem Unglück vorzubeugen, traf man sogleich die thätigsten Veranstaltungen, das Mögliche zur Herstellung der Brücke beyzutragen, und gegenwärtig, da diese Beschreibung von Prag verfaßt wird, wird eiftig daran gearbeitet, und die erforderliche Festigkeit der Brücke wieder zu verschaffen. Man hofft, daß während dem Sommer dieses Jahrs das Werk zu Stande gebracht seyn wird.

Die Lage und innere Beschaffenheit der Brücke belangend, so fand man für gut, diese

nicht an dem Ort der Altſtadt, wo unſere Vor=
fahren die erſte ſteinerne Brücke erbauten, an=
zulegen. Es mag nun entweder der Zug des
Waſſers, oder die Verbindung der gegen einan=
der liegenden Gäſſen, oder ſonſt was Anlaß ge=
geben haben, daß man ſie um einige Klafter
weiter gegen Süden rückte, ſo können doch
ſchon dieſe vermeintliche Beweggründe eine Aen=
derung rechtfertigen, vermög welcher man eines
Theils die großen Koſten, die erfordert würden,
um den Lauf des Waſſers nach der Mitte hin=
zulenken, erſparte, und anderntheils den Vortheil
hatte, den Eingang der Brücke an beyden Sei=
ten, bey Hauptgäſſen anzubringen, die in der
Mitte der Stadt führen. Aus dieſem neuen
Eingang, nämlich von der Altſtadt, der als der
Haupteingang anzuſehen iſt, läuft ſie jedoch
nicht in einer geraden Linie, bis an die Klein=
ſeite fort, ſie macht einige kleine Krümmungen
gegen das Waſſer, um der Gewalt des Stroms
deſto beſſer zu widerſtehn. Ihre Länge (von
dem kleinſeitner Brückenthurme nämlich bis zum
altſtädter Brückenamte) beträgt 262 Wiener
Klafter; oder nach dem alten prager Maaßſta=
be 1790 Fuß und die Breite 5 Klafter, 3 Fuß,
5 Zoll, oder 35 Fuß 6 und einen halben Zoll.
Ihre ſichtbare Höhe, wenn das Waſſer mittel=
mäßig iſt, hält 20 und eine halbe Elle.

Nebſt der Lage hat dieſe Brücke vor der
erſten auch darinn einen Vorzug, daß ſie nur

auf

aus 16 Bögen, davon jedoch nur 15 das Waſ-
ser durchlaſſen, beſteht, da Dubravius Jener,
wie wir bereits bemerkt haben, 24 beylegt.
Daburch erhält, das Waſſer allerdings mehr
Raum durchzulaufen, und behält deſto weniger
Gewalt das Gemäuer zu drücken. Dieſer geringen Zahl der Bögen, und die folglich breitere
Spannung derſelben, ließ nun nach der einmal
beſtimmten Höhe der Brücke von ſelbſt nicht
zu, ihnen die ſchöne Zirkelform zu geben, oder
ſie gar noch höher zu wölben. Es ſind alſo
etwas gedrückte Bögen, und hiernächſt mußte
die ganze Brücke wegen dem allzuniedrigen Geſtade, viel von ihrer Bequemlichkeit und Schönheit verlieren, da ſie in der Mitte ziemlich hoch
über den Horizont, der an beyden Eingängen
liegenden Gaſſen erhoben iſt. Indeſſen bemerkt
man dieſes Steigen, und Fallen nur an beyden
Enden der Brücke, beſonders gegen die Kleinſeite zu. Mehr als der dritte Theil derſelben
iſt beynahe eben, und daher auch ganz zu über-
ſehen, und ſelbſt die Erhebung iſt in Betrachtung der Länge nicht ſehr merklich.

Die Pfeiler, welche die Wölbungen tragen, ſind ungeachtet ihrer Stärke überdies noch
von beyden Seiten mit Strebepfeilern verſehen,
worauf nach der Zeit noch Pfeiler geſetzt wur-
b-n, um die Statuen zu tragen. Dieſe Strebe-
pfeiler formiren keine gleichſeitigen Dreyecke,
ſie ſind auch an beyden Seiten nicht gleich groß,
ſon-

ſondern die, welche dem Strohme nachſtehen,
ſind viel kleiner als jene, die gegen demſelben
gerichtet ſind. Es beſteht demnach jeder Pfeiler, der überdieß noch unter dem Waſſer mit
Soelen umgeben iſt, wenn man ihn im Grunde betrachtet, aus einem irregulären Sechsecke,
deſſen längſter Durchſchnitt paralel mit der
Direktion des Fluſſes liegt. Ferners ſind noch
vor jedem Pfeiler doppelte Eisböcke angebracht,
um die erſtern vor der Gewalt des Eisſtoßes
zu ſchützen.

Was die Materiallen betrfft, ſo iſt ſie
aus lauter Quaderſtücken, welche mit dem beſten
Mörtel verbunden ſind, gebaut: Die Zeit, ſeit
welcher ſie aufgeführt wurde, hat ihm eine ſolche Feſtigkeit gegeben, daß noch eher der erſte
Sandſtein, als der Mörtel von einander geht;
ſo ſehr hat dieſer die Fugen verbunden. Von
dieſer ausnehmenden Solipität hat man ſchon
verſchiedene Proben. Denn als man nach dem
Abzuge der Schweden im Jahre 1650 den erſten Bogen zwiſchen dem Altſtädter Thurme,
und dem Brückenamte abtragen wollte, konnte
man keinen Stein vom Kalke ablöſen. Auch
in dieſem Jahrhundert 1744. mußte man von dem
Vorhaben, die Brücke durchzugraben, abſtehen,
denn nachdem man das Pflaſter ſchon gehoben
hatte, und es mit dem Geländer verſuchen wollte, fand man alles einem Felſen gleich, der nur
mit Pulver zu ſprengen war, womit auch ſchon
der

ter Anfang gemacht wurde. Linker Hand
sieht man die Zahl 1745, das Jahr nämlich, in welchem alles wieder reparirt wurde,
in einem Stein gehauen. Beym Haupteingange steht ein großer Thurm auf dem vor-
letzten Pfeiler.

Bey dem Kleinseitner Thurme läßt sich dieses, weil sie seitwärts angebaut sind, zwar nicht
sagen, aber hier ists freylich auch nicht so nöthig,
da die Insel Krupka (so nennt man sie sonst)
dem ersten Pfeiler gleichsam zur Brustwehre
diente, und vors zweyte, der erste Bogen sehr
weit vom Ende des Gemäuers entfernt ist.
Die Brückenthürme sind nach Gothischer Bauart, und aus lauter Werkstücken aufgeführt.
Vor der Haupteinfahrt steht linker Hand das
Brückenamt. Bey diesem, und dem gegen über
stehenden Hause fangen sich von beyden Seiten die Geländer an, und laufen bis an die
Kleinseitner Thürme fort. Die Dicke derselben
ist 1 Fuß, 8 Zoll, und die Höhe bis an die
Fußsteige etwas über 3 Fuß, sie sind aber nicht
überall gleich dick und hoch. Auf der Kleinseite steigt ihre Höhe bis auf 9 Fuß, so wie
auch allda der 1 Fuß 10 Zoll breite Fußsteig
an Höhe wächst, und eben darum sehr unbequem zu besteigen ist. Die Fußsteige sind schon
dergestalt ausgetreten, daß man nicht so leicht
Jemanden darauf erblickt.

Die

Die Polizey hat dafür gesorgt, daß nebst
den Lampen, welche aus einigen Vermächtnissen
bey den Statuen unterhalten werden, zur Beleuchtung der Brücke auf den Geländern La-
ternen ausgesteckt wurden. Der Abstand einer
Laterne von der andern ist eben so weit, als
eines Pfeilers zum folgenden.

Zur Zierde der Brücke sind auf die Pfeiler Statuen der Heiligen gesetzt worden. Sie sind meist
aus harten und weichen Sandsteinen gemacht.
Unter ihnen zeichnen sich besonders aus das metallene Kruzifix und die Statue des heiligen
Johann von Nepomuck. Das Kruzifix ist im
Feuer vergoldet, unter selben stehn die Statuen der Mutter Gottes, und des heiligen Johann des Evangelisten, die aus weichem Metall
gegossen sind. Dieses Kruzifix wurde im Jahr
1659 von einem hochlöbl. k. k. Appellazionstribunal aus dem Strafgelde eines wider das
Kreuz Jesu Lästerworte ausstoßenden Juden aufgerichtet. Es solle zu Hamburg gegossen worden seyn, wozu noch im Jahr 1706 zu
Prag statt des hölzernen ein metallenes Kreuz
verfertigt wurde. Die Statue des heiligen
Johann von Nepomuk ist zu Nürnberg aus hartem Metall gegossen. Sie ist 8 Schuhe hoch,
und 20 Zentner schwer. Mathias Freyherr von
Wunschwitz hat sie im Jahr 1683 aufrichten
lassen. Am Ende der Brücke gegen die Kleinseite befinden sich verschiedene Kramläden.

Von

Von beyden Seiten aber sowohl der Kleinseite, als Altstadt zu, sind Wachhäuser.

Die Altstadt dem Einzeln nach betrachtet.

Großer Ring begreift in sich die Häuser Nr. 1, 2, 3, 4, 5, 6 — 68, 69, 70, 71, 72, 73, 74 — 188, 189, 190, 191, 192, 193, 194 — 710, 711, 712, 713, 714, 715, 716, 717, 718, 719. Darunter sind merkwürdig:

Nr. 1) Das insgemein Bodenscheinisch ge= nannte Haus, eines der größten Gebäude auf der Altstadt, davon die Vorderseite dem Rin= ge zugewendet ist, und der Hintertheil fast die linke Seite der Eisengasse ausmacht, wo= selbst Kramläden von verschiedenen Gewerben sich befinden.

69) Theiner Schulhaus, unter welchem ein gedeckter Gang ist, und zugleich der Haupt= umgang in die Theiner Kirche, welcher Ein= gang aber von der Gasse nicht bemerkt wird.

Die Hauptpfarrkirche in Theyn, sonst auch Marienhimmelfahrt genannt, ist im Jahre 894 von dem ersten christlichen Herzog in Böhmen Borzivog erbaut worden; sie war die allerer= ste Kirche in Prag. Der mährische Apostel Cyrill solle sie im Jahre 901 eingeweiht haben. Allein im Jahre 910 solle diese Kirche von der heidnischen Herzoginn Drahomira meist zerstö=
ret

ret worden seyn, Boleslaw der Erste hat sol=
che wieder hergestellt. So wie man heut die
Kirche sieht, ist selbe von den deutschen Kauf=
leuten im Jahr 1400 erbaut worden; diese
Kaufleute sollen sich um diese Zeit bey 1200
in Prag aufgehalten, und den Handel betrieben
haben; sie bestellten in Thein 2 Pfarrer und
24 Kapläne, worunter die eine Hälfte deutsch,
die andere böhmisch war, denn der Gottesdienst
war wechselweis, jedem Sonntag einmal in der
deutschen, das zweytemal in der böhmischen
Sprache gehalten. Nach der Zeit kamen auch
dazu zwey akatholische Prediger. Beym An=
fang der hußitischen Unruhen im Jahr 1420
ist die Kirche von den Sektieren eingenommen
worden, welche sie zu ihrem Gebrauch einrich=
teten. Als König Georg zur Regierung ge=
langte, ließ er die heutigen zwey Thürme dazu
erbauen, und das Dach verbessern; beynebst
ließ er auch sein Bildniß, worunter ein großer
kupferner vergoldeter Kelch sich befand, über
den Portal aufstellen. Die Bauart der Thür=
me ist die grobe gothische. Nach dem weißen=
berger Siege hat Ferdinand der II. im Jahr
1620 die Theinkirche den Katholischen wieder ein=
räumen lassen, von welcher Zeit an sie ihnen
auch beständig geblieben, und als die Haupt=
pfarrkirche der Stadt angesehen worden. In
dieser Kirche ist merkwürdig die Kapelle nächst
der Sakristey, woselbst die heilige Ludmilla sich
eine

eine Zeitlang vor den Nachstellungen der Hei=
den verborgen gehalten, und wo auch Borzi=
wogs Sohn, Herzog Spitignew begraben liegen
soll. Unter den Grabsteinen, die man in der
Kirche antrift, ist der merkwürdigste, der im
Jahr 1601 nächst der Kanzel, dem berühmten
Tycho Brache gesetzt ward. Man hört auf, sich
zu verwundern, daß dieser Mann in dieser Kir=
che beygesetzt wurde, wenn man sich erinnert,
daß sie zu jener Zeit beyden Religionen gemein
war. Man findet einige schöne Altarblätter
darinn, die Skreta gemalt hat, das größte
darunter ist auf dem Hochaltar. Die große
Glocke sollen die Hußiten von dem strahöfer
Prämonstratenserkloster hieher gebracht haben.
Zwischen beyden Kirchenthürmen sieht man itzt
ein Marienbild stehn, welches an die Stelle der
im Jahr 1620 abgenommenen Statue des Kö=
nigs Georg, und des Kelchs ist aufgerichtet
worden.

71) Ullrich Fürst Kinskisches Palais ge=
rade gegen der in der Mitte des Plazes ste=
hender Militairhauptwache etwas vorragend
von den übrigen umstehnden Privathäusern,
hat einen Balkon, von welchem man die Aus=
sicht über den Ring erhält. Das Gebäu an
sich selbst hat ein prächtiges Ansehen, und in=
wendig alle mögliche Bequemlichkeit.

71⅓) Krenhaus. Ein geräumiges Ge=
bäude hinter der Militairhauptwache nächst dem
Fisch=

Fiſchmarkt gelegen. Steht von allen andern
bürgerlichen Häuſern entfernt, indem es an kei=
nes angebaut iſt, es macht daher von beyden
Seiten zwey kleine Gäßchen, iſt 3 Stockwerke
hoch und enthält viele Wohnungen.

714) Friedrich gräf. Deßfouriſches Haus,
iſt ziemlich geräumig gebaut; der linke Flügel
lenkt ſich nach einem Gäßchen, das der Juden=
ſtadt zuführt.

715) Franz gräflichſtlich. Golziſches Haus, iſt
ſehr hoch, doch einwärts nicht gar zu bequem
gebaut. Das darneben ſtehende Haus, das
dem nämlichen Inhaber gehört, iſt eine Zeit
her zu einer Kaſerne gemacht worden. Beyde
Gebäude ſind baufällig.

719) Das vormalige Paulanerkloſter, und
Kirche zu St. Salvator genennt. Nachdem
Kaiſer Rudolph II. den ſogenannten Utraqui=
ſten die Religionsfreyheit ertheilt hatte, iſt die
Kirche von den Proteſtanten erbaut worden;
die ſie aber nur vom Jahr 1611 bis 1624 in
Beſitz gehabt, da ſie nämlich, den Paulanern
eingeräumt wurde. Dieſen ließ der Graf
Martinitz das Kloſter bauen, welches die Sach=
ſen, in deren Händen die Sadt abermals im
Jahr 1631 fiel, noch mit dem Dache verſahen.
In einer Kapelle nächſt der Kirche wird ein
Kruzifix gezeigt, das einſt in einem großen
Brande unverletzt geblieben iſt. Da im Jahre
1784 dieſes Kloſter aufgehoben wurde, ſo iſt
das

das Gebäu einstweil zu einer Niederlage, der durch das Edikt von 1784 außer Kommerz gesetzten, und nun zu verkaufenden fremden Waaren bestimmt worden. In der Kirche aber selbst werden verschiedene Geräthschaften der aufgehobenen Klöster, und Brüderschaften, wie auch überflüßige Kirchensachen aufbewahrt, und zur ausgesetzten Zeit an die Meistbietenden verkauft. Der gelöste Betrag wird theils zum Religionsheil, theils zum Armeninstitute beygezogen.

Mariensäule auf dem Ring. Diese ließ Kaiser Ferdinand II. im Jahr 1623 verfertigen. Am Postament knien drey Engel, davon der vierte in der Belagerung 1757 von einer Bombe zerschmettert wurde.

Militairhauptwache in der Mitte des Rings, dient zu einem Wachthause für die täglich zur Wache aufziehende Besatzung. Ein Hauptmann führt hier das Kommando über die ihm untergeordnete Mannschaft, und führt zugleich die Generalaufsicht über die partikulair Stadtwachen.

Röhrkasten steinerner nächst dem Fischmarkte, eine prächtige und kostbare Anticke, ist heut zu Tage sehr eingegangen, indem die Wasserleitungswerke meist verdorben sind. Man sieht hier die zwölf Himmelszeichen künstlich in Steine in erhabener Arbeit gebildet. Oben ist der Wassergott, aus dessen Dreyzacke bey

gro

großen Feyerlichkeiten ein Wassersprung her-
vorquillt.

Fischmarkt. Gegen den Hintertheil des
Rathhauses, besteht in einer Reihe beweglicher
hölzerner Buden, welche am Freytag, und Samstag zusammengestellt werden, um der Stadt
die Fischgattungen käuflich auszusetzen. Von
einer andern Seite sieht man am Rathhause
verschiedene Kramläden angebaut, und etwas
vorwärts eine Menge Höcklerinnen mit Obst,
und andern Eßwaaren sitzen, welches zusammen-
genommen, die äußerliche Zierde des Ringes
sehr verstellt, zu dem noch dieses kömmt, daß
diese Seite des Rings hie und da mit Kehrig
und Unflath verunreinigt wird. Der Ring an
sich selbst ist ins Gevierte angelegt, und verstat-
tete die Aussicht, wenn in der Mitte die Haupt-
wache nicht stünde, nach allen Seiten.

II. Kleiner Ring mag gleichen Ursprung
mit dem großen haben, da nämlich die Bürger wegen einer mehr zunehmenden Menge
neuer Ansiedler, denen die ersten Wohnplätze
am Ufer der Moldau nicht zureichen wollten,
sich nach der Mitte des Bezirks gezogen, und
allda Häuser zu bauen anfingen. Es hat das
Ansehen, daß das heutige Rathhaus der Mittelpunkt des allgemeinen ehemaligen Markt-
platzes oder Rings der Altstadt ausgemacht,
da denn nach der Zeit so viel Privathäuser
von allen Seiten gebaut wurden, daß dadurch
die-

dieser Marktplaß eine neue Gestalt zu bekommen schien, und gleichsam zween Abtheilungen,
das ist, den großen und kleinen Ring ausgemacht hatte. Heutiges Tages also begreift
der kleine Ring die Häuser Nr. 222, 223, 224,
225, 226, 227, 228, 229, 230, 583, 584,
585, 586, 587, 588. 696, 697, 698, 699.
700, 701, 702, 703, 704, 705, 706 707, 708,
709; darunter sind merkwürdig.

223) Servittenkloster und Kirche St. Michel. Diese war ehemals eine Pfarrkirche, und
stand bereits von den Zeiten König Johannes.
Kaiser Ferdinand II. übergab sie im Jahre 1620
den Servitten, und erbaute ihnen ein Kloster
dabey. Beydes ist in diesem Jahrhundert erbaut worden. Auf dem Hochaltar sieht man
ein kostbares Gemälde vom Brandel den Streit
der guten und bösen Engeln vorstellend. Im
Jahr 1785 wurde diesem Kloster gleichfalls
das königl. Aufhebungsdekret kund gemacht.

225) Peixgerisches Haus. Ist ziemlich
hoch und geräumig gebaut, unterscheidet sich
daher merklich von den andern um ihn her gelegenen bürgerlichen Häusern. Inwendig hat
es alle Bequemlichkeiten, die zu einer Bewohnung erforderlich sind. Der hintere Ausgang
von diesem Hause geht nächst der Servitten-
kirche von der Seite, wo man zu der sogenannten eisernen Thüre zugeht.

586)

586) Drey Roſen. Ein ſeines Alterthums
wegen berühmtes Gebäu mit hohen Fenſtern
und nach der gothiſchen Bauart angelegt. Im
Jahre 1784 iſt ſelbes renovirt worden.

Waag = und Salzniederlage der altſtädter
Gemeinde gehörig, welche die Nutzungen von
der Salzauflage genießt, um einen Zufluß zur
Beſtreitung der Gemeinausgaben dadurch zu
erhalten.

709) Altſtädter Rathhaus. Der Urſprung
dieſes Gerichtshofes iſt in dem ſogenannten
alten Gerichte zu ſuchen. Dieſes alte Gericht,
wo damaliger Zeiten, vor der Erbauung des
heutigen Rathhauſes Gericht gehalten worden,
ſteht gegen der ſogenannten Kotzen, oder am
altſtädter Thore, wo man nach dem Roßmark=
te zugeht, das iſt vermuthlich das Stadtgericht,
an welchem Orte in den älteſten Zeiten, und
ſo lange die Stadt durch die vier Richter,
welche Herzog Krzeſomiſl im Jahre 816 be=
ſtellet, ihre Verſammlungen gehalten hatten,
wie es dann auch heutiges Tags dem Rathe
der Altſtadt gehört, und von ihm 1688 erwei=
tert, und erneuert worden iſt. Gegenwärtig
iſt es zu einer Niederlage der Leinwandwaaren
beſtimmt, und des Anſehens wegen mit einigen
Bildniſſen der alten böhmiſchen Herzoge aus=
gezeichnet. Das Gerichtshaus aber hat ſchon
vor Alters an dem Orte, wo itzt das Rathhaus
zu ſehen iſt, geſtanden. Dieſes Gerichtshaus
ließ

ließ im Jahre 1074 Herzog Wratislaw, nach=
maliger erster König in Böhmen aufrichten,
und sehr tiefe und geräumige Gründe graben,
auch allda einen festen Thurm aus harten Stei=
nen zu bauen angeordnet, welcher höher als die
damalige wischehrader Neklanka gewesen seyn
solle. Der Thurm, so noch steht, ist einer der
ältesten, denn man liest nirgends, daß der
große Brand im Jahre 1316, der den meisten
Theil der Altstadt abgebrannt, ihm einigen
Schaden verursachet habe. Allein im Jahre
1399 hat das Feuer dieses Gebäu einigermaßen
verdorben; indem die Rathstube, viele Arma=
turen, und wichtige schriftliche Urkunden in
Asche verwandelt worden. Der Stadtrath hat
vermuthlich mit dem Rathhause seinen Anfang
genommen, daß also zwey Bürgermeister anstatt
der vier Richter die oberste Gewalt überkamen.
Uibrigens findet man in erwähntem Rathhause
trotz der zerstöhrenden Verhängnisse noch ein
schönes Archiv und einige vaterländische Alter=
thümer, welche in gut gewölbten Kammern
verwahrt werden. Das im Rathhause befind=
liche berühmte Uhrwerk ist im Jahre 1490 von
M. Hanuschen, einem vortreflichen Sternkun=
digen und zugleich Lehrer der Mathematik an
der karoliner Universität in Prag verfertigt
worden.

Diese Uhr zeigte vormals alle Tage und
Nachtstunden sowohl nach italiänischer als deut=

scher Art, nebstdem wies sie den Mondeslauf,
die Jahrszeiten, die beweglichen Festtäge, die
Bewegungen der Monate, und Gestirne, dann
alle Veränderungen des Horizont, ferners machte sie sichtbar den Lauf der Sonne sammt allen
sonst gewöhnlichen Kalenderzeichen. Vor jedem
Uhrschlage bewegte sich eine Figur, so ein Todten-
gerippe vorstellte, ein Glöckel, und eine andere
gegenüber stehende, welche einem Greis gleich
sahe, schüttelte den Kopf. Allein die meisten
dieser künstlichen Werke sind heut zu Tage eingegangen, und man sieht sehr wenig von der
ehemaligen Vortreflichkeit.

Merkwürdig ist auch hier ein Ort, von
dem man sagt, daß der König Wenzel hier eine
Zeit lang auf Veranlassung des altstädter Stadtraths gefänglich verwahrt gewesen seyn sollte.
Nach dem weissenberger Siege war der hiesige
Magistrat ganz reformirt, man war dieser Zeit
vorzüglich darauf bedacht, gut katholische, und
dem Landesfürsten getreue Rathsglieder zu bestellen, diese Verfassung dauerte bis auf das
Jahr 1784, in welchem den 30. April vermög
der höchsten Verordnung ein bürgerlicher Ausschuß eine neue Wahl des nun vereinigten Magistrats von allen vier prager Städten vornahm,
und dabey auf Redlichkeit, Treue und Geschicklichkeit ihr Augenmerk setzte. Ungefähr einen
Monat nach der Wahl erfolgte die königl. Bestättigung der Rathsglieder. Und von dieser

Zeit

Zeit an werden hierorts die Versammlungen des
nunmehr vereinigten, prager Magistrats gehalten, und die geistlichen sowohl als politischen
Geschäfte abgehandelt.

Der Brunn, der in der Mitte des kleinen
Ringes steht, ist wegen der schmackhaften Quelle
ungemein berühmt.

Fast der dritte Theil vom kleinen Ringel
ist mit Lauben umringt, unter welchen auf der
Seite viele Garküchen sind. Die Mitte des
Plaßes aber wird nicht am sorgfältigsten rein
gehalten.

III. Kohlmarkt. Ein sehr langer und ziemlich breiter Plaß, der sich von dem sogenannten
plateißischen Haus bis über den Karolinplaß
erstreckt, und den Namen von den allda zu
Kaufe ausgesetzten Kohlen, oder auch Krat-
werk (Kohl) erhalten haben mag. Begreift
in sich die Häuser Nr. 257, 258, 259, 260, 61,
262, 263, 264, 265, 266, 267, 268, 269, 270,
271, 272, 273, 274, 275, 276, 277, 278, 279,
280, 281, 282, 283, 284. 336, 337, 338, 339,
340. 350, 351, 352, 353, 354, 355, 356, 357,
358, 359, 360, 361, 362, 363. Darunter sind
merkwürdig

282). Altes Theaterhaus der altstädter Gemeinde gehörig. Hier waren vormals Schauspiele vorgestellt, nachdem aber auf dem Karo-
linplaße das neue Theater errichtet worden war,
sind seit der Zeit in diesem Theaterhause die

Spie-

Spiele unterblieben. Uibrigens iſt dieſes Gebäude mit vielem Holzwerk ſehr angefüllt; und
deshalb der Feuersgefahr ſtark ausgeſetzt.

283) Stockfiſch = und Häringskramläden.
Ebenfalls der altſtädter Gemeinde gehörig.

284) Karmeliterkloſter und Kirche St.
Galli. Von den Zeiten Königs Ottokars war
dieſe eine Pfarrkirche, welche die Karmeliter im
Jahre 1627 erhielten. Unter dem Kaiſer Leopold iſt das gegenwärtige Kloſter ſammt der
Kirche im Jahre 1671 auf eine ſehr maßive
Art gebauet worden. Der berühmte Skrata liegt
neben dem hohen Altar begraben. Im Jahre
1785 wurde das Kloſter aufgehoben.

738) Gräflich Paarſches Haus, ſonſt beym
Plateis genannt, ein berühmtes Gaſthaus, welches mit vielen Bequemlichkeiten für die Ein-
kergäſte verſehen iſt. Es iſt hier auch eine
Freytafel. Der hintere Ausgang des Hauſes
geht nach dem Graben in die neuangelegte
Alee.

340) Vormalige Pfarrey St. Martin,
welche Herzog Friedrich von Burgund im Jahre
1350 an ſeinem Pallaſte, dem itzigen Gaſthauſe
zum Plateis gebauet hat. Im Jahre 1678 iſt
die Kirche abgebrannt und wieder, wie itzt zu
ſehen, gebauet worden. Eben zu der Zeit kam
noch die Kapelle des heil. Rochus hinzu, das
Hochaltar in der Kirche iſt abermal ein Kunſt-
werk des Skreta. Im Jahre 1784 iſt dieſe

Pfarr-

Pfarrkirche aufgehoben, und das Recht davon nach der vormaligen Trinitarkirche an die Neustadt übertragen worden. Gegenwärtig befindet sich die Stätte vom Jahr 1785 im Privatbesitze, und man sieht allhier das Gebäu zum weltlichen Gebrauch eingerichtet.

Schlosserhäusel in der Mitte des Kohlmarkts stehend, ein altes schwarzes Gebäu, ist darum merkwürdig, weil es das erste Haus seyn soll, so auf dem Kohlmarkt erbauet worden war.

Der Kohlmarkt an sich selbst erstreckt sich bis zum Nr. 363. Allein der Hauptbezirk dieses Platzes, so wie man aus dessen Lage leicht abnehmen kann, geht in einer Strecke fort bis zu dem sogenannten Karolinplatze, den man der topographischen Beschaffenheit nach bis zum ehemaligen königl. Münzhause, oder der itzigen böhmischen Kriegskanzley erstrecken läßt. Unter den Hauptbezirk des Kohlmarkts kann also dieser Eintheilung zufolge das Kotzengebäu und ein Theil des Christen = und Judentändelmarkts mit eingerechnet werden. Von beyden folgt hier die Beschreibung.

IV. Kotzenumkreis begreift in sich Nr. 313, 314, 315, 316, 317, 318, 319, 320.

Kotzengebäu stellt eine lange von Steinen aufgeführte Gallerie vor, so mit einem Ziegeldache bedeckt, und über 100 Schritte lang ist. Vormals ist hierorts der Handel mit allerhand

Sa-

Sachen, als Tuch, Leinwand, Pelzwerk ꝛc.
getrieben worden, itzt aber haben die Juden den
Handel in ihrem nahe dabey gelegenen Tändelmarkt
an ſich gezogen. Der Name Kotzen iſt dieſem
Gebäu von dem Worte Kothen d. i. kleine Hütten oder Buden gegeben worden. Der gemeinen Uiberlieferung nach ſollte Kotzen von einer
Weibsperſon erbauet geweſen ſeyn, die durchs
Goldwaſchen zu einem großen Reichthum gelangte, und deswegen ſo übermüthig geworden,
daß ſie ihren Ring mit den Worten in die
Moldau warf: daß gleichwie dieſer ihr niemals
zukommen würde, ſie auch unmöglich jemals
in Armuth gerathen könne. Dieſer Ring, da
er kurze Zeit darauf von ihrem Koche in einem
Fiſch, der für ihre Tafel beſtimmet war, gefunden, und ihr zugeſtellt ward, hat das Zeichen der fehlgeſchlagenen Zuverläßigkeit auf das
Reichthum bewieſen, daß ſie in der Folge in
äußerſte Armuth gerathen ſey. Der obere Theil
der Kotzen war ehemals zur Vorſtellung der
Schauſpiele eingerichtet, doch da es ſehr der
Feuersgefahr ausgeſetzt war, hat ſtatt deſſen
Se. Exzell. Graf von Noſtitz an dem Karolinplatze ein ordentliches Schauſpielhaus von
Steinen aufführen laſſen.

Chriſtentändelmarkt von 205 bis 213 iſt
eine Reihe Privathäuſer gegen der Kotze, unter
deren bedeckten Gängen oder Lauben, wo ſich
viele Kramlöden befinden, in welchen meiſt zum
Chri-

Christenthume sich bekehrte Juden verschiedene Antiken von Meubeln, Hausgeräthe, und Kleidungssorten verkaufen, die sie in öffentlichen Versteigerungen an sich bringen. Es sind auch hier Garküchen, wo Personen von geringer Klasse um mäßige Preise speisen können.

V. Karolinplaß begreift Häuser gegen der vormaligen Münz Nr. 24, 25, 26, 27, 28, 29, 30, 31, 32, 33. hinter dem Karolin 34, 35, 36, 37, 38, 39, 40, 41, 42, 43. Darunter sind merkwürdig

37) Gräflich Kolowratisches Haus. Ein ansehnliches Gebäu, welches sowohl von außen als einwärts viele Vorzüge hat.

41) Gräflich Klammisch, ist nieblich und nach dem besten Geschmack angelegt, hat einen reizenden Garten, welcher nach dem Graben geht.

Nazionaltheater in der Mitte des Karolinplaßes, ist von Sr. Exzell. Herrn Grafen von Nostiß, dermalen obersten Burggrafen von Prag sehr prächtig aufgeführt worden. Berühmt ist es vorzüglich dieser Bequemlichkeit halber, weil man darinn alle mögliche Arten auch die prächtigsten Schauspiele mit dem erforderlichen Anstande vorstellen kann. Zur Sicherstellung gegen die Feuersbrunst ist nicht nur allein das Gebäu an sich selbst solid aufgeführt, sondern überdies mit vielen Ausgängen versehen, um

alles

alles Gedränge zu vermeiden, und eine gute
Ordnung zu beobachten.

VI. Obſtmarkt begreift in ſich die Häuſer Nr.
329, 330, 331, 332, 333, 334. wobey nichts
beſonders anzumerken iſt. Der Name dieſes
Marktes rühret von dem hierorts zum Kaufe ausgeſetzten häufigen Obſte, obſchon heutiges Tags
der Obſtmarkt mehr nach dem Brückel, und den
obern Theil des Kohlmarkts verlegt zu ſeyn
ſcheint.

VII. St. Annaplätzl begreift Häuſer Nr.
463, 464, 465, 466. Darunter ſind merkwürdig

463) Gräflich Pachtiſches Haus in einem
Winkel gelegen, und deswegen ſehr unanſehn-
lich. Man ſieht davon nur die ſchmale Vorderſeite; der rechte Flügel macht die Seite eines
engen Gäßchen aus, welches nur zu Fuße paſſiren läßt.

465) Vormaliges Kloſter und Kirche St.
Anna, ſonſt auch Laurenzikirche genannt. Die
Kirche iſt bereits vom heiligen Wenzel im Jahre
927 gebaut, die Nonnen aber des Dominikanerordens erſt im Jahre 1313 darinn eingeführt
worden. An der Thüre zur Linken ſieht man
den Leichenſtein des böhmiſchen Geſchichtſchrei-
bers Hagek mit einer Grabſchrift, und ſeiner
Abbildung. Man ſagt, daß dieſe Kirche ehedem
die Tempelherren innegehabt hätten, und dieſelbe um die Zeit, da die Maltheſer auf der Klein-

ſeite die unſer lieben Frauenkirche erhalten, auch bekamen; im Jahre 1252 ſolle dieſer Orden hierorts ein großes Kloſter gebauet haben, nachdem ſelber aber bald darauf, nämlich im Jahre 1312 ausgerottet worden, bekamen dieſes Ort die ſchon erwähnten Nonnen des Dominikanerordens, von welcher Zeit an das Kloſter zu St. Anna genannt wurde. In den hußitiſchen Zeiten brachte man hieher gegen 400 Nonnen verſchiedener Orden, welche ihr Zufluchtsort da gefunden. Im Jahre 1782 wurde der Orden dieſer Nonnen aufgehoben. Im Jahre 1784 kaufte das Gebäu ſammt der Kirche ein prager bürgerlicher Weinhändler, der ſolches zu Privatwohnungen einrichten ließ. Eben in dieſem Jahr veranlaßte der große Eisgang vom 28. Februar hier eine ſo große Ueberſchwemmung, daß das Waſſer in die Kirchengrüfte eindrang, und die Leichen empor hube, weswegen ſie bald darauf von hier weggebracht werden mußten.

466) Weltliches Gebäu, vormals zu St. Anna gehörig, ein geräumiges Gebäu mit einem großen Hofe, in deſſen Mitte ein Röhrkaſten ſteht, hat 3 Eingänge. Die Ueberſchwemmung vom Jahre 1784 hat hier die Höhe von 2 und einer halben Elle erreicht, zum Andenken dieſer traurigen Begebenheit ließ man hier das Chronographikon: DILVVIes Ingens ContIgIt VIgesIMa oCtaVa febrVarII.

VIII.

VIII. Brückenplätzl begreift Häuſer Nr. 500, 501, 502, 503, 504, 589, 590. Darunter ſin: merkwürdig

501, 502) Altſtädter Brückenmauthaus. Hier wurden auch vormals die Sitzungen des Weinbergamtes gehalten, welches in der Juſtizreform vom Jahr 1783 aufgehoben wurde.

589) Generalſeminarium der Kandidaten zum geiſtlichen Stande, ehemals Kollegium Klementinum des Jeſuitenordens genannt, hatte den Namen von der St. Klemenskirche, welche König Wladislaw im Jahre 1239 gebauet, und ſie den Dominikanern übergeben, welche ſolche unter Ferdinand I. den Jeſuiten im Jahre 1562 übergaben. Der Bau der gegenwärtigen Kirche iſt im Jahre 1711 unternommen, und in 3 Jahren darauf geendigt worden. Weil die vorige Kirche den Jeſuiten zu enge war, fiengen ſie im Jahre 1582 die

Salvatorskirche zu bauen an, welche ſie A. 1600 zu Stande brachten. Die Statuen auf ihrer Fakade ſind, wiewohl ſie ſich der Höhe wegen zu ſehr verlieren, viel ſchöner, als die Bauart der Kirche.

Die wälſche Kapelle, die A. 1592 zwiſchen dieſen zwo Kirchen gebauet ward, iſt für die wälſche, und die ſchöne im hintern Platze für die große lateiniſche Kongregazion beſtimmt. Da aber im Jahre 1783 alle beſondere Bruderſchaften, ſie mochten unter was immer für einem

Titel

Titel errichtet worden seyn, aufgehoben, und unter die allgemeine Vereinigung der thätigen Christenliebe gebracht worden sind, so ist es gegenwärtig noch unbekannt, was diese vorher der großen lateinischen Kongregazion gewidmete Kirche für eine Bestimmung erhalten wird. Das Kollegium an sich selbst ist ein maßives Gebäu, und eigentlich im Jahre 1653 aufgeführt worden. Vormals enthielt es in sich die den Goldarbeitern gehörige Kapelle St. Eligii, welche bey Errichtung des geistlichen Generalseminariums abgebrochen worden war.

Nach Aufhebung des Jesuitenordens im Jahre 1773 ist dieses Kollegium zum Alumnate der bevor im Königshofe sich befindlichen erzbischöflichen Angänglingen zum geistlichen Stande bestimmt worden. Allein im Jahre 1783 ist dieses Alumnat sammt dem ehemaligen Konvikt St. Bartholomäi und Seminario St. Wenzeslai zu dem Institute des königlichen Generalseminariums zur Bildung des geistlichen Standes bestellt. Die in der Stiftung sich befindlichen Zöglinge werden hier während 6 Jahren in den zum geistlichen Stande erforderlichen Wissenschaften und Kenntnissen unterwiesen, da sie denn die Priesterweihe erhalten, und entweder zur Seelsorge, oder nach dem Priesterhause, welches aus dem ehemaligen Klostergebäu der aufgehobenen Nonnen zu St. Georgen errichtet werden soll, übersetzt werden. Der Rektor er-
wähn-

wähnten Seminariums ist von der ordentlichen
Diözesalgerichtsbarkeit befreyt. Die ganze
Hauptseite gegen die Brücke macht die Wohnungen der Alumnen aus. Über dem Hauptportal lieſt man die Inschrift Inſtructioni Cleri Re-
ligionis Firmamento vovit Joſephus II. 1784.
Die Zahl der Alumnen beläuft sich gegenwärtig
auf 325 und es werden noch bis itzt Wohnungen für mehrere eingerichtet. Der untere Theil
dieses ehemaligen Klementinerkollegiums iſt für
die theologischen Vorleſungen, und die Bibliothek angewieſen. In der letzten ſieht man eine
große Menge Bücher von allen Arten der Wiſ-
ſenschaften, welche von Zeit zu Zeit theils mit
den alten noch abgängigen nützlichen, theils mit
den neuern Werken vermehrt werden. Es ſind
hier zween Leſezimmer, wo an ausgeſetzten Tagen und Stunden die öffentliche Leſung geſtattet
wird. Es iſt hier auch eine Sternwarte und
Kunſtkammer.

590) Hospital der Kreuzherren mit dem
rothen Stern, und die St. Franziskus Kirche,
ſie ſteht am Fuße der Brücke, beydes hat die
ſelige Agnes, die Schweſter Königs Wenzel III.
mit Unterſtützung ihres Bruders erbauet, und
zur Verpflegung der Armen, die Kreuzherren
von Porſchitz darinn eingeführt. Der General-
großmeiſter dieſes ritterlichen Ordens, der als
Prälat der erſte nach dem Metropoliten Kapitel
Sitz und Stimme in den Landtägen hat, erhielt
im

im Jahre 1284 vom Pabste Johann die Unabhängigkeit von dem prager Erzbischofe, welches Vorrecht Gregor IX. bestättigte. Die Kreuzherren haben ihre Kirche unter dem Großmeister Friedrich von Waldstein, der zuglßich Erzbischof zu Prag war, ganz neu und sehr schön gebaut. Man hält diese Kirche für die schönste in Prag. Sie hat die Form eines griechischen Kreuzes. Von außen ist die dorische Ordnung angebracht, inwendig sind die Pflaster aus Marmor gebaut und sonischer Ordnung. In den Nitschen, die eben aus Marmor sind, stehen alabasterne Statuen. Die Kupel hat eine schöne ovale Figur, und ist von Reiners gemalt. Zu beyden Seiten des Hochaltars ist das musikalische Chor. Das Dach dieser Kirche ist mit Kupfer gedeckt. Bey Festsetzung der neuen Kirchenordnung vom Jahr 1784 ist diese Kirche zu einer Pfarr erhoben worden.

IX. Leonhardsplätzl begreift die Häuser Nr. 572, 573, 574, 575, 576, 577, 578, 579, 580, 581, 582, 583. 640, 641, 642.

Dieses Plätzl hat den Namen von der hier stehenden Kirche St. Leonhard erhalten. Sie war bereits im 12 Jahrhundert und vielleicht eben so, als itzt gebaut.

X. Tummelplatz begreift in sich die Häuser Nr. 591, 592, 593, 594, 595, 596. 6 9. 609. Darunter ist merkwürdig.

593)

593) Landschaftsreitschule, woselbst im Reiten öffentlicher Unterricht ertheilt wird. Der Bereiter wird von den böhmischen Ständen bezahlt, wofür er jene Personen unentgeltlich unterrichten muß, die das Dekret von dem Landesausschuß erhalten.

608) Gräflich Pachtisches Hotel, ein schönes Gebäu, aber sehr abseitig gelegen. Man hat nur zum Portal eine freye Aussicht.

XI. St. Valentinsplätzl hält in sich die Häuser Nr. 597, 598, 599, 600, 601, 602, 603, 604, 605, 606, 607. Darunter ist merkwürdig

603) Kirchenhaus St. Valentin, eine sehr alte Kirche nach gothischer Art gebaut. Sie ist eine Filial der itzigen Pfarrkirche der Kreuzherren; sie wurde von den Scharfrichtern und Abdeckern gestiftet.

XII. St. Nikolaiplätzl, begreift in sich die Häuser Nr. 655, 656, 657. 683, 684, 685, 686, 687, 688, 689, 690, 691, 692, 693, 694, 695. Darunter ist merkwürdig

683) Kloster und Abtey St. Nikolai. Die Kirche war im Jahre 1362 zum ersten, und zu Ende des vergangenen Jahrhunderts zum letztenmale gebaut. Anfangs hatten die Prämonstratenser diese Kirche im Besitze; als sie aber A. 1635 den Benediktinern übergeben wurde, bekamen jene statt ihrer die St. Benediktskirche. Dieses Stift ist im Jahr 1785 aufgehoben worden.

XIII.

XIII. Judenplätzl hat in sich die Häuser Nr. 795, 796, 797, 798, 799, 800, 801, 802, 803, 804, 805, 806, 807, 808. 816, 817, 818, 819. Darunter ist merkwürdig

817) Neues Ungeld vormals braunauer Prälaturhaus. Ein geräumiges Gebäu mit zween Einfahrten, davon die hintere der langen Gasse zu angebracht ist.

XIV. St. Kastulusplätzl begreift die Häuser Nr. 808, 809, 810, 811, 812, 813, 814, 815. Darunter ist merkwürdig

811) Pfarr St. Kastulus, diese gehört unter die ältesten Kirchen. Sie ist im Jahre 1690 neu gebaut worden, nachdem sie bevor ganz abgebrannt ward.

XV. St. Agnesplätzl begreift in sich die Häuser Nr. 871, 872, 873, 874, 875, 876, 877, 878. hinter St. Agnes 879, 880, 881, 882, 883. Darunter ist merkwürdig

877) Vormaliges Kloster und Kirche St. Agnes, sonst zu St. Franziskus genannt. Die selige Agnes hat hier ein Kloster der Klarisserinnen im Jahre 1234 gestiftet, und ihr selbst bis an ihr Ende als Oberin vorgestanden. Im Jahre 1782 ist dieses Kloster aufgehoben, und zur Verpflegung für die Soldatenkinder angewiesen worden. Die Gegend umher wird insgemein Frantischek genannt, welche unter der Gerichtsbarkeit des Klosters stand.

XVI.

XVI. Die Zeltnergaſſe enthält in ſich die Häuſer N. 7, 8, 9, 10, 11, 12, 13, 14, 15, 16, 17, 18, 19, 20, 21, 22, 23, 24, 25, 26, 27. 44, 45, 46, 47, 48, 49, 50, 51, 52, 53, 54, 55, 56, 57, 58, 59, 60, 61, 62, 63, 64, 65, 66, 67. Darunter ſind merkwürdig

11) Gräflich Kunburgiſches Haus, dieſes iſt ſehr ſolid aufgeführt, und macht von der Gaſſe ein zierliches Anſehen, hat einen hohen Portal und bequeme Apartements, welche aber wegen den vorſtehenden Gebäuen etwas dunkel ſind.

44) Vormaliges königliches Münzamt, dieſes iſt von der hochſeligen Monarchinn Maria Thereſia in den Zuſtand, in dem es gegenwärtig iſt, gebracht worden. Es ſtellt ein prächtiges Gebäu vor, welches mit allen Nothwendigkeiten, die zum Münzweſen erfordert werden, in Uiberfluß verſehen war. Im Jahre 1784 iſt von hier das Münzamt nach Wien verſetzt, und hierorts die böhmiſche Kriegskanzley errichtet worden.

45) Vormaliges Eiſterzienſer Seminarium, welches für die Geiſtlichen dieſes Ordens beſtimmt iſt, welche in Prag den philoſophiſchen und theologiſchen Wiſſenſchaften obliegen, und unter der Aufſicht eines Rektors ſtehen. Es iſt hier eine Hauskapelle unter dem Titel des heil. Bernard. Im Jahre 1785 iſt dieſes Seminarium aufgehoben worden, weil die hieſigen Alum

Alumnen vermög dem höchsten Normale gleich andern Ordensklerikern in dem königlichen Generalseminarium gebildet werden müßten. Nächst diesem Gebäu ist der Pulverthurn, ein Paß nach der Neustadt auf dem Hybernerplatz.

47) Das vormalige gräfl. Schafgotschische Haus, von welchem nichts besonderes zu erwähnen ist, als daß selbes im Jahre 1784 in bürgerliche Hände gerieth, und A. 1785 renovirt worden. Gegenwärtig findet man hier die königliche kammeralherrschaftliche Direkzion.

50) Königshof hat den Namen deßhalb, weil vormals die böhmischen Könige hier residirt hatten. Nach der Zeit ist dieser Ort den erzbischöfflichen Alumnen zur Wohnung angewiesen worden, und endlich machte man eine Kaserne daraus. Es ist hier die St. Adalbertskirche, ein großer Exerzierplatz und ein besonderer Ausgang gegen das neue Wirthshaus.

54) Das bürgerliche Stadthospital zu St. Pauli, wie auch insgemein zum Tempel genannt, weil die Tempelherren um diese Gegend ein Kloster gehabt haben sollen. Die heutige Kirche war 1664 erbaut, und 1719 erweitert worden.

60) Das vormalige Piaristenhaus mit einem Durchgang nach dem St. Jakobsplätzl. Hier sollen vormals die Piaristen, als sie das erstemal in Prag ankamen, ihre Schulen eröffnet,

Beschr. v. Prag.   J   bis

bis ſie auf die Neuſtadt in das itzige Kollegium
überzogen. Dieſes Haus beſitzt gegenwärtig
ein bürgerlicher Seidenfabrikant.

62) Das gräfl. Milleſimiſche Haus, deſ=
ſen Einfahrt von außen ſehr prächtig ausfällt,
der Hintertheil führt nach dem Teingäßl.

65) Der goldene Kamm ein ſchönes Ge=
bäu, welches gleichſam an der Front der Z it=
nergaſſe ſteht, und deswegen eine angenehme
Ausſicht verſchaft.

XVII. Die Langegaſſe hält die Häuſer Nr.
75, 76, 77, 78, 79, 80, 81, 82, 83, 84, 85,
86, 87, 88, 89, 90, 91, 92, 93, 94, 95, 96,
97, 98, 99, 100, 101, 102, 103, 104. 720,
721, 722, 723, 724, 725, 726, 727. 820, 821,
822, 823, 824, 825, 826, 827, 828, 829, 830,
831, 832, 833, 834, 835, 836, 837, 838, 839,
840, 841, 842, 843, 844, 845, 846, 847. Dar=
unter ſind merkwürdig

94) Altſtädter Schlachthaus, nach wel=
chem das zum Konſumo für die Altſtadt be=
ſtimmte Hornvieh gebracht wird, um zu ſehen,
ob es geſund ſey.

727) Wagenburgiſches Haus vormals
gräflich Trautmannsdorfiſches, iſt ein anſehnli=
ches Gebäu, das viele Wohnungen in ſich ent=
hält; man ſagt, daß König Wenzel hier einige
Zeit gefänglich verwahrt geweſen ſeye.

XVIII.

XVIII. Jesuitengasse begreift die Häuser
Nr. 489, 490, 491, 492, 493, 494, 495, 496,
497, 498, 499. 515, 516, 517, 518, 519,
520, 521, 522, 523, 524, 525, 526, 527, 528,
529, 530, 531. 546, 547, 548, 549, 550,
551, 552, 553, 554, 555, 556, 557, 558, 559,
560, 561, 562, 563, 564. Darunter sind merk=
würdig

499) Das Fürst Mannsfeldische nun Ko=
loredische Haus mit einer öffentlichen Durch=
fahrt nach den altstädter Mühlen und der Post=
gasse. Ist an sich ein ansehnliches und maßives
Gebäu nach einer guten und dauerhaften Bau=
art angelegt.

492) Das von Schönfeldische Haus, wel=
ches von außen sehr niedlich, und inwendig zu
der darinn befindlichen Hofbuchdruckerey und
Zeitungskomtoir sehr bequem eingerichtet ist;
danebst enthält es auch an beyden Seiten der
Einfahrt eine Buchhandlung, die die vornehm=
ste in Prag ist.

554) Gräflich Klammisches Palais ist ein
recht prächtiges und kostbares Gebäu mit einem
Balkon, dem nichts als eine bessere Aussicht
mangelt. In selbem ist ein schöner Garten,
und ein Ausgang nach dem Leonhardsplätzl.

XIX. Die Platnergasse enthält die Häuser
Nr. 565, 566, 567, 568, 569, 570, 571, 572,
573, 574, 575, 576. 610, 611, 612, 613, 614,
615, 616, 617, 618, 619, 620, 621, 622, 623,

624, 625, 626, 627, 628, 629, 630, 631, 632,
633, 634, 635, 636, 637, 638, 639. 643, 644,
645, 646, 647, 648, 649, 650, 651, 652, 653,
654. Darunter ſind merkwürdig

565) Das gräflich Lüzauiſch nun Rothen=
haniſche Haus, iſt bequem und nach einem gu=
ten Geſchmacke gebaut, hat eine freye Ein=
fahrt.

567) Die vormalige Pfarre zur Mutter
Gottes in der Wiege. Die Kirche war ſchon
vor den hußitiſchen Unruhen eine Pfarrkirche.
Im Jahre 1593 wurde ſie eine Filialkirche von
St. Niklas. Nachdem ſie aber der altſtädter
Magiſtrat hatte überbauen laſſen, wurde ſie
im Jahre 1643 wieder zu einer Pfarre. End=
lich im Jahre 1784 wurde das Pfarrrecht von
hier nach der St. Klemenskirche übertragen.
Die Kirche ſteht demnach öde und verlaſſen.

610) Das gräflich Schamoreiſche Haus
iſt gegenwärtig im Baue verbeſſert worden, da
es bevor baufällig geweſen, und hat ein ziem=
lich gutes Anſehen.

618) Das vormalige gräfl. Laſchanskiſche
Haus, welches einen Garten hat, iſt an ſich
ſelbſt unbedeutend, und befindet ſich in bürger=
lichen Händen.

XX. Fleiſchergaſſe enthält in ſich die Häu=
ſer Nr. 105, 106, 107, 108. hinter den Fleiſch=
bänken 109, 110, 111, 112, 113, 114, 115,
116,

116, 117, 118, 119, 120, 121, 122. Darun=
ter ist merkwürdig

118) Das gräflich Auersbergische Haus
gegen die Fleischbänke mit einem Wappen ob
dem Hausthore.

121) Das den Friedenbergischen Erben
gehörige Haus ist mit einem Redoutensaale, wo
zur Faschingszeit Bälle gegeben werden, ver=
sehen.

In der Mitte des Platzes sind die alt=
städter Fleischbänke, welche in einer langen Reihe
aneinander hangender Kramläden zum Fleisch
aushauen bestehen.

XXI. Die Eisengasse enthält in sich die
Häuser Nr. 195, 196, 197, 198, 199, 200,
201, 202, 203, 204.

Diese Gasse wird von den hierorts sich be=
findlichen Eisenhändlerkramen also genannt. Zu
Ende derselben steht der Karolin oder das Uni=
versitätsgebäu. Die prager hohe Schule hat
ihren Ursprung von Kaiser Karl dem IV., wel=
cher sie nach Art der Pariser hohen Schule ge=
stiftet, und dazu einige Häuser um die Gegend
der heutigen Judenstadt erkaufet, bis sein Sohn
König Wenzel die Uibertragung an gegenwär=
tiges Ort veranstalten ließ. Uiberhaupt be=
trachtet, ist erwähnte Universität die älteste in
Deutschland, als von welcher die meisten an=
dern entstanden sind. Die größten Männer
(schreibt der gelehrte Voigt in seiner Geschichte
der

der prager Univerſität) und berühmteſten Lehrer
in allen Wiſſenſchaften, die große Anzahl der
Studirenden, die Menge der Kollegien, und
reiche Stiftungen, die genaue Ordnung und
Zucht, welche darinn herrſchte, die äußerliche
Pracht, und die auserordentlichen Vorrechte,
womit ihre Mitglieder begnädigt waren, zogen
aller Augen und Gemüther auf ſich. Allein
dieſer Glanz der Univerſität dauerte nicht län=
ger, als bis auf die Zeiten des M. Huß, wel=
cher unter der Regierung oben erwähnten Kaiſer
Wenzels in der bekannten Sache der beſtimmten
Zahl der Wahlſtimmen der ausländiſchen und
einheimiſchen Lehrer der prager Schule ſowohl,
als überhaupt der ganzen Stadt dies Uibel zu=
zog, daß aus Verdruß die ausländiſchen Lehrer
ihre Lehrſtühle verließen, und eine große An=
zahl der Studirenden in auswärtige Länder mit
ſich brachten.

In den bald darauf folgenden hußitiſchen
Unruhen hat auch dieſe hohe Schule das Ver=
hängniß der Verwirrung erfahren. Nach den
baßler Kompaktaten ſind da auch utraquiſtiſche
Lehrer eingeführt worden; dieſe hatten den
Ruhm der Univerſität einigermaſſen wieder her=
geſtellt. Nach dem weiſſenberger Stege hat
Ferdinand II. dieſe proteſtantiſche Lehrer abge=
ſchaft, und die Univerſität mit derjenigen, ſo
vorher Ferdinand I. geſtiftet, und der Auffſicht
der Jeſuiten übergeben, vereinigt, von welcher
Zeit

Zeit solche mit keinem andern, als katholischen
Lehrern besetzt, und die Karlser-ingnbdische genannt worden ist.

Gegenwärtig ist derselben Protektor und
beständiger Kanzler der Erzbischof von Prag.
Nebst dem besteht sie aus einem Rektor, aus
vier Direktoren der vier Fakultäten, und vier
Dekanen, nebst den gewöhnlichen ordentl. königl.
oder außerordentlichen Lehrern. Die erste Fakultät ist die theologische, welche so wie die
philosophische, die im Range die vierte ist,
mit geistlichen Standes Lehrern besetzt ist, die erstern halten ihre Vorlesungen in dem ehemaligen klementiner Kollegium, die letztern in dem
vorherigen Seminariumgebäu St. Wenzel. Die
juridischen und medizinischen Kollegia werden
von weltlichen Lehrern im Karolin gehalten.
Nebst diesen ordentlichen Lehrern sind unter der
Regierung Marien Theresiens viele außerordentliche bestellt worden. Diese Universität
hatte auch ihr eigenes akademisches Konsistorium gehabt, unter dessen Gerichtsbarkeit die
immatrikulirten akademischen Bürger gehörten,
allein dieses Konsistorium ist bey der im Jahre
1784 vorgenommenen Magistratualvereinigung
aufgehoben worden.

Das Gebäu selbst anbelangend, so steht
das Portal dem Karmeliterkloster gegenüber,
die eine Seite dehnt sich gegen den sogenannten
Karolinplatz, die andere ist der Eisengasse zu gelegen,

legen, und der Hintertheil ſtößt an die zum Karolin gehörigen Gebäude an. Die innere Beſchaffenheit iſt folgende: die Haupttreppe führt nach dem großen Diſputationsſaale, wo die öffentlichen Prüfungen gehalten werden. Er iſt geräumig und mit einer Kapelle, dem heil. Kosmas und Damian geweiht, dann einem doppelten Chore verſehen. Unter dieſem Chore iſt eine Thür, durch welche man in den Hörſaal der juridiſchen Vorleſungen kommen kann. Der gewöhnliche Eingang aber iſt gegenwärtig ſeitwärts beym Eintritt eines mit einem eiſernen Geländer verſehenen Ganges angebracht. Rechts der Haupttreppe iſt die Thüre zur ehemaligen Rathsſtube, wo die Verſammlungen der Univerſitätsglieder gehalten wurden. Die übrigen dazu gehörigen Zimmer nehmen die Hauptſeite des Gebäudes ein. In dem linken Flügel befindet ſich die Anatomiekammer und Hörſaal der mediziniſchen Fakultät; nächſt demſelben über einen Gang findet man die Stätte der ehemaligen Univerſitätsbibliothek, welche in das klementiner Kollegium übertragen, und mit der dortigen anſehnlichen Bücherſammlung iſt vereinigt worden. In dieſem vormaligen Bücherſaale hält nunmehr die nazionalgelehrte Geſellſchaft ihre Zuſammenkünften. Wenn man dieſen ehemaligen Bücherſaal durchpaßirt, ſo erblickt man eine geſchloſſene Thüre, dieſe führt in die Gefängniſſe, in welchen

chen vormals die in bürgerlichen und peinlichen
Fällen verfänglichen akademischen Bürger verwahrt wurden. Im obern Geschoße sind meistens Privatwohnungen außer einem kleinen juridischen Hörsaal, und im hintern Theile einige
Gefängnißkammern. Dieses Universitätshaus
hat zwey ziemlich große Höfe, worinn Wohnungen einiger Gewerbsleute zur ebenen Erde
bereitet sind. Im Anfang des 1786. Jahrs ist
auch hierorts ein medizinisch = chyrurgisches La-
boratorium eröffnet worden.

XXII. Die Schwefelgasse hält die Häuser
Nr. 214, 215, 216, 217, 218, 219, 220. 221.
250, 251, 252, 253, 254, 255. 256. Lauter bürgerliche unbeträchtliche Häuser. Die Gasse hat
vermuthlich den Namen von den häufig zum Kaufe
ausgesetzten Schwefelfäden erhalten. Sie ist an
sich sehr schmal, weswegen die Passage sehr unbequem fällt. Die Häuser sind hoch und die
Wohnungen dunkel.

XXIII. Die Dominikanergasse begreift die
Häuser Nr. 231, 232, 233, 234, 235, 236,
237, 238, 239. 373, 374, 375, 376, 377, 378,
379, 380. 532, 533, 534, 535, 536, 537, 638,
539, 540, 541, 542, 543, 544, 545. Darunter findet man merkwürdiges

235) Frag = und Kundschaftsamt, wo man
Nachricht über gefundene und gestohlne Sachen,
Vermietungen und Pachtungen, Kauf und Verkaufe, Geldvorleihungen und Aufnehmungen,
dann

dann Dienſtanerbietungen und Bewerbungen er=
halten kann. Das Inſtitut iſt dermal unter
Privatbirekzion.

380) Goldenes Kreuz, Kalviſches Haus
iſt ein großes Gebäu, wo viele Wohnungen ſich
befinden. Zur ebenen Erde iſt ein Handlungs=
gewölbe von verſchiedenen Waaren.

538) Das königl. Münzeinlösamt iſt ein
ſchönes Gebäu, und im Jahre 1784 zu ſeiner
gegenwärtigen Beſtimmung eingerichtet worden,
nachdem hierorts vorher das königl. Bankalamt
aufgeſtellt war.

540) Ehemaliges Seminarium St. Wen=
zel, worinn ſich itzt die Schulen für die Hu=
manitätsklaſſen, wie auch die philoſophiſche Fa=
kultät befinden. Der Urſprung des Semina=
riums iſt im Jahre 1580 der vaterländiſchen
Geſchichte zu finden, da Johann der ältere von
Lobkowitz ein in der Gegend des Klementiner Ko=
legiums befindliches Haus um 3000 fl. gekauft,
und darinn einige den Wiſſenſchaften oblie=
gende Jünglinge eingeführt. Die Verwaltung
dieſes Seminariums iſt der Geſellſchaft Jeſu
übergeben worden, welche jederzeit einen Re=
gens dahin geſetzt, deſſen Pflicht es war, die
erforderliche Ordnung bey der Gemeinſchaft zu
erhalten. Vor der Stiftung Ferdinands II.
nannte man es insgemein das Annehaus; die=
ſer Kaiſer hat dem Inſtitute reiche Stiftungen
angewieſen, und es auf einen weit beſſern Fuß
ge=

gestellt, in welcher Freygebigkeit auch die folgenden böhmischen Könige nachgeahmet.'

Vormals hatte der erste aus den Magistern der Weltweisheit, so in diesem Seminarium erzogen ward, das Vorrecht den Ehrentitel Nobilis de Lauro zu führen. Nach Erlöschung des Jesuiterordens ist die Direkzion dieser Stiftung einer löbl. Fundazionskommission übergeben worden. Allein bald darauf, nämlich im Jahre 1783 ist das Seminarium völlig aufgehoben, und die Stiftung mit dem königl. Generalseminarium vereinigt worden. Von dieser Zeit an hat man das Gebäu für die lateinischen Schulen, und die Philosophie eingerichtet.

541) Das gräflich Lazansiische Haus, welches gerade gegen der Dominikanerkirche gelegen, ist zwey Stock hoch und mit bequemen Wohnungen versehen. Der hintere Theil stoßt an das ehemalige Seminarium zu St. Wenzel.

Die Dominikaner Pfarrkirche und Kloster, sonst auch zu St. Aegidi genannt, ist vom prager Bischofe Johann errichtet und vom Erzbischof Ernest zu Stande gebracht. Anfangs war sie eine Kollegialkirche, als aber die Domherren von den Hußiten vertrieben wurden, übergab sie Kaiser Ferdinand im Jahre 1625 den Dominikanern, welche statt des Kapitelhauses ihr Kloster erbauten, die Pfarre beybehielten,

und

und überdies noch einige Filiale bekamen. Im Jahre 1785 iſt das Kloſter aufgehoben worden.

XXIV. Die Poſtgaſſe enthält in ſich die Häuſer Nr. 400, 401. 406, 407, 408, 409, 410, 411, 412, 413, 414, 415, 416, 417, 418, 419, 420, 421. 441, 442, 443, 444, 445, 446, 447, 448, 449, 450, 451, 452, 453, 454, 455, 456, 457, 458, 459, 460, 461, 462. Darunter ſind merkwürdig:

412) Das gräflich Wratislawiſche Stammhaus iſt ſeines Alterthums wegen berühmt, gegenwärtig hat man es vernetzert, da es bevor ſehr baufällig geweſen war.

413) Das den Dobroslawiſchen Erben gehörige Haus, zu welchem die gegenüber ſtehende Kapelle zum heiligen Kreuz gehöret, welche zu Zeiten Rudolphs II. eine Moſchee war, das man bisher aus ihrer Form abnehmen kann. Eine Innſchrift über die Thüre ſagt uns, daß ſie im Jahre 1673, auf Koſten des Johann Sedlitzka erweitert worden war, bey welcher Gelegenheit ſie in die Hände der Dominikaner zu St. Aegidi gerathen.

420) Das vormalige Königſaaler Haus mit der Kapelle zu St. Andreas, den Ciſterzienſern gehörig, die im Jahre 1333 abbrannte, und gleich darauf wieder erbaut worden iſt. Sie wird von einem geiſtlichen Adminiſtrator verſehen, den der königſaaler Abt präſentirt.

Bey

Bey Aufhebung des königsaaler Stifts im Jahr
1785 kam das Gebäu unter die königl. Kam-
meraldirekzion.

XXV. Betlehemgasse enthält die Häuser
Nr. 429, 430, 431, 432, 433, 434, 435, 436,
437, 438, 439. 473, 474, 475, 476, 477,
478, 479, 480, 481, 482, 483, 484, 485, 486,
487, 488., und hat den Namen von der Bet-
lehemskirche, welche sonst unter dem Titel der
unschuldigen Kindl bekannt ist.

Diese Kirche hat im Jahre 1401 ein altstädter Bürger Namens Johann Mülheim, welcher aus den Goldbergwerken große Reichthümer gesammelt, erbaut, und also sein Haus in
eine Kirche verwandelt. Zum ersten Predigen
daselbst bestellte er den M. Huß. Die Stiftungen der Kirche wurden mit der Zeit so stark,
daß man die Kirche mit der daran stossenden Kapelle, St. Mathiä vereinigte, und zu einer
großen Kirche gemacht hatte. Nachher ist Betlehem unter die Verwaltung der Jesuiten gekommen, und itzt ist es eine Filial zu St.
Aegidi.

XXVI. Die Karpfengasse begreift die Häuser
Nr. 658, 659, 660, 661, 662, 663, 664, 665, 666,
667, 668, 669, 670, 671, 672, 673, 674, 675,
676, 677, 678, 679, 680, 681, 682.

Diese Gasse liegt unweit des Moldauflußes,
sie scheint ihren Namen von Fischen erhalten zu
haben. Sonst findet man nichts merkwürdiges.

XXVII.

XXVII. Die Barmherzigenbrüdergaſſe hält
die Häuſer Nr. 777, 778, 779, 780, 781, 782,
783, 784, 785, 786, 787, 788, 789, 790, 791,
792, 793, 794. 904, 905, 906, 907, 908, 909,
910, 911, 912, 913, 914, 915. Darunter iſt
merkwürdig.

781) Das Hoſpital der barmherzigen Brüder und derſelben Kirche zu St. Simon und
Juda genannt. Die Stiftung rührt von einem
Bürger her, der ſich Bohuslaw nannte, und
im Jahre 1320 an dieſem Orte eine Kapelle erbaute, welche die Proteſtanten im Jahre 1618
zu einer Kirche machten. Im Jahr 1620 übergab ſie Kaiſer Ferdinand II. den barmherzigen
Ordensbrüdern. Von nicht gar langer Zeit iſt
die hieſige Stiftung mit der Neuſtädter vereiniget, und die Krankenbette hierorts übertragen
worden.

XXVIII. Die heil. Geiſtgaſſe hält die Häuſer Nr. 741, 742, 743, 744, 745. 916, 917,
918, 919, 920, 921, 922, 923, 924, 925, 926,
927, 928, 929, 930, 931, 932. Darunter iſt
merkwürdig:

931) Die Pfarre zum heil. Geiſt. Dieſe
Kirche iſt im Jahre 1346 von einem Bürger
Namens Rozaurek erbaut worden, und gehörte
ehemals den St. Georger Nonnen auf dem
Hradſchin, welche hier über einen Bezirk von
Häuſern die Jurisdiktion hatten. Die Kirche
iſt zu einer Pfarre bey der Gelegenheit, da

dieſe

diese Nonnen von den Hußiten vertrieben wurden, gemacht worden.

XXIX. Theingasse hat die Häuser Nr. 125,
126, 127, 128, 129, 130, 131, 132, 133, 134,
135. lauter unbeträchtliche Häuser.

XXX. Die St. Tenediktgasse begreift die
Häuser Nr. 168, 169, 170, 171, 172, 173,
174, 175, 176, 177, 178, 179, 180, 181. Darunter ist zu bemerken:

181) Das vormalige Seminarium zu St.
Benedikt, den Prämonstratensern gehörig, mit
der St. Norbertskirche. Noch vor den Zeiten
Karls des IV. wohnten allda einige deutsche
Ritterordensgeistliche, nach deren Abgang sie
eine Filial zur Theinkirche bis zur Ankunft der
Benediktiner war. Itzt steht ein Seminarium
allda, das zur Strahöferabtey gehört. Dieses
Seminarium hatte im Jahre 1785 ein gleiches
Schicksal mit dem zu St. Bernard genannt;
von welcher oben die Erwähnung geschahe.

XXXI. Kohlmarktsgäßl hat die Häuser
Nr. 240, 241, 242, 243, 244, 245, 246, 247,
248, 249. Darunter zeichnet sich einigermaßen
aus das

245) Zur eisernen Thür genannte Haus.
Es ist ein geräumiges Gebäu mit einigen Kramläden und Durchgange nach der Dominikanergasse. Gegenüber steht das sogenannte Teufels-
haus, ein gleichfalls schönes Gebäu, wodurch
man zum Tändlmarkt passiren kann.

XXXII.

XXXII. Die Karolingaſſe hält die Häuſer Nr. 285, 286, 287, 288, 289, 290. Unter andern anſehnlichen Bürgerhäuſern bemerkt man hier

289) Das Gaſthaus zum goldenen Rad, welches zur Einkehr der Paſſagiers mit den erforderlichen Bequemlichkeiten verſehen iſt, und überhaupt ein prächtiges Anſehen hat.

XXXIII. Das Brückelgäßchen begreift die Häuſer Nr. 291, 292, 293, 294, 295, 296, 297, 298.

XXXIV. Die Kotzengaſſe hält die Häuſer 313, 314, 315, 316, 317, 318, 319, 320. Dieſe Gaſſe beſteht in einer Reihe von Häuſern, darunter ein bedeckter Gang oder Laube geht, woſelbſt Obſtmärkte gehalten werden.

XXXV. Perlgaſſe hält die Häuſer 321, 322, 323, 324. 332, 333, 334, 335.

XXXVI. Bergſteingaſſe begreift die Häuſer Nr. 341, 342, 343, 344, 345, 346, 347, 348, 349. Darunter iſt merkwürdig

345, 346) Das Materialiengewölbe, woſelbſt verſchiedene Apotheker, Chimie, Manufaktur und Gewerbsartikeln zu bekommen ſind.

XXXVII. Pohlhausgaſſe hält die Häuſer Nr. 364, 365, 366, 367, 368, 369, 370, 371.

XXXVIII. Konviktgaſſe. In ſelber trift man die Häuſer Nr. 391. 422, 423, 424, 425, 426, 427, 428 an. Merkwürdig iſt das vormalige Nr.

391)

391) Konvikt St. Bartholomäi, selbes war ehedem eine kaiserliche und päbstliche Stiftung für die Abgänglinge zum geistlichen Stande. Ferdinand III. übergab das Konvikt der Aufsicht der Jesuiten, nach deren Erlöschung es unter die Direkzion der königl. Stiftungskommission gerieth. Im Jahre 1783 ist endlich dieses Institut mit dem königl. Generalseminarium zu St. Klemens vereinigt worden. Im Jahre 1785 verlegte man hierorts die Normalschulbuchdruckerey aus dem vormaligen klementiner Jesuitenkollegium.

XXXIX. Die Goldengasse begreift die Häuser Nr. 467, 468, 469, 470, 471, 472, 473, 474, 475.

LX. Die Judengasse hält in sich die Häuser Nr. 728, 729, 730, 731, 732, 733, 734, 735, 786, 737, 738, 739, 740.

XLI. Die heil. Kreuzgasse begreift die Häuser Nr. 747, 748, 749, 750, 751, 752, 753, 754, 755. Darunter ist merkwürdig:

755) Die ehemalige Kanonie der Kreuzherren mit dem rothen Herz. Diese hat im Jahre 1256 König Przemißl für die Kreuzherren von der Buße gestiftet. Zur Zeit des böhmischen Religionskrieges nahmen sie die Pikarditen in Besitz. Allein im Jahre 1625 kam solche wieder in die Hände der vorigen Besitze. Nach Aufhebung des Ordens im Jahre 1783 ist das Gebäu zum weltlichen Gebrauch bestimmt worden.

XLII. Auf dem Graben ſind die Häuſer Nr. 46. 299, 300, 301, 302, 303, 304, 305, 306. 381. 402, 303, 404, 405. Darunter iſt merkwürdig

46) Das Sedletzer Prälatenhaus ein Gebäu von zween Stockwerken und vor ſich ſelbſt ſtehend.

XLIII. Das alte Ungeld, wo ſich die Häuſer befinden Nr. 136, 137, 138, 139, 140, 141, 142, 143, 144, 145. iſt ein Bezirk von einigen Häuſern mit zween Hauptthören, die bey der Nacht geſchloſſen werden können. In der Mitte iſt ein großer Platz. Das Ort hat daher den Namen, weil hier das königl. Ungeld ſich befand, bevor es nach dem Braunauer Hauſe an dem ſogenannten Ziegelplätzl verlegt worden. Es iſt hier auch ein großes Wirthshaus, das der altſtädter Gemeinde gehört.

XLIV. Der St. Jakobsbezirk begreift die Häuſer Nr. 146, 147, 148, 149, 150, 151, 152, 153, 154, 155, 156, 157, 158, 159, 160, 161, 162, 163, 164, 165, 166, 167. Darunter iſt zu merken

148) Die Kirche und das Kloſter St. Jakob, welches den Minoriten gehört. König Przemißl Ottogar ließ jene im Jahre 1225 erbauen. Ihre Einführung geſchahe im Jahre 1233 unter Wenzeln dem IV., da nämlich der Bau erſt zu Ende kam. Im Jahre 1702 iſt beydes zum dritten und letztenmal überbaut wor-

worden, denn bevor brannte es zweymal ab,
In der Kirche sieht man einen schönen marmor-
nen Altar der schmerzhaften Mutter Gottes,
und ein Mausoläum des gräflich Wratislawi-
schen Hauses. Die Kirche ist zu einer Pfarre
erhoben worden.

XLV. Am Ufer der Moldau befinden sich
die Häuser Nr. 182, 183, 184, 185, 186, 187.
884, 885, 886, 887, 888, 889, 890, 891, 892.
Darunter sind merkwürdig

182) Die altstädter Ziegelbrennerey, welche
der Gemeinde zugehöret.

183) Die mittlere oder obere Ulberfuhr
nach der Kleinseite, und der kleine Venedig.

184) Der kleine Venedig. Ein Ergö-
zungsort für die prager Einwohner, welcher
schon oben beschrieben worden ist.

185) Das Spinnhaus, welches für die
Züchtlinge in Kriminalverbrechen bestimmt ist,
welche durch verschiedene Handarbeiten sich hierorts den Unterhalt erwerben müssen.

XLVI. Das Brückel hält die Häuser Nr.
307, 308, 309, 310, 311, 312. Darunter ist
merkwürdig

312) Das alte Gericht, die itzige Lein-
wandniederlage, wovon die Nutzungen die Gemeinde beziehet. Der Ursprung dieses Hauses
ist bey der Beschreibung des Rathhauses angezeigt worden.

XLVII.

XLVII. Auf dem Bergstein sind die Häuser Nr. 382, 383, 384, 385, 386, 387, 388, 389, 390. 392, 393, 394, 395, 396, 397, 398, 399. und wird von der felsigten Anhöhe also genannt, die sich von dem Dominikanerkloster bis gegen die Neustadt zu erhebet. Hier sind fast lauter Bierverlegerhäuser.

XLVIII. Brückenmühlen Nr. 505, 506, 507, 508, 509, 510, 511, 512, 513, 514.

IL. Die Krechten begreifen die Häuser Nr. 756, 757, 758, 759, 760, 761, 762, 763, 764, 765, 766, 767, 768, 769, 770, 771, 772, 773, 774, 775, 776. 848, 849, 850, 851, 852, 853, 854, 855, 856, 857, 858, 859, 860, 861, 862, 863, 864, 865, 866, 867, 868, 869.

St. Stephan der Kleinere auf dem Graben, eine von den ältesten Kirchen, welches man aus der Bauart abnehmen kann. Sie ist eine Filial zu St. Aegidi.

St. Johann an der Furt in der Postgasse. Diese Kirche stand bereits im 13ten Jahrhundert. Im Jahre 1628 erhielten sie die Dominikaner.

Baad sogenanntes nächst der Brücke; ein wegen der Flucht des Königs Wenzels aus seiner Gefangenschaft bekanntes Ort. Es ist nämlich aus der Geschichte Böhmens bekannt, wie dieser König wegen verübten verschiedenen Gewaltthätigkeiten von dem prager altstädter Rath im Rathhause gefänglich eingesetzt worden war,

war, während ſeiner Gefangenſchaft bat er ſich
aus, erwähntes Baad zu beſuchen, dieſes wurde ihm zugeſtanden. Allein er machte ſich die
Gelegenheit alſo zu Nutze, daß er ſeinen Wäch-
tern durch Liſt mit Beyhilfe der berüchtigten
Baademagd Suſanne über den Moldaufluß hin-
über fahrend entgangen war. Von dieſer Zeit
an, wird dieſes Haus das Königsbaad genannt.
Es ſteht in der Poſtgaſſe den Brückenmühlen
nahe.

Stadtwaſſerthurn. Dieſer iſt nach der
letzten Feuersbrunſt neu aufgeführt, und mit
allen nothwendigen hydrauliſchen Maſchinen
wohl verſehen worden. Von hieraus wird das
Waſſer in die Altſtadt geleitet.

IV. Neuſtadt.

Die Neuſtadt, welche die Altſtadt gegen
Morgen, Mittag, und theils mitter-
nachtwärts umgiebt, iſt beynahe 5000 Schritte
lang, und vom Mittage vom Wiſſehrader bis
zum Spittelthor gegen ein tauſend und fünf hundert breit. Von Morgen gegen Abend hat ſie
fünf Thore, nämlich das Wiſſehrader, das
Schweinsthor, das Roß- Neu- und Spittelthor.
Die Neuſtadt beſteht aus den vormaligen Dör-
fern, Schlöſſern und Klöſtern, den Wiſſehrad
(Pfart) Podſkal, Zdaras und Porzitz. Die

Stadt an sich selbst ist heut zu Tage ziemlich
regelmäßig angebaut: zwischen ihr und der Alt=
stadt ist der sogenannte Graben, wo man von
einer Seite der Moldau bis zu der andern in
einem halben Zirkel kommen kann. Die Grän=
zen der Altstadt gegen die Neustadt sind bey den
Ausgängen mit Thören versehen, von dieser
Seite hat die Neustadt sehr schöne, lange und
breite Gassen, welche nach den Hauptplätzen der
Stadt führen.

Der Ursprung der Neustadt rührt vom
Kaiser Karl IV. her. Er gründete sie im Jahre
1348 den 30. März. Der Umkreis war vom
Wissehrad bis zum Spittelthor ausgemessen und
mit Mauern umgeben. Einwärts aber stach
dieser Kaiser selbst die Lage der Gassen und der
Plätze ab.

Die Neustadt erhielt damals den Namen
Karlow (Karlsstadt.) Ein alter böhmischer
Geschichtschreiber, der zu Zeiten Karls des IV.
gelebt, und sich Franziskus nannte, bezeugt,
daß dieser Kaiser zur Erbauung der Neustadt
durch einen französischen Astrologen wäre ver=
anlaßt worden. Dieser soll nämlich aus dem
Gestirn wahrgesagt haben, daß einst die Alt=
stadt durch eine Ulberschwemmung, die Kleinseite
aber durch Brand zu Grunde gehen würde; um
also die ganze Stadt Prag dem Untergang nicht
auszusetzen, soll es beschlossen worden seyn, eine
dritte Stadt an einem etwas erhabenen Orte
anzu=

anzulegen. Dieser Stadt hat der Kaiser gleiche
Vorrechte mit der Alten ertheilet, und daher
die Gräben der Altstadt verschütten, die Stadt-
thürme abtragen, die Thore öffnen, und die
freye Kommunikazion beyder Städte zuwege
bringen laſſen. Weiters ordnete dieſer Monarch
an, daß, wer immer ſich in die Neuſtadt an-
ſiedeln, und ſteinerne Häuſer bauen würde, auf
12 Jahre von der Zahlung aller Steuer und
Abgaben befreyt bleiben ſolle. Durch dieſe Be-
günſtigung erhielt die Stadt viele Bürger, welche ſie mit ſchönen Gebäuden in Anſehen
brachten.

Gegenwärtig zählt man in der Neuſtadt
1246 Häuſer, worunter ſich über 100 öffentliche, theils Kirchen und Klöſter, theils weltliche Gebäude befinden. Die Stadt wird in vier
Viertel eingetheilt, das Zdaraſerviertel von Nr.
1 bis 415., das Stephansviertel von Nr. 416
bis 796. Heinrichsviertel von Nr. 797 bis
997. Petersviertel von Nr. 998 bis 1246.
Vormals waren hier auch die Nebenrechte vom
Karlshofe, der Auguſtiner zu St. Katharina,
Zdaras, und der Franziskaner zu Mariaſchnee,
welche aber ſammt dem Podskaler Floßgerichte
unter die ordentliche Gerichtsbarkeit des vereinigten Stadtrathes gebracht worden ſind.

Die

Die Neuſtadt in ihren beſondern Theilen.

I. Der Viehmarkt unter dem Rathhauſe begreift die Häuſer Nr. 45, 46, 47. auf dem Viehmarkt 48, 49, 50, 51, 52. 271, 272, 273, 274, 275, 276, 277, 278, 279, 280. 286, 287, 288, 289, 290, 291, 292, 293, 294, 295, 296, 297, 298. 397, 398, 399, 400, 401, 402, 403, 404, 405, 406, 407, 408, 409, 410, 411, 412, 413, 414, 415. 558, 559, 560, 561, 562, 563, 564, 565, 566, 567, 568, 569. 775, 776, 777, 778, 779, 780, 781.

Der Viehmarkt iſt der größte Plaß in Prag an einer merklichen Anhöhe, welche von der Brenntengaſſe und dem Rathhauſe zu ſteigen anfängt, und von welchem man in die meiſten Hauptgäſſen der Neuſtadt die Ausſicht hat. Den Namen hat dieſer Markt von dem hierorts angeſtellten Sammelplaße des zum Kauf hereingebrachten Schlachtviehes erhalten. Der Plaß im Ganzen betrachtet iſt ſehr uneben, und wird durch einige mitten auf demſelben angebaute Privathäuſer noch mehr verunſtaltet.

In alten Zeiten war dieſer Viehmarkt wegen verſchiedenen Geſichter- und Geſpenſtererſcheinungen ſehr berühmt, wie dann Rebel in ſeinem ſehenswürdigen Prag S. 482. davon ein Beyſpiel einer poſſierlichen Prozeſſion beſchreibet. Man ſieht hier an der freyen Straſſe des Plaßes einen Grabſtein liegen, von dieſem giebt

man

man vor, daß ehemals an dieſem Orte viele
vornehme böhmiſche Herren zur Nachtzeit wären
gerichtet worden.

Auf dem Viehmarkt ſteht die Fronleichnams-
kirche, die Kaiſer Karl IV. erbauen ließ, und
ſie zum Behältniß der Reliquien der Heiligen
beſtimmte. In dieſer Kirche ſind in Gegenwart
des Kaiſers Sigmund die ſogenannten Kompaktaten des Basler Vertrages kundgemacht,
und in ſummariſchem Inhalt in lateiniſcher,
böhmiſcher, deutſcher und ungariſcher Sprache
in vier marmorne Tafeln gegraben worden. Es
iſt merkwürdig, daß man, ohngeacht die Kompaktaten nach der Zeit wieder aufgehoben worden, dieſe Inſchriften noch itzt leſen kann. Die
lateiniſchen lauten alſo: Anno Domini 1437
feria VI. ante Tiburtii S. Caeſaris Officio cum
legatis Sigismundi linquis hic quatuor ſincera fides
Sacramenti bina ſub ſpecie mundo claruit ſat
aperte, & ſunt Catholici Chriſti calice potientes.
Dieſe Inſchrift findet man anſtehen an den vier
Ecken der Kirche.

Die ehemalige Häring- und Stockfiſchnie-
derlage, die der Gemeinde gehöret, iſt ein längliches Gebäu, in welches vormals die Kaufleute ihre Häringe und Stockfiſche niederlegten,
und davon eine gewiſſe Abgabe an den Magiſtrat zahlen mußten. Dieſes Vorrecht hatte
Kaiſer Karl IV. der Stadt ertheilt. Gegenwärtig iſt dieſe Abgabe aufgehoben, und das Gebäu

bäu zu anderm Gebrauche verwendet worden,
Unter der Reihe der auf dem Viehmarkt stehen=
den Gebäuden sind merkwürdig:

45) Die Schlachtbank der städtischen Flei=
scher, wohin jedes zum Schlachten bestimmte
Hornvieh gebracht wird, um unter der öffent=
lichen Aufsicht über den gesunden Zustand des
Viehes geschlachtet zu werden.

271) Das Faltinische Haus am Fuße des
Viehmarkts ist ein schönes Gebäu, dessen linker
Flügel sich nach einer zum Zbaras führenden
Gasse ziehet, der Vordertheil aber dem Vieh=
markte zu gewendet ist.

280) Das ständische Gemeinbräuhaus ist
ein Gebäu von einem Stockwerke, hat inwen=
dig einen großen Hof, und stoßt an das Ge=
bäu zu St. Karl Boromäi.

397) Das Emauser Kloster und Kirche zu
St. Hyeronimus hat Kaiser Karl IV. im Jahre
1348 bauen lassen, und beydes, soll so wie die
prager Brücke 18747 Groschen gekostet haben.
Die Benediktiner, denen das Gebäu übergeben
worden war, kamen aus Slawonien hierein,
weswegen es auch heutiges Tags das slawoni=
sche Kloster genennt wird. Dem Kloster steht
ein Abt vor, dessen Stelle aber seit dem Tode
des letzten Abten bereits über zwey Jahre un=
besetzt geblieben.

Die Kapelle St. Kosma und Damian hat
einen viel ältern Ursprung, sie soll nämlich vom
heil

heiligen Wenzel im Jahre 928 zum erstenmal erbaut worden seyn. Die gegenwärtige ist im Jahre 1657 hergestellt.

778) Das ehemalige Jesuitenkollegium St. Ignatii, welches zu einer Militärkaserne verwandelt worden, ist ein schönes und weitschichtiges Gebäu, welches mehr als die Hälfte der obern Seite des Viehmarkts einnimmt, dabey steht eine zierliche Kirche, welche sammt dem Kollegium von gar nicht langer Zeit nach der neuen Bauart hergestellt wurde. An dem linken Flügel sieht man die Kapelle des heil. Franziskus Xaverius. Vormals hatten die Jesuiter auch ein Seminarium innegehabt, und hinterwärts nach der Gasse zum blinden Thor befande sich das Schulgebäu, beedes ist nach Erlöschung des Ordens aufgehoben worden. Die Stiftung des ersten wurde anfangs mit dem altstädter Seminarium zu St. Wenzel vereinigt, nach dessen Aufhebung aber wurde es dem königlichen Generalseminarium zu St. Klemens zugetheilt, theils aber erhielten die Stiftlinge ihre vorher genossene Verpflegung im baaren Gelde vergütet, die Schulen aber wurden den Piaristen übergeben. Gegenwärtig ist das Gebäu des Kollegiums zu einer Kaserne gemacht worden.

776) Das kaiserl. englische Reichsstift ist zu Anfang dieses Jahrhunderts errichtet worden. Man sieht davon die kaiserl. Bestätigungsurkun-

urkunde unterm 1. Sept. 1700 ausgefertigt.
Die erste Stifterinn dessen, eine adeliche Wittwe,
hat aus Bescheidenheit ihren Namen nicht entdecken wollen.   Der Zweck der Stiftung geht
dahin, damit die von guten, doch verwandten
adelichen Häusern entsprungenen Fräuleins von
dem zarten Alter bis zu ihrer standesmäßigen
Versorgung hierorts verpflegt werden möchten.
Die Kandidatinnen müssen hier die Aechtheit
ihres Adels mit vier väterlichen, und eben so
viel mütterlichen Ahnen beweisen; es wäre dann,
daß sie sich auf eigene Kosten dort zu unterhalten anheischig machten.   Diese Stiftung hat
hernach die Frau Helena Margaretha von Wer-
schowetz mit einer Fundazion für ein Fräulein
vermehrt.   Im Jahre 1705 hat Kaiser Joseph
I. das Gebäu dieses Stifts vollends ausführen,
und die feyerliche Einweihung vornehmen lassen.
Das Jahr darauf erhielt die Frl. Maria Gen-
trud Gräfinn Berlepsi das Vorrecht, daß die
zeitherige Oberinn dieses Stifts sich des Titels
einer Reichsfürstinn gebrauchen könne.

     730) Das Baron Mladotische Haus ist
am Ende des Viehmarkts.   Ein ansehnliches Gebäu mit einer schönen Aussicht über den
ganzen Platz bis zur Brenntengasse.

     Man sagt von diesem Hause im Scherze,
daß Faust aus selbem von bösen Geistern sey
geholet worden.   Zum Andenken dieses Wahns
ließ der zeitherige freyherrliche Besitzer dieses

                              Hau=

Hauses einen optischen Kasten verfertigen, wo
diese Begebenheit, nebst andern Kunststücken,
jedermann, der aus Neugierde zu ihm kömmt,
frey gezeigt wird. Eben in diesem Hause wird
auch das sogenannte Luftwasser und Goldgra-
neln verkauft.

781) Die Kirche St. Johann von Nepomuk in Skalka ist im Jahre 1691 aus dem Garten des Herrn von Hegerer errichtet worden.
Diese Kirche wird von einem Weltgeistlichen
administrirt. Vor einigen Jahren ist sie ganz
erneuert worden.

II. Der Roßmarkt enthält in sich die Häuser Nr. 416, 417, 418, 419, 420. 421, 422,
423, 424, 425, 426, 427, 428, 429, 430, 431,
432, 433, 434, 435, 436, 437, 438, 439, 440,
441, 442, 443, 444, 445, 446, 447, 448, 449,
450, 451, 452, 453, 454, 455, 456. 797, 798,
799, 800, 801, 802, 803, 804, 805, 806, 807,
808, 809, 810, 811, 812, 813, 814, 815, 816,
817, 818, 819, 820, 821, 822, 823, 824, 825,
826, 827, 828, 829. Ein gleichfalls sehr großer Platz in der Neustadt, wovon die eine Hälfte zum Stephansviertel, die andere zum Heinrichsviertel gehört; der Platz erstreckt sich von
dem sogenannten Brückel bis zum Roßthor, welches eine ziemliche Länge ausmacht.

Der Name des Platzes wird von den hier
abgehaltenen Pferdemärkten hergeleitet. Nebst
dem sind auch hier die gewöhnlichen Wochen-
märkte

märkte auf Viktualien, Getraid, Haber, Stroh
und Heu. Die Aussicht vom Roßthor bis zum
Brückl ist reizend, wird aber durch die anfangs
des Roßmarktes stehende hölzerne Buden und
Kramläden in etwas gehemmet. In der Mitte
des Platzes sieht man die Militärwache, über
welche ein Lieutenant die Aufsicht führet, und
die täglich durch andere Mannschaft abgelöst
wird. Wetters steht hier eine steinerne Statue
des heiligen Wenzels zu Pferde, und oben ge=
gen das Roßthor eine andere des heiligen Jo=
hann von Nepomuk mit einem Brunnen. In
den beyden Reihen von Gebäuden zeichnen sich
aus:

416) Roßthor zu oberst des Roßmarktes,
war ehedem ein bloßer Ausfall, und kein or=
dentliches Stadtthor, wie man es noch daraus
abnehmen kann, daß es keine Zugbrücke wie
andere Thöre hat.

433) Das den Baron Wunschwitzischen
Erben gehörige Haus ist alt und baufällig, und
deshalb merkwürdig, weil hier eine Kapelle des
heiligen Johann von Nepomuk ist, die sehr häu=
fig besucht wird. Die Statue des heil. Johann,
welche hier ausgesetzt wird, hat ein Freyherr
von Wunschwitz aufstellen lassen, so eben der=
jenige war, der die Kosten auf die Statue
St. Johann auf der Brücke verwendet.

434)

434) Das Scherzerische Haus ein schönes
Gebäu gegen der Militärwache. Hier fängt
sich die Wassergasse an, gegen welche die St.
Heinrichsgasse liegt.

447) Das Doußische Haus ein berühmtes
Gebäu mit einem Tanzsaale, wo zur Faschingszeit Bälle gegeben werden.

797) Das Mauthaus beym Roßthore.
Hier fängt sich die andere Seite des Roßmarktes an, welche zum St. Heinrichsviertel
gehört.

828) Das Mertliche Haus. Hier ist eine
Postsammlung.

824) Das goldene Lamm, gegenwärtig
das Krausische Haus, ein ganz neu hergestell-
tes Gebäu mit drey Stockwerken, ist nach
einer guten Bauart aufgeführt, weshalb
es sich vor den umherstehenden besonders aus-
zeichnet.

829) Das Spinkische, oder Kollnkische
Haus an der äußersten Ecke des Roßmarktes,
dessen linke Seite sich nach dem Graben ziehet.

III. Der Hibernerplatz macht einen Theil
des Grabens aus, wo die Abtheilung der Pflastergasse und des Porzitz anfängt. Man bemerkt auf selbem das Hiberner Franziskanerkloster und Kirche zu St. Ambrosius, welches
seit dem 1332 Jahre den Franziskanern gehört.
Seit den Zeiten Kaisers Ferdinand III.,

der

der die Kirche neu zu bauen anfieng, haben ſie
die Hiberner des nämlichen Ordens im Beſitz,
wo ſie gleichſam eine Pflanzſchule der Miſſio-
narien errichteten.

Das Kapuzinerkloſter und Kirche zu St.
Joſeph hat ein Freyherr von Queſtenberg im
Jahre 1636 zu bauen angefangen, und im
Jahre 1653 zu Stande gebracht. Bloß allein
der Platz dazu kam ihm auf 18000 fl. und der
Garten auf 9000 fl. zu ſtehen.

IV. Der Graben begreift die Häuſer Nr.
28, 29, 30, 81, 32, 33, 34, 35, 36. 131, 132.
142, 143, 144. 830, 831, 832, 833, 834, 835,
836, 837, 838. 966, 967, 968, 969, 970, 971,
972, 973, 974, 975, 976, 977. Darunter bemerket man

28) Das gräflich Desfouriſche Haus iſt
von nicht langer Zeit errichtet, und erweitert
worden, indem der gräfl. Herr Beſitzer einige
bürgerliche Häuſer erkauft, und zu dem Haupt-
gebäu erbauen laſſen.

33) Das gräflich Schlickiſche Haus. Dieſes hat bereits der Graf Wrttby aus einigen
umliegenden bürgerlichen Häuſern erweitern
laſſen. Der gegenwärtige gräfliche Herr Beſitzer ließ dieſes Gebäu um ein Stockwerk erhöhen. Das Haus an ſich ſelbſt iſt ſehr geräumig, es hat zween große Höfe, welche
ſich bis in den ſogenannten Judengarten erſtrecken.

34)

34) Joachim Graf Pachtiſches Häus, ein
niedliches Gebäu von einem Stockwerke und bequemer Bauart.

132) Die alte Reitſchule, das Scheryeri-
ſche nun Kerniſche Haus iſt erſt vergangenes
Jahr ausgebaut worden, iſt ziemlich weltſchich-
tig, indem es hinterwärts einen großen Hof
hat.

142) Das gräflich Wratislawiſche Haus.

144) Das Urſuliner Nonnenkloſter und
Kirche. Die Stifterinn deſſelben war die Gräfinn Sybilla von Lamboy. Das Gebäu kam
im Jahre 1676 zu Stande. Hier wird die
weibliche Jugend unterwieſen. Gegen der Kirche befindet ſich ein Stück des alten Grabens,
wovon die Mauer nächſtens einſtürzen wird,
aus dem Graben ſelbſt, in welchem viel unrei-
nes Zeug geworfen wird, ſteigt ein unausſtehli-
cher Geſtank, es wäre daher zu wünſchen, daß
beydes gehoben würde.

835) Das Fürſt Pikolomiſche nun gräfl.
Noſtitziſche Palais hat eine ſchöne Ausſicht nach
dem Karolinplatze. Die Bauart iſt wälſch und
mit einem Balkon verſehen. Man ſieht hier einen prächtigen Ziergarten und ein prächtiges
Glashaus.

836) Die ſchwarze Roſe, den winſchiſchen
Erben gehörig, ein Gaſthaus mit einem Tanz-
ſaale verſehen, iſt unlängſt neu ausgebaut, doch
nicht vollkommen zu Stande gebracht worden.

867) Das Wirthshaus zu 3 Linden, ein geräumiges Gebäu mit einem Durchgang in die Herrngasse.

968) Das Piaristephaus, durch welches man in das in der Herrngasse gelegene Piaristenkollegium passiren kann, ist nicht völlig ausgebaut.

969) Das gräflich Kanalische Haus, ein prächtiges Gebäu.

970) Das gräflich Woratschitzkische Haus stund lange Zeit unausgebaut, bis es von dem itzigen gräfl. Herrn Besitzer in den Stand, worinn man es itzt sieht, gebracht wurde.

971) Das gräflich Przichowskische Haus, welches mit einem angenehmen Garten versehen ist, hat von außen ein lustiges Ansehen, oben sieht man ein Geländer mit einigen Figuren.

977) Das Wirthshaus zum blauen Stern ist am Ende des Grabens, wo man in die Hiberner oder Pflastergasse geht.

V. Der Heuwageplatz begreift die Häuser Nr. 923, 924, 925, 926, 927, 928, 929, 930, 931, 932, 933, 934, 935, 936, 937, 938, 939, 943, 944, 945. Darunter findet man merkwürdig:

924) Das ehemalige französische Spital St. Ludwig. Dieses ist seit einigen Jahren mit dem wälschen Spital vereinigt worden.

925)

925) Die Heuwage in der Mitte des Platzes; welche der Gemeinde gehört.

930) Der Tanzboden zu 7 Kuhrfürſten mit einem Garten.

931) Das Gartenhaus beym Port mit einem Durchgang nach den Schanzen und dem Neuthor.

934) Das Neuthor, durch welches man die Wienerſtraſſe paſſiren kann. Vor dieſem Thore liegen viele Weingärten.

936) Die Militärkaſerne, ein geräumiges Gebäu, welches die Stadt auf ihre eigene Koſten erbauen ließ, um darinn die in Beſatzung liegende Infanterie einzuquartieren, und dadurch die Bürgerſchaft von der Laſt, der in ihren Häuſern aufgeſtellten Soldatenquartiere zu befreyen. Es können in dieſer Kaſerne 6 Kompagnien bequem Platz finden. Nahe dabey befindet ſich die Militärbäckerey, deren Eingang von der Pflaſtergaſſe zu finden iſt.

937) Das gräflich Wieſchnikiſche Haus, ein baufälliges und deshalb unbewohntes Gebäu.

VI. Der Obſtmarkt begreift die Häuſer Nr. 457, 458, 459, 460, 461, 462, 463, 464, 465, 466, 467.

VII. Der Mariaſchneeplatz begreift die Häuſer Nr. 468, 469, 470, 471, 472, 473, 474, 475. Darunter iſt zu merken:

475) Das Franziskanerkloster zu Maria-schnee, welches Kaiser Karl IV. im Jahre 1347 für die Karmeliter erbauen ließ. Nachdem aber diese von den Hußiten vertrieben, das Kloster und die Kirche verheeret worden, ließ Kaiser Rudolph II. wieder beydes in den vorigen Stand setzen, und setzte in selbes die Franziskaner. Dieses geschah im Jahre 1607 beynahe 11 Jahre, darauf wurden die Mönche allhier von dem aufrührischen prager Pöbel ermordet, doch ersetzte bald der Orden die Stelle mit andern Brüdern, welche sich seither sehr vermehret hatten. Die Kirche stellt ein gothisches Gebäu vor. Man will behaupten, daß sie eine der höchsten in Prag seyn solle.

VIII. Um St. Appollinari befinden sich die Häuser Nr. 731, 732, 733, 734. 735, 736, 737, 738, 739, 740. Merkwürdig sind darunter:

782) Die Administratur St. Appollinaris. Die Kirche hat bereits Herzog Borziwog II. im Jahre 1119 zum erstenmal, und Kaiser Karl IV. im Jahre 1360 zum zweytenmale bauen lassen. Sie ist nach gothischer Art gebaut, und gehört dem prager Domkapitel. Im Jahre 1784 ist diese Kirche zu einer Pfarre gemacht worden.

736) Das Exerzitienhaus. Hier ist eine Stiftung, vermög welcher bey jährlich einfallender Fastenzeit eine bestimmte Zahl von Per-

ſonen aufgenommen wird, welche beſtimmt ſind, unter der Aufſicht eines Geiſtlichen ſich eine Woche durch mit andächtigen Betrachtungen abzugeben, und ſich ihrer Sündenlaſt zu entledigen. Dieſe Stiftung ſoll aber bereits auf Werke der thätigen Chriſtenliebe verwendet worden ſeyn.

IX. Die breite Gaſſe begreift die Häuſer Nr. 1, 2, 3, 4, 5, 6, 7, 8, 9, 10, 11, 12, 13, 14, 15, 16, 17, 18, 19, 20, 21, 22. 476, 477, 478, 479, 480, 481, 482, 483, 484, 485, 486, 487, 488, 489, 490, 491, 492, 493, 494, 495, 496, 497, 498, 499. Darunter ſind zu merken:

1) Das Baron Aſtfeldiſche Haus, davon der Haupteingang am Graben iſt. Das Haus an ſich ſelbſt ſtellt ein ziemlich hübſches Gebäu vor, und iſt mit einem Garten und in ſelbem mit einem Luſthauſe verſehen.

2) Das gräflich Desfouriſche Haus. Ein geräumiges Gebäu nach dem beſten Geſchmack aufgeführt.

15) Das Plaſſer Prälatenhaus. Ein maſſives dabey aber grotesques Gebäu nach alter Bauart aufgeführt.

19) Das Jonakiſche Haus. Ein ſchönes und geräumiges Gebäu, hat die Geſtalt eines Altars.

487) Das gräflich Dohalskiſche Haus iſt erſt unlängſt renovirt worden.

490)

Die Kirche liegt unterm Kornthore, und iſt nach gothiſcher Bauart.

Die Stephansgaſſe iſt ziemlich lang, breit, aber ſehr uneben, ſchlecht gepflaſtert, ſo, daß man bey finſtern Abend die Füſſe ziemlich heben muß, um ſie nicht abzuſtoſſen. In der Mitte dieſer Gaſſe iſt die Dreyfaltigkeitsſäule von Steinen aufgeführt. Die Gaſſe dehnt ſich vom Roßmarkte bis zum Kornthor aus, und man ſieht da und dort hübſche Häuſer und Gär=ten, doch ſind die meiſten ſehr elend und bau=fällig.

XIII. Die Heinrichsgaſſe enthält die Häu=ſer Nr. 844, 845, 846, 847, 848, 849, 850, 851, 852, 853, 854, 855, 856, 857. 883, 884, 885, 886, 887. 919, 920, 921, 922. 948, 949, 950, 951, 952. 963, 964, 965. Darunter ſind zu merken:

847) Das gräflich Rabetzkiſche Haus iſt von einem guten Anſehen und ſchöner Bauart. Iſt ziemlich groß.

856) Das ehemalige Cöleſtiner Ronnen=kloſter. Dieſes hat der Graf Sporf geſtiftet. Die Einführung geſchah am erſten May des 1739ſten Jahrs. Die Stiftung hat nachher der erzbiſchöfliche Suffragan Wokaun vermehrt. Im Jahre 1782 iſt das Inſtitut aufgehoben wor=den. Im Jahre 1785 errichtete man hier eine Tabackfabrike.

885) Das Goldbergische Haus. Ein unlängst erneuertes Gebäu.

919) Die Pfarre St. Heinrich. Selbe wird als die Hauptpfarre der Neustadt angesehen. Kaiser Karl IV. hat die Kirche im Jahre 1339 erbaut. Im Jahre 1352 wurde eine Pfarre daraus.

XIV. Die Pflaster - oder Hybernergasse ist regelmäßig angelegt mit einer Aussicht auf die ländliche Gegend und begreift die Häuser Nr. 978, 979, 980, 981, 982, 983, 984, 985, 986, 987, 988, 989, 990, 991, 992, 993, 994, 995. 1014, 1015, 1016, 1017, 1018, 1019, 1020, 1021, 1022. Darunter sind merkwürdig

978) Der grüne Adler. Ein Wirthshaus an der Ecke eines Gäßchens, so nach dem Heuwageplatz führet.

979) Das gräflich Desfourische Haus, ein neues längliches Gebäu, wo sich eine Niederlage der Linzerfabrik befindet.

980) Das Wirthshaus zum weissen Löwen.

983) Das gräflich Wieschnikische Haus, ist solid und prächtig aufgeführt, hat einen schönen Garten und Treibhaus.

985, 986) Vogtisches Haus an der Ecke eines Gäßchens nach der Heuwage, hat zween Eingänge und die Höhe von einem Stockwerke.

987,

987, 988) Die königl. Militairbäckerey iſt ſchon bey der Beſchreibung der neuthörer Kaſerne bemerkt worden.

994) Der zweyte Theil der Militärkaſerne. Beym folgenden Gebäu iſt der Schluß der Pflaſtergaſſe, nahe dabey ſieht man die Stadtmauern und den Weg nach dem Neuthor. Die entgegengeſetzte Seite enthält

1017) Das gräflich Loßiſche Palais. Ein prächtiges und weitſchichtiges Gebäu mit einem Ziergarten.

1021) Das gräflich Schwerziſche Haus macht von außen ein gutes Anſehen, und iſt wohl gebaut.

XV. Die Spitlgaſſe enthält die Häuſer Nr. 1023, 1024, 1025, 1026, 1027, 1028, 1029, 1030, 1031, 1032, 1033, 1034, 1035, 1036, 1037, 1038, 1039, 1040, 1041, 1042, 1043, 1044, 1045, 1046, 1047, 1048, 1049, 1050, 1051, 1052, 1053, 1054, 1055, 1056, 1057. 1067, 1068, 1069, 1070, 1071. Darunter ſind zu bemerken:

1028) Die Reiterkaſerne iſt erſt unlängſt erbaut worden, und ſtellt ein ziemlich weitſchichtiges Gebäu vor.

1035) Der grüne Baum. Ein Gebäu, das ſich ſeiner Größe nach von den umſtehenden unterſcheidet.

1041) Das Spitlthor durch welches man nach der Zittauer und ſchleſiſchen Straſſe kömmt.

1068)

1068) Das Wirthshaus zum grünen Ochsen an der entgegenstehenden Seite der Gasse.

1071) Das Kapuzinerkloster. Dieses ist
schon bey der Hybernerplatzesbeschreibung angezeigt worden. Man muß hier gleichfalls anmerken, daß dieses Kloster im Jahre 1785 aufgehoben worden ist.

XVI. Die Tischlergasse begreift die Häuser
Nr. 1072, 1073, 1074, 1075, 1076, 1077,
1078, 1079, 1080, 1081, 1082, 1083, 1084,
1085, 1086, 1087, 1088, 1089, 1090, 1091,
1092, 1093, 1094, 1095, 1096, 1097. Darunter bemerket man:

1076) Das ehemal Ratzenbeckische Haus.
Hier war ein berühmter Tanzsaal, aus welchem im Jahre 1783 ein protestantisches Bethaus gemacht worden war.

1082) Das ehemalige Tarabische Haus.
Selbes ist im Jahre 1781 zu einem Arbeitshause
für das müßige Bettlgesindel gemacht worden,
von welcher Zeit an es beständig zu diesem
Zwecke gebraucht wird.

XVII. Die Tuchmachergasse enthält die
Häuser Nr. 1100, 1101, 1102, 1103, 1104,
1105, 1106, 1107, 1108, 1109, 1110, 1111,
1112, 1113, 1114. 1163, 1164, 1165, 1166,
1167, 1168, 1169, 1170, 1171, 1172, 1173,
1174, 1175, 1176, 1177, 1178. Merkwürdig
sind:

1165, 1166, 1167, 1168) Findelhäuser, wo sowohl die ausgesetzten Kinder unterhalten, als auch die zum Fall gebrachten Weibspersonen bis zur Herstellung ihrer Leibeskräfte verpflegt werden.

1174) Das königl. Tabackgefällamt. Selbes war vormals unter jüdischer Pachtung, nunmehr aber wird es von der königl. Direkzion verwaltet.

XVIII. Der Judengarten und Gasse enthält die Häuser Nr. 23, 24, 25, 26. 39, 40, 41, 42, 43, 44. Darunter ist merkwürdig:

44) Das ehemalige Trinitarenkloster und Kirche der heil. Dreyfaltigkeit mit dem Haupteingang von der Brentengasse ist von dem Freyherrn von Putz im Jahre 1711 erbaut, und dann in zwey Jahren darauf von dem Erzbischof Mayer vollends zu Stand gebracht worden. Nach Aufhebung des Ordens im Jahre 1783 ist das Klostergebäu zu einer Kaserne eingerichtet worden. Im Jahre 1784 ist nach dieser Kirche das Pfarrrecht von St. Martin übertragen worden.

XIX. Charwatengäßl enthält die Häuser Nr. 27. 37, 38. und merkwürdig sind

27) Das ehemalig Gerzabkisch nun gräflich Desfourische Gartenhaus.

37) Winßisches Haus mit einem öffentlichen Garten.

XX.

XX. Die ſchwarze Gaſſe enthält die Häuſer Nr. 112, 113, 114, 115, 116, 117, 118, 119. Darunter iſt merkwürdig:

115) Das Prälatenhaus St. Johann unterm Felſen in einem Winkel.

XXI. Die Bergmannsgaſſe hält die Häuſer Nr. 120, 121, 122. 123. merkwürdig iſt

122, 123) Berſchiniſches Haus und Garten.

XXII. Nikolandergaſſe begreift die Häuſer Nr. 124, 125, 126, 127, 128, 129, 130. 133, 134, 135, 136, 137. Darunter ſind merkwürdig:

127) Das plaſſer Prälatenhaus, welches vorher dem Freyherrn von Kreßl gehörte.

133) Das gräflich Hartmanniſche Haus mit dem Haupteingang von dem Graben, iſt nur ein Stockwerk hoch: oben ſieht man einige Figuren.

134) Das gräflich Brauniſche Haus iſt ein zierliches Gebäu mit einem großen Wappen, den einige militäriſche Trophäen umgeben.

135) Das gräflich Pachtiſche Haus iſt gleichfalls ſchön und nach der neueſten Bauart errichtet.

XXIII. Kropazkiſche Gaſſe enthält die Häuſer Nr. 138, 139, 140, 141. Darunter ſind merkwürdig:

140) Das gräflich Kinskische Haus. Ein längliches Gebäu von einem Stockwerke, hat ein hübsches Ansehen.

141) Das Fürst Mannsfeldische Haus. Selbes ist erst vergangenes Jahr zu Stande gebracht worden, und ist ganz niedlich.

XXIV. Die Gärbergasse oder Sircharz begreift die Häuser Nr. 146, 147, 148, 149, 150, 151, 152, 153, 154, 155, 156, 157, 158, 159, 160, 161, 162, 163, 164, 165, 166, 167, 168, 169, 170, 171, 172, 173, 174, 175, 176. 205, 206, 207, 208, 209, 210, 211, 212, 213, 214, 215, 216, 217, 218, 219, 220, 221, 222, 223, 224, 225, 226, 227, 228,, 229, 230, 231, 232, 233, 234, 235, 236, 237, 238. Merkwürdig sind darunter:

148) Das gräflich Klebersbergische Haus, welches in einen Viereck gebaut und ein Stockwerk hoch ist.

157) Die Engels- oder Bleichinsel zur Appertur der Leinwand eingerichtet.

158) Das Waschhaus zu dem Augustinerkloster St. Wenzel gehörig.

210) Die Pfarre St. Adalbert des grössern genannt, welche die Herren Lebe und Almann gestiftet haben. Man kann eigentlich die Zeit nicht bestimmen, dies weis man aber, daß diese Kirche bereits im Jahre 1415 ihren eigenen Pfarrer hatte.

238) Das gräflich Opersdorfische Haus, wo ein Militärwaschhaus und Bettfournituruiederlage ist. Der Gircharz überhaupt macht eigentlich keine ordentliche Gasse aus, sondern die Häuser sind hie und da in verschiedenen Bezirken gelegen. Wegen den vielen hier wohnenden Gärbern sind die Gässen sehr unrein, und dabey elend gepflastert. Um die Gegend gegen die Moldau sieht man viele Malwerke, und nahe dem Krenischen Hause ein Militairwachthaus, woraus die Magazin, Holz und andere Wachen versehen werden.

XXV. Die Katzengasse begreift die Häuser Nr. 177, 178, 179, 180. 199, 201. 202, 203, 204. 262, 263, 264, 265, 266, 267, 268, 269, 270, 299, 300. Darunter sind merkwürdig:

177) Zahorzanskisches Haus. Es steht an der Ecke der Gasse, hat eine etwelche Staffeln erhöhte Pforte, ist ein Stockwerk hoch und sonsten sehr gut gebaut.

270) Das gräflich Deymische Haus ist nach der neuesten Bauart sehr gut errichtet.

XXVI. Postgasse begreift die Häuser Nr. 251, 252, 253. 254, 255, 256, 257. 258, 259, 260, 261. Darunter ist merkwürdig:

252) Kreuzherren Spital St. Agnes. Es war vormals eine alte Baadstube, welche die Kreuzherren mit dem rothen Stern von dem Stadtrathe, als damaligen Eigenthümer dieses Orts, im Jahre 1689 gekauft, und daraus

ein

ein Spital zu bauen angefangen. Im J tre
1698 ward solches in bewohnbaren Stand ge=
bracht. Dieses Spital hat keine eigentliche
Stiftung, sondern die Spitäler sind nur bloß
durch milde Beyträge unterhalten worden.

XXVII. Die hartische Gasse begreift die
Häuser Nr. 281, 282, 283, 284, 285. Darun=
ter sind merkwürdig:

281) Das vormalige Eremitenhaus der
Weltpriester zu St. Karl Boromee. Sonst stand
ein Haus für dergleichen Geistliche an dem Orte,
wo itzt das Elisabethinerkloster gelegen ist, da
dieses aber zu klein geworden; ward es ver=
kauft, und dieses statt jenem errichtet. Die
Stiftung ist erzbischöflich. Das Gebäu an sich
selbst ist sehr weitschichtig und noch nicht völlig
ausgebaut. Es ist hier ein großer Garten und die
Kirche ist schön. Im Jahre 1785 ist das Institut
aufgehoben, die Geistlichen in die Pension aufge=
nommen, und zu einer Kaserne der Anfang ge=
macht worden.

282) Das vormalige baarfüsser Augusti=
nerkloster zu St. Wenzel. Die Kirche gehörte
sonst zum Zbaras, und ist vom Könige Wenzel
V. erweitert worden, der sie auch zu einer
Pfarre erhoben. Im Jahre 1623 erhielten sol=
che die Augustiner. Das Kloster ist im Jahre
1625 gebaut. In dieser Kirche sowohl als dem
Kloster finden wir viele Gemälde vom Skreta;
auch ist die Klosterbibliothek sehr berühmt.

Die=

Dieſes Kloſter hatte man ebenfalls im Jahre 1785 aufgehoben, und das Gebäu dem Militairverpflegsamte zur Wohnung angewieſen, in der Kirche aber iſt eine Niederlage für Bettfournituren.

XXVIII. Die Gürt'ergaſſe hält in ſich die Häuſer Nr. 500, 501, 502, 503, 504, 505, 506, 507, 508, 509, 510, 511, 512. Unter ſelben iſt nichts Merkwürdiges.

XXIX. Die Fleiſchhauergaſſe begreift die Häuſer Nr. 542, 543, 544, 545, 546, 547, 548, 549, 550, 551, 552, 553, 554, 555, 556, 557. ebenfalls nichts zu merken.

XXX. Die Kornthorgaſſe begreift die Häuſer Nr. 561, 562, 563, 564, 565, 566. 611, 612, 613, 614. 635, 636. 643, 644, 645, 646, 647, 648, 649, 650, 651, 652, 653, 654, 655, 656, 657, 658. Darunter iſt merkwürdig:

645) Das Kornthor, vor welchem ſich viele Weingärten befinden, um welche die Gegend ſehr reizend iſt. Uibrigens hat ſchier jedes Haus in dieſer Gaſſe einen Garten.

XXXI. Die Krochaugaſſe hat die Häuſer Nr. 637, 638, 639.

XXXII. Die Gäiſtengaſſe hat in ſich die Häuſer Nr. 670, 671, 672, 673, 674, 675. 686, 687, 688, 689, 690, 691, 692, 693, 694, 695, 696, 697, 698, 699, 700, 701, 702, 703, 704, 705, 706, 707, 708. 767, 768, 769, 770,

771, 772, 773, 774. Darunter findet man nichts Merkwürdiges.

XXXIII. Die Karlshöfergasse begreift die Häuser Nr. 716, 717, 718, 719, 720, 721, 722, 723, 724, 725, 726, 727, 728, 729, 730. Merkwürdig ist die

726) Karlshöfer Prälatur. Selbe hat nebst der Kirche zur Himmelfahrt Mariä der Kaiser Karl IV. im Jahre 1351 erbauet. Zum letztenmale ist beydes im Jahre 1652 gebaut, wiewohl auch seitdem das Feuer einigen Schaden verursacht hat. Die Wölbung der Kirche ist in Ansehung ihrer weiten Spannung merkwürdig. In den hußitischen Unruhen hatte dieses Kloster im Jahre 1420 vieles gelitten. Gegenwärtig sieht man hier ein berühmtes Bild der Muttergottes, und eine marmorne Stiege, welche, weil sie geweiht sind, von den das heilige Grab Besuchenden knieend bestiegen werden. Unter diesen Stiegen ist das sogenannte Betlehem, wo den Neugierigen viele Merkwürdigkeiten gezeigt werden. Karlshof selbst liegt an einem Berge gegen den Wischehrad, und führt den Namen von seinem Stifter her, da es zu Ehren Karls des Großen angelegt wurde. Die Geistlichen hier nennen sich regulirte Chorherren, leben unter einem Prälaten, und folgen der Regel des heil. Augustins. Im Jahre 1785 wurde diese Kanonie aufgehoben.

XXXIV.

XXXIV. Die Stiftgaſſe hält die Häuſer N. 761, 762, 763, 764, 765, 766. Darunter iſt nichts Merkwürdiges.

XXXV. Die Herrngaſſe begreift die Häuſer Nr. 839, 840, 841, 842, 843. 966, 967. Merkwürdig iſt:

967) Das Kollegium der Piariſten. Es iſt um das Jahr 1765 erbaut worden, nachdem bevor die Piariſten das ſogenannte Mannhartiſche Haus auf der Altſtadt in der Zeltnergaſſe bewohnt hatten. Ihr Inſtitut iſt, die Unterweiſung der Schulen der unterſten Klaſſe zu beſorgen, demohngeacht aber ſind ihnen nach Aufhebung des Jeſuitenordens auch die lateiniſchen Schulen auf der Neuſtadt übergeben worden. Das Kollegium iſt noch nicht völlig ausgebaut, und die Kirche ſtellt bloß eine Kapelle vor. Nach dem Grundriß ſollte die eigentliche Kirche, welche in die Rundung gebauet werden ſollte, von der Seite gegen den Graben ſtehen; da denn aus der gegenwärtigen der Speiſeſaal gemacht würde. Der vormalige Rektor des Kollegiums Hr. Dobner hat hier eine Naturalienſammlung und einige mathematiſche Maſchinen aus der D. Seinkötiſchen Verlaſſenſchaft veranſtaltet, wie auch den Anfang zur Errichtung einer Bibliothek gemacht. Bey dem Kollegium iſt ein großer Garten, und zween Höfe, in deren einem noch einige Schulſtuben gebaut ſind. Von beyden Seiten dieſer

Gaſſe

Gasse sind viele schöne und meist herrschaftliche Häuser, woher sie auch den Namen Herrngasse erhielt.

XXXVI. Die Bredauergasse hält die Häuser Nr. 858, 859, 860, 861, 862, 863, 864. 879, 880, 881, 882, 883. Darunter sind zu merken:

883) Tröscherisches Haus das einzige, das unter den Privathäusern ein Ansehen macht.

882) Das Waisenhaus zu St. Johann dem Täufer. Vor einigen Jahren vereinigten sich einige edle Menschenfreunde an die Errichtung eines Waiseninstituts in Prag zu denken. Da man nun wirklich zu Werke gieng, war Ih. k. k Majestät Maria Theresia eine besondere Stütze. Sie both 4000 fl. zum Kauf des ersten Waisenhauses, wies 13000 fl. zur Stiftung für 12 arme Waisen an, und schenkte fast in einem Jahre 450 fl. dem Institut als ein Almosen.

Das erste Haus war nun zur Bewohnung für die Waisen klein, daher ist das Haus der Rekonvaleszenten an des vorigen Stelle gewählt worden, für welches die Monarchinn den barmherzigen Ordensbrüdern, als desselben ehemaligen Inhabern, ein Kapital von 8600 fl. anwies, und mit 400 fl. jährlich zu verinteressiren befahl, nicht minder das erste Haus zu verkaufen angeordnet, um von dem sich daraus ergeben-

ben

ben Gelbe einen Fond zur Reparation und an=
dern kleinen Ausgaben zu haben.

XXXVII. Die Roſengaſſe begreift die Häu=
ſer Nr. 888, 889, 890, 891, 892, 893, 894,
895, 896, 897, 898. 911, 912, 913, 914, 915,
916, 917, 918. Worunter nichts Merkwürdi=
ges iſt.

XXXVIII. Die Jeruſalemergaſſe hält die
Häuſer Nr. 899, 900, 901, 902, 903, 904,
905, 906, 907, 908, 909, 910. Worunter
nichts merkwürdig iſt.

XXXIX. Die Sterngaſſe hält die Häuſer
Nr. 940, 941, 942. ebenfalls nichts Merkwür=
diges.

XL. Die Gaſſe Nekazanka. Sie hat den
Namen daher, weil der erſte Erbäuer der Neu=
ſtadt Karl IV., der den Grundriß ſelbſt ver=
faßt, an dem Orte, wo itzt Nekazanka liegt,
keine Gaſſe anwies, die man dennoch wider den
Befehl geöffnet hat, und hat alſo den Namen
die nicht anbefohlene Gaſſe, welche die Häuſer
Nr. 953, 954, 955, 956, 957, 958, 959, 960,
961, 962. Worunter nichts merkwürdig.

XLI. Die Goldſchmiedgaſſe hält die Häu=
ſer Nr. 1058, 1059, 1060, 1061, 1062,
1063, 1064, 1065. Darunter iſt nichts Merk=
würdiges.

XLII. Das Röhrgäßl gegen St. Benedict
begreift die Häuſer Nr. 1098, 1099. 1179, 1180,
1181. Worunter nichts merkwürdig iſt.

XLIII.

XLIII. Die St. Petersgasse begreift die Häuser Nr. 1115, 1116, 1117, 1118, 1119, 1120, 1121. 1155, 1156, 1157, 1158, 1159, 1160, 1161, 1162. Darunter ist merkwürdig:

1120) St. Peterspfarre, welche die verwittwete Königinn Konstantia im Jahre 1233 bauen ließ, und den Kreuzherren mit dem rothen Stern, die damals unlängst aus Palestina nacher Böhmen kamen, übergab. Diese erbauten sobann noch ein Hospital daran, das aber bald in die Altstadt verlegt wurde. Das Gebäu der Kirche ist gothisch.

XLIV. Im Todtengäßl ist das Haus Nr. 1154.

XLV. Die St. Klemensgasse begreift die Häuser Nr. 1182, 1183, 1184, 1185, 1186, 1187, 1188, 1189, 1190. 1235, 1236, 1237, 1238, 1239, 1240, 1241, 1242, 1243, 1244. Merkwürdig sind:

1184) St. Klemens eine Filialkirche zu St. Peter. Sie ist im Jahre 1689 abgebrannt, und wieder neu gebaut worden.

1237) Der städtische Wasserthurn, wodurch das Wasser in das Peters und Heinrichsviertel geleitet wird. Die Wasserleitungswerke sind bey der großen Überschwemmung vom Jahre 1784 sehr beschädigt worden.

In diesem Bezirk befindet sich das Kommunarmenhaus, in welchem die Armen, welche

che keine Bürger ſind, und alſo auf das Hoſpital keinen Anſpruch machen können, verpflegt
werden. Bey der Reform der Armuts = und
Sicherheitsanſtalten im Jahre 1784 iſt dieſes
Armeninſtitut mit dem ſämmtlichen Syſtem der
Arbeits-Armuts = und Sicherheitsanſtalten vereinigt worden.

Von dieſer Zeit an werden hier nur die
alten oder ſonſt gebrechlichen Armen, wie auch
die Kranken, die durch Arbeit ihren Unterhalt
zu verdienen nicht vermögend ſind, untergebracht.
Für die jungen und geſunden Armen, wie auch
für die Kinder ſind beſondere Arbeits = Verpfle-
gungs, auch allenfalls Strafhäuſer angeſtellt.
Das vormalige Armenhaus beſaß viele Stiftungen, worunter auch noch heutiges Tags als
ein milder Beytrag angeſehen werden kann, daß
kein Teſtament zur öffentlichen Kundmachung
gelanget, in welchem nicht ein Vermächtniß für
das Armeninſtitut enthalten wäre.

XLVI. Die Mühlgaſſe hält die Häuſer
Nr. 1191, 1192, 1193, 1194, 1195, 1196,
1197, 1198, 1199, 1200, 1201, 1203, 1204.
Worunter nichts merkwürdiges.

XLVII. Die Färbergaſſe begreift die Häuſer Nr. 1216, 1217, 1218, 1219, 1220, 1221,
1222, 1223, 1224, 1225, 1226, 1227, 1228.

XLVIII. Am Moldaufluß 145 das königl.
Salzhaus, oder die Salzniederlage, wo das
Salz im Großen verkauft wird.

IL.

II. In Zdaras befinden sich die Häuser Nr. 181, 182, 183, 184, 185, 186, 187, 188, 189, 190, 191, 192, 193, 194, 195, 196, 197, 198. Merkwürdig ist:

181) Die zdaraser Prälatur. Die Kirche wird zu St. Peter und Paul genannt. Herzog Borziwog I. hat sie, nachdem er ein Christ geworden, erbaut, und vom heil. Methudius einweihen lassen. Nachmals hat sie Ladislaus im Jahre 1091 erweitert, und die regulirte Chorherren, Beschützer des Grabes Christi, dort eingeführt, welche noch gegenwärtig im Besitze der Kanonie sind. Doch ist die itzige Kirche im Jahre 1715 etwas kleiner geworden. Sie ist aus dem Vermächtniße des Hrn. von Goldenfeld hergestellt. Den Namen Zdaras hat dieser Bezirk von dem Minister des Königs Wenzel Strad, welcher in Mähren auf Befehl des kön. Prinzen Brzetislaw wegen einigen zu unrechter Zeit angebrachten beissenden Scherzreden umgebracht worden, erhalten; denn, da die Leiche von Mähren nach Prag überbracht, und in der damaligen Kapelle St. Peter und Paul zwischen dem Wissehrad und dem heutigen Zdaras beygesetzt worden war, hatte der Sohn dieses Steras ein nächtliches Gesicht, das ihn zu der Erbauung der gegenwärtigen Zdaraser Kirche, wo der Leib seines Vaters bestattet werden sollte, bewog, von welcher Zeit an dieser ganze Bezirk, der Brzetta hieß, den Namen Zdaras erhal=

erhalten hat. Nach der Niederlage Königs
Przemislal im Jahre 1278 iſt das Zdaraſer Kloſter ganz zerſtört worden. Nicht minder iſt es
auch das erſte, ſo in den huſſitiſchen Unruhen
im Jahre 1419 das Verhängniß des Verderbens
erlitten. Ehedem hatten die Kanonici einen
Probſt, da aber mit der Zeit ſich die Kloſter-
einfünfte minderten, ſo führt der Obere gegenwärtig nur den Namen eines Adminiſtrators;
die Kanonie ſelbſt beſtebt dermal nur in drey
Perſonen. Endlich wurde ſolche im Jahre 1783
völlig aufgelöſt.

L. Oppatowitz hält die Häuſer Nr. 239,
240, 241, 242, 243, 244, 245, 246, 247, 248,
249, 250. Merkwürdig iſt:

240) Die Kirche St. Michel eine Fillal
zur Pfarre St. Adalbert des größern. Die
Kirche an ſich iſt ſehr alt, wie man aus der
Geſchichte abnehmen kann, der berühmte Set-
tiker Jakobulus hat hier gelehrt, und das
Abendmahl unter beyden Geſtalten am erſten
dem Volke auszutheilen angefangen. Damals
und ſchon lange bevor war St. Michel eine
Pfarre.

LI. Der Pobskal begreift die Häuſer Nr.
302, 303, 304, 305, 306, 307, 308, 309, 310,
311, 312, 313, 314, 315, 316, 317, 318, 319,
320, 321, 322, 323, 324, 325, 326, 327, 328,
329, 330, 331, 332, 333, 334, 335, 336, 337,
338, 339, 340, 341, 342, 343, 344, 345, 346,
347,

347, 348, 349, 350, 351, 352, 353, 354, 355,
356, 357, 358, 359, 360, 361, 362, 363, 364,
365, 366, 367, 368, 369, 370, 371, 372, 373,
374, 275, 376, 377, 378, 379, 380, 381, 382,
383, 384, 385, 386, 387, 388, 389, 390, 391,
392, 393, 394, 395, 396.

Der Name Podskal bedeutet ein Ort, ſo
unter dem Felſen liegt, denn pod Skalu heißt
im Deutſchen unterm Felſen; Podskal wird es
daher genennt, weil es unter dem Wiſſehrader
Felſen liegt. Hier befinden ſich viele Holzver‐
leger, welche die Stadt mit Holz verſehen;
auch iſt hier der Zuſammenfluß der Flößer, wel‐
che ehemals das Vorrecht hatten, daß nur ſie
zur Flößung auf dem Moldauſtrome gebraucht
werden konnten. Es war hier auch ein beſon‐
deres Floßgericht aufgeſtellt, um alle in das
Floßweſen einſchlagende Streitigkeiten beyzule‐
gen, welches aber bey Gelegenheit der Juſtiz‐
reform vom Jahre 1783 aufgehoben, und dem
Stadtrathe zugetheilt worden war. Beſonders
merkwürdig iſt:

330) Das Schulhaus St. Nikolai. Die
Kirche iſt eine Fiſial zu St. Adalbert, welche
die Podskaler haben errichten laſſen.

335) Die Gemeinüberfahr, insgemein die
podskaler genannt, vermittels welcher man
nach dem Smichof vor dem Augezderthor über‐
fahren kann.

365)

365) Das königl. Salzhaus, wo eine Salzniederlage ist, aus der man Salz im Großen zu kaufen bekömmt.

368) Das Wassermauthaus der königl. Navigazionsdirekzion gehörig. Hier muß von allen flößbaren Artikeln eine bestimmte Abgabe nach der Wassermauttariff entrichtet werden. Diese Maut gehörte sonst der Gemeinde, und trug beynahe neun tausend Gulden jährlich ein, aber gegenwärtig besitzt dieses Gefäll die königl. Navigazionsdirekzion. Nächst dem ist auch ein Militärwachhaus, dann auch ein Zoll- und Trank-steuergebäu allhier.

372) Die Kirche St. Adalbert des Kleinern, welche eine Filial zu St. Adalbert des Größern ist. Sie steht auf dem Schlachtfelde, wo vormals ein Treffen zwischen den Truppen Fridrichs, und Sobieslaw geliefert wurde. Die Kirche ist vermuthlich im Jahre 1369 gebaut worden. Auch hat sie ein Denkmal von solchem Alterthum an sich.

379) Zur Kirche der heiligsten Dreyfaltigkeit gehörig. Die Kirche ist gleichfalls eine Filial zu St. Adalbert dem Größern. Sie ist ohngefähr vor drey hundert Jahren von verschiedenen Privatpersonen errichtet worden.

LII. In der Grube sind die Häuser Nr. 584, 585, 586, 587, 588, 589, 590. Von selben ist nichts merkwürdiges.

LIII.

LIII. In Smetschka sind die Häuser Nr. 615, 616, 617, 618, 619, 620, 621, 622, 623, 624, 625, 626, 627, 628, 629, 630, 631, 632, 633, 634. Darunter ist nichts zu merken.

LIV. In Schanzen findet man Nr. 640, 641, 642.

LV. Bey der Linden Nr. 709, 710, 711, 712, 713, 714.

LVI. Katerschinka wird nach dem dort befindlichen Kloster St. Katharina genennt, und begreift die Häuser Nr. 741, 742, 743, 744, 745, 746, 747, 748, 749, 750, 751, 752, 753, 754, 755, 756, 757, 758, 759, 760. Merkwürdig ist:

758) Das Kloster St. Katharina, welches Kaiser Karl der IV. im Jahre 1355 erbauen lassen. Anfangs waren in diesem Kloster die Nonnen des nämlichen Ordens der Augustiner, und erst im Jahre 1612 bekamen es die kleinseitner Augustiner von St. Thomas. Die Kirche ist sehr schön und wohl gebaut, und das Kloster geräumig. Im Jahre 1783 ward dieses Kloster aufgehoben.

LVII. Slup hat die Häuser Nr. 782, 783, 784, 785, 786. 788, 789, 790, 791, 792, 793, 794, 795, 796. Darunter sind merkwürdig:

788) Das Elisabethiner Nonnenkloster und Krankenspital. Die Kirche wird zur schmerzhaften Muttergottes genannt. Sie ist seit dem 1719ten Jahre erbaut worden. Das Institut der

der Nonnen besteht in der Verpflegung der
Kranken, weswegen sie hier ein Krankenzim-
mer haben, das sehr reinlich und sauber gehalten wird.

790) Das ehemalige Servittenkloster.
Dieses gehörte sammt der Kirche zur Mariä
Verkündigung, und Kaiser Karl IV. ließ es
im Jahre 1360 erbauen. Die Hußiten hatten
beydes zerstört, im vergangenen Jahrhundert
wurde aber alles wieder hergestellt. Im Jahre
1783 ist dieses Kloster sekularisirt, und die
Mönche in das altstädter Kloster zu St. Michel
vertheilt worden. Gegenwärtig ist hier ein Er-
ziehungshaus für Militärknaben.

796) Das bürgerliche Stadtspital mit der
St. Bartholomäuskirche. Die Stiftung dieses
Spitals geschahe um das Jahr 1505 durch milde Privatbeyträge. Vor einigen Jahren ließ
der neustädter Stadtrath dieses Spital erbauen.
Die Spitäler trugen hier rothe Mäntel mit
weissen Umschlägen. Im Jahre 1785 ist dieses
Spital aufgehoben worden, und die Spitäler
erhielten ihr Gebühr im baaren Gelde.

783, 784) Das Fürst Lobkowitzische Haus.
Hier ist ein Lustgebäu im Garten und wird insgemein Hrádek genannt. Dieser Ort wird der
Ergötzung wegen häufig besucht. Man trinkt
hier Wein mit selzer Sauerbrunn gemischt.

LVIII.

LVIII. Bosazka hält die Häuser Nr. 865, 866, 867, 868, 869, 870, 871, 872, 873, 874, 875, 876.

LIX. Auf dem Brückel sind die Häuser Nr. 996, 997. Unter welchen nichts zu merken ist.

LX. Auf dem Florenz sind die Häuser Nr. 998, 999, 1001, 1002, 1003, 1004, 1005, 1006, 1007, 1008, 1009, 1010, 1011, 1012, 1013, 1014, 1015. Merkwürdig ist:

999) Das Militärkrankenhaus.

LXI. Im Bischofshof sind die Häuser Nr. 1122, 1123, 1124, 1125, 1126, 1127, 1128, 1129, 1130, 1131, 1132, 1133, 1134, 1135, 1136, 1137, 1138. Unter selben ist nichts merkwürdiges.

LXII. Der Porschitz begreift die Häuser Nr. 1139, 1140, 1141, 1142, 1143, 1144, 1145, 1146, 1147, 1148, 1149, 1150, 1151, 1152, 1153. Merkwürdig ist die Kirche zu St. Peter und Paul, welche sehr oft zerstöhrt, jedoch wieder erbaut wurde. Die Schicksale dieser Kirche hat Hammerschmid weitläufig beschrieben. Herzog Borziwog ließ eher an diesem Orte eine Kapelle anlegen, die eben so alt als die Teinkirche seyn soll.

Porschitz erhielt daher diesen Namen: ehe die Neustadt erbaut wurde, stund am selben Orte ein Dorf, das die Vorstadt von Prag ausmachte, und diesen Namen führte.

LXIII.

LXIII. Auf den 7 Schiffmühlen ſind die Häuſer Nr. 1205, 1106, 1207, 1208, 1209, 1210, 1211, 1212, 1213, 1214, 1215. Worunter nichts merkwürdig iſt.

LXIV. Auf den neuen Mühlen ſind Nr. 1229, 1230, 1231, 1232, 1233, 1234. Darunter iſt eben nichts merkwürdiges.

Anhang.

Das Rathhaus hat Kaiſer Karl der IV. welcher die ganze Neuſtadt angelegt hat, um das Jahr 1348 gegründet. Unter den vier Hauptfenſtern ſind folgende Inſchriften zu leſen, als unter dem erſten: Inclytum Regnum Bohemiae fundatum Anno 1086 Junii 15. hora 19. d. i. Im Jahre 1086 den 15 Juni um die 19. Stunde iſt das Königreich Böhmen gegründet worden. Unter dem zweyten: Carolus quartus Caeſar Romanorum, Neo Pragam fundavit Anno 1348. Martii 30. Karl IV. römiſcher Kaiſer hat die Neuſtadt Prag angelegt im Jahre 1348 den 30. März. Unter dem dritten: Turris haec fundata 1252 Sabat. ante Palmas. Dieſer Thurn iſt im Jahre 1252 den Sonnabend vor dem Palmſonntage zu Staube gebracht. Unter dem vierten: Haec domus 1559. Julii 15ta Hora 24ta flamma incenſa reparata 1561. Im Jahre 1559 den 15. Julii iſt dies Haus abgebrannt, und im Jahre 1561 wieder hergeſtellt worden. Dieſes

Rath-

Rathhaus ſteht am Fuße des Viehmarkts, und ſtellt ein altes gotbiſches Gebäu vor, deſſen Thurn ſehr hoch, und den Windſtöſſen unter- worfen iſt, wie er denn auch im Jahre 1640 durch ſolches Verhängniß zu ſinken anfieng. Im Jahre 1784 den letzten April hat ein bür- gerlicher Ausſchuß die Magiſtratusglieder ge- wählt, welche von allen drey Städten verei- nigt die politiſchen und Judizialgeſchäfte künf- tig zur Beſorgung übernehmen ſollen. Bey die- ſer Gelegenheit geht der Ruf, daß dieſes Rath- haus bloß zu einem allgemeinen Gefängniß be- ſtimmt werden dürfte.

Die ehemalige St. Eliſabethkirche ohnweit vom Wiſſebrad iſt nun ein wüſtes und zerſtörtes Gebäu, wohin ſonſt die Proteſtanten pflegten begraben zu werden. Vor einigen Jahren iſt hier ein Stück von dem Thurn eingeſtürzt, da denn die übrigen den Fall drohenden Mauern ſind abgetragen worden.

Beym Schluße der topographiſchen Be- ſchreibung der eigentlich ſogenannten Stadt Prag müſſen wir anmerken, daß ſeit dem Jahr 1785 auf Anordnung einer hohen Landesſtelle die Plätze der Stadt und Gäſſen nach ihren Namen an den Ecken einer jeden Abtheilung bezeichnet worden ſind. Dieſe Veranſtaltung, ob ſie ſchon den nützlichen Endzweck hatte, den Stadtinwohnern ſowohl als Fremden im Nach-

ſuchen

ſachen der Oerter eine Anweiſung an die Hand
zu geben; ſo war ſie doch ungleich vollſtändi-
ger geweſen, wenn die untergeordnete Stelle
in Bemerkung der Gäſſen mehr das Weſentliche einer ächten Topographie, als einer will-
kührlichen Erdichtung zum Grunde genommen.
Der unanſtändige Namen einer Schillings oder
Kothgaſſe war nur ohne Noth erdichtet worden, als ſchon vorher in der durch den Druck
öffentlich bekannten Beſchreibung von Prag alle
Gäſſen mit ihren gewöhnlichen und anſtändigen
Namen zu finden ſind, und die etwa unbeträchtlichen mit Numern (z. B. 2te oder 3te Dominikaner, Konvikt, Betlehemgaſſe ꝛc.) ſehr leicht
beſchrieben werden konnten.

V. Wiſſehrad.

Das Schloß Wiſſehrad hat Herzog Krock
auf Anrathen ſeiner Stände um das
Jahr 683 nach der Zeitrechnung des Hajeck,
zum Andenken des uralten Schloßes Pſary anlegen laſſen. Das Schloß beſtand anfänglich
bloß in einer hölzernen Hütte, um welches
ringsherum ein dichtes Gehölze ſich befunden.
Dieſes hölzerne Haus alſo ſtellt uns eine Art
Schloßes dar, welches das älteſte in Prag,
und alſo älter als das prager Schloß iſt, als
welches erſt Libuſſa, des Krocks Tochter, erbauen
laſſen. Im Jahre 714 ließ Libuſſa das wiſſehra-

Beſchr. v. Prag.   N   der

der Schloß erweitern, mit starken hölzernen
Palisaden umgeben, und nach ihrem Namen
Libin nennen. Diese Prinzessin hatte von dieser Zeit an das wissehrader Schloß zu ihrer
ordentlichen Residenz gemacht, von welchem
Orte sie auch ihre berühmte Weissagungen ver-
kündigte, welche aber wegen Alterthum der Zeiten in Vergessenheit gerathen sind, daß man
daher ihre Wahrsagersprüche, die insgemein
unter dem Namen der Libussa umhergetragen
worden, mehr für die Mißgeburten eines ver-
rackten Kopfes, oder für das Produkt jener
Personen, die von der Leichtgläubigkeit der Menschen Nutzen zu ziehen begehren, als für die
wahren libussischen Orakel halten muß.

Nach dem Tode der Libussa hatten die,
ihr in der Regierung nachfolgenden heydnischen
Herzoge unter dem wissehrader Schloße Grüfte
zur Bestattung ihrer Leiber gemacht. Allein der
eigentliche Ort dieser Begräbnisse ist uns heutiges Tags ebenfalls unbekannt geblieben. Im
Jahre 742 solle Przemißl nach geendigtem sogenannten Mädchenkrieg zu dem wissehrader
Schloße einen Thurm angebaut haben, ja bald
darauf hätte er sogar ein größeres hölzernes
Haus errichtet, und solches, weil es höher als
das vorige gelegen war, Wissehrad, d. i. das
höhere Schloß genannt. Von welcher Zeit an
auch Wissehrad diesen Namen beständig erhalten.

Um

Um das Jahr 765 ließ Herzog Nezamißl die Umschließung vom Wiffehrad erhöhen, und statt der alten hölzernen Planken eine Mauer aus harten Steinen, welche er vom Petrziner Berge brechen ließ, aufführen. Alles dieses that er deswegen, um sein Gold und Silber, so er aus den damals reichen Bergwerken erhielt, mit größerer Sicherheit verwahren zu können. Darauf baute Herzog Neklan einen schönen und hohen Thurm an das wiffehrader Schloß, welches er mit vielen Gemälden, so die Bildniße der Herzoge seiner Vorgänger darstellten, auszieren ließ. Dieser Thurm stand lange Zeit, und hieß Neklanka, bis er endlich schon sehr baufällig durch einen starken Windstoß erschüttert, niedersank. Den zweyten Thurm Boleslavka genannt, befahl Herzog Boleslaw im Jahre 951 aufzurichten; eben derselbe Herzog legte unter dem wiffehrader Schloße schöne und geräume Keller an. Im Jahre 1008 ward auf Anordnung des Herzogs Udalrik zu Wiffehrad ein Saal zugebaut, in dessen Mitte ein weiß marmorner Tisch und um ihn rothe Bänke aus gleichem Steine gearbeitet standen.

Allein das größte Ansehen erhielt Wiffehrad durch den Kaiser Karl IV., welcher bey Gelegenheit der Anlegung der Neustadt im Jahr 1348 das wiffehrader Schloß mit der Stadt Prag vereinigen ließ. Er ließ solches mit neuen, hohen und festen Mauern umgeben, mit Thür-

men und einer Bastey versehen, und an den
umherliegenden Orten Weingärten pflanzen.
Im Jahre 1720 ist Wissehrad von den Hußiten gänzlich zerstört worden, es sollen damals
nebst andern ansehnlichen Gebäuden 13 Kirchen
daselbst gestanden haben, welches aber durch die
Revolußion alles vernichtet wurde. Man ver-
mißt viele schöne Denkmaale des Alterthums, durch
welche wir eine wichtige Erläuterung in der
vaterländischen Geschichte erlangt haben würden. Von den hußitischen Zeiten an ist Wissehrad zu seinem ehemaligen Ansehen nicht mehr
gelanget, denn die folgenden böhmischen Könige hatten nunmehr auf dem prager Schloße ihre Residenz angelegt, auch solche beständig, bis
zu der Uibertragung des Hoflagers nach Wien,
innegehabt. Wissehrad wird durch folgende Al-
terthümer noch gegenwärtig für berühmt gehalten; als erstens: wegen der hölzernen Pan-
tofeln des Herzogs Przemißl, des Gemahls der
Libussa, welche zum Andenken seines Bauern-
standes hier aufbehalten, und bey der Krönung
der neuen Herzoge vorgesetzt wurden, sie sind
aber in den hußitischen Zeiten verlohren gegangen; desgleichen war hier ein kleiner Götzen-
tempel, den Libussa ihrem Abgotte Zebo bauen
ließ, und zwar aus Dankbarkeit gegen die Berg-
götter, als die Euler Goldbergwerke erfunden
wurden; heut zu Tage ist uns weder der Ort
bekannt, wo dieser Tempel gestanden haben soll,

wie

wie auch derjenige Platz, wo Libussa den böh=
mischen Ritter, der ein lebendiges Wildschwein
bey den Ohren haschend der Herzoginn zuge=
bracht haben soll, empfieng.   Noch eine Fabel
aus den Zeiten des Alterthums.   Ein anderer
böhmischer Ritter machte mit seinem Pferde ei=
nen Sprung vom Wiffehrad bis zu dem Dorfe
Zlihow, wo ißt eine Kapelle zu sehen ist. Das
sogenannte Libuffenbad steht auf einem hohen
und steilen Felsen am Waffer, so, daß man
von solchem gleich als von einer Mauer in den
Fluß sehen kann, auf solchem steht ein rundes
Gemäuer, welches man das Baad der Libuffa
nennt. Weiters sieht man hier einen Jrrgarten
vor dem Schloßthore, welches nachgehends ver=
mauert worden ist.   Der Jrrgarten ist nur im
Rasen abgestochen, er enthält in sich einige ge=
geneinander laufende Gänge, und ist sehr schmal.
Die Begräbnißörter der heidnischen Herzoge
sind zwar nicht mehr sichtbar, doch zeigt man
die Plätze, in welcher Gegend sie wahrscheinli=
cher Weise sich befunden haben konnten. Man
will wissen, daß solche eben dort gewesen, wo
heut das Haus mit den Bildnissen der 9 älte
sten Herzoge steht.

Gegenwärtig stellt das wiffehrader Schloß
meist Ruinen vor, denn was ganz ist, ist ein
Werk der neuesten Zeiten, außer das innere
Thor, auf welchem zu oberst ein Adler und auf
beeden Seiten zween Löwen stehen. Der äu=
ßerste

ſterſte Theil und königliche Saal, und die Seite
gegen Mittag war der Ort der königl. Wohnungen, das übrige iſt ganz wüſte. Wiſſehrad begreift in der Länge 800 und in der Breite gegen
800 Schritte.

Obſchon Wiſſehrad innerhalb den Mauern
von Prag eingeſchloſſen iſt, ſo wird es doch
nicht mit Prag für die nämliche Stadt angeſehen. Es wird in den kaurzimer Kreis einbezohen, und gehört unter die Gerichtsbarkeit
des Amtes deſſelben Kreiſes.

Das wiſſehrader Domkapitel und die Kirche St. Peter und Paul hat König Wratislaw
im Jahre 1068 geſtiftet, die Veranlaſſung dazu gaben einige Mißheligkeiten, die ſich zwiſchen
ihm und ſeinem Bruder Jaromir, damaligen
Biſchofe zu Prag entſponnen. Der König
wollte dem Biſchof nicht nachgeben, deswegen
richtete er ein Domkapitel in Wiſſehrad auf,
mit welchem er ſich nicht nur allein in geiſtlichen Dingen vor dem prager St. Veit Domkapitel richtete, ſondern auch für daſſelbe vom
Pabſt das Vorrecht bewirkte, daß es der ordentlichen biſchöflichen Jurisdikzion entzogen,
und unmittelbar dem römiſchen Stuhle unterworfen wurde. Bey dem Kirchenbau brachte
der König auf eigenen Schultern, nach dem
Beyſpiel Kaiſers Konſtantin M. 12 Körbe
Steine zur Ausfüllung des Grabens, und da
alles völlig zu Stande gebracht worden war, ſo
mach-

machte er den zeitherigen Domprobsten zu einem
beständigen Kanzler des Königreichs Böhmen.
Im Jahre 1129 ließ Herzog Sobeslaw, Wratislaws Sohn, die wissehrader Kirche erneuern,
und ausmalen, vermehrte auch das Kirchenvermögen mit neuen Stiftungen. Dieser Herzog
ließ weiters eine Krone 8 Mark Silber und 12
Mark Goldes schwer verfertigen, mit kostbaren
Edelsteinen besetzen, und solche in die daselbsti-
ge Kirchengruft über das Haupt seines verstorbenen königl. Vaters setzen, und dem Kir-
chenschatze einschreiben. In den hußitischen Unruhen ist die Kirche im Jahre 1420 ganz abgebrannt. Sie ist zwar nach der Zeit wieder
von neuem gebaut worden, hat aber von ihrer
vorigen Herrlichkeit nichts an sich erhalten. Diese
Kirche solle nach dem Baumuster der römischen
St. Peter und Paulkirche angelegt worden
seyn. Auch das Domkapitel kann sich damal
ihrer alten Vorrechte nicht mehr rühmen.

In der gegenwärtigen wissehrader Kirche
ist ein Stück von einer Säule zu sehen, von
dieser lautet die gemeine Überlieferung, daß
solche der Teufel aus der römischen Kirche hieher gebracht habe; das Mährchen wird also erzählt: Ein Priester dieser wissehrader Kirche
hätte einst mit dem Teufel einen Vertrag unter
der Bedingniß geschlossen, daß wenn dieser,
während der Zeit, da er die Messe lesen würde, eine Säule von Rom aus der Muttergot-

teskirche bringen würde, er ihm unterliege.
Dieſe Bedingniß ſoll der Teufel angenommen,
ſich aber in der That getäuſcht haben, denn
er kam eben mit der Säule zurück, als der
Prieſter die Meſſe endigte; aus Zorn über den
mißlungenen Anſchlag, warf der Teufel die
Säule auf die Kirche, welche das Dach ein=
ſchlug, herunterfiel, und in drey Stücke zer=
brach. Der Teufel hatte hierauf ausgeſagt, er
würde mit der Säule zeitlicher angekommen
ſeyn, wenn ihn nicht der heil. Peter auf der
Rückreiſe mit dieſer ſchweren Ladung aufgehal=
ten. Viele beſtätigen dieſe Unwahrſcheinlich=
keit, weil die Begebenheit offen in der Kirche
aufgemalt iſt. — Auch zeigt man hier eine Tod=
tentruhe, ſo des heiligen Longins ſeyn, und
einſt den Strohm hinauf geſchwommen ſeyn
ſoll.

Das Siegel des wiſſehrader Domkapitels
ſtellt einen ſitzenden böhmiſchen Herzog vor, der
von dem heil. Peter gegeiſelt wird. Der Ur=
ſprung davon iſt dieſer. Als im Jahre 1187
Herzog Friedrich einem böhmiſchen Ritter ein
zur wiſſehrader Kirche gehöriges Dorf verſetzte,
erſchien ihm in der Nacht der heilige Petrus,
und hieß ihm das Genommene zurückſtellen.
Der Herzog that es nicht, die folgende Nacht
kam abermals der heil. Peter, und peitſchte
den lieben Herzog dicht, worauf es dann der
Kirche zurückgeſtellt wurde. Ob ſich das wiſſe=

hrader Domkapitel dieſes Siegels noch bediene,
weiß ich nicht, jedoch vermuthlich nicht.

2) Die Kapelle St. Klemens iſt eine von den
älteſten und erſten chriſtlichen Kirchen in Böhmen, denn, als Borziwog aus Mähren zurück
kam, und den Leib des heil. Klemens mit ſich
gebracht, wurden zu Ehren dieſes heil. Pabſts
an vielen Orten, durch welche er reiſte, und
beſonders in denjenigen, wo er einkehrte, Kirchen unter ſeinem Namen gebaut. Da nun
Wiſſehrad die herzogliche Reſidenz war, ſo wurde auch dort dieſe Kapelle erbaut, und der Leib
des heil. Klemens dort beygeſetzt, welchen aber
nachgehends Cyrillus nach Rom übergebracht.
— Im Jahre 908 ſollte hier der heil. Wenzel von
dem Biſchof Methudius getauft worden ſeyn.
Im Jahre 952 hatte Herzog Boleslaw dieſe
Kapelle erweitert, und mit vielen Altären ausgeziert. Im Jahre 1420 aber iſt ſolche von den
Hußiten zerſtört worden.

3) Das königl. Zeughaus macht einen
Theil des alten wiſſehrader Schloßes aus. Es
iſt ein geräumiges und zur Aufbewahrung der
Munizionsſorten gut eingerichtetes Gebäu. Hier
war der erſte elektriſche Ableiter zur Verhü-
tung der ſchädlichen Wüſtungen des Blitzes in
Prag angebracht. — In der Nähe befindet ſich
ein Militärwachthaus.

4) Das wiſſehrader Thor, durch welches die Straſſe nach Oberöſterreich gehet. Hier ſieht man noch ein anderes feſtes und ſchönes Thor, welches ehemals das eigentliche wiſſe-hrader Thor war, gegenwärtig aber wird ſolches nicht paſſirt.

VI. Die Judenſtadt.

Die Juden wohnen in dem äußerſten Bezirk der Altſtadt gegen die Moldau, welcher die Judenſtadt genennt wird. Sie beſtehet bey-nahe aus dreyhundert und etlichen Häuſern, welche nach der großen Feuersbrunſt von Stein gebauet ſind. Sie haben durchgehends ein elendes Anſehen, wenn man nicht einige öffentliche Gebäude, als da ſind ihre Schulen, das Rath-haus, die Fleiſchbänke, und einige wenige Pri-vathäuſer davon ausnimmt.

Es ſind die Juden von langer Zeit, ſchon im Heydenthum in Böhmen, denn im Jahre 995, da die chriſtl. und heydniſchen Böhmen in Unruhe waren, ſind ſie den erſtern beygeſtan-den, daher ihnen erlaubt worden, daß ſie ohn-weit des Maltheſerkloſters auf der Kleinſeite eine Schule errichten durften. Im Jahre 1059 ſind ſie aus ganz Böhmen vertrieben worden, weil man ſie eines angelegten Brandes einiger Kirchen beſchuldigte: aus ihrem damals konfis-zirten Silber wurden 85408 Mark gelöſet, wel-

ches

ches Geld auf Befehl des Herzogs zur Errichtung derselben Kirchen verwendet wurde. Im
Jahre 1067 wurden sie wieder nach Böhmen
berufen, und ihnen erlaubt 12 kleine Häuser
auf dem Augezd zu kaufen, da sie sich aber nach
der Zeit sehr vermehrten, befahl der Herzog eine
Hälfte nach der Altstadt zu ziehen, und 12 Häuser von den Christen zu kaufen.

Im Jahre 076 schlichen sich viele Fremde
bey den prager Juden ein, weil nun damals
eine starke Hungersnoth einfiel, verwies Herzog Wratislaw alle bis auf 1000, deren Zahl
sich bis auf 5250 der hiesigen erstreckte. Im
Jahre 1181 wurden die Juden abermals aus
Prag vertrieben, weil sie einen christlichen Kna-
ben umgebracht haben, wurden nach der Zeit
wieder geduldet. Im Jahre 1335 mußten sie
die Stadt räumen, weil sie ihrem Meßias entgegen zohen. Im Jahre 1347 mußten die Juden auf Befehl Kaiser Karls IV. ihre Häuser
zur Errichtung der neuen Universität überlassen,
da aber bald das heutige Universitätsgebäu zu
Stande gekommen, haben die Juden solche wieder erhalten.

Die Judenstadt gehört also gegenwärtig
zur Altstadt, unter deren Gerichtsbarkeit sie
lieget, und von der sie fast größtentheils umgeben wird: die mitternächtige Seite ausgenommen, mit welcher sie an das Ufer der Moldau
stößt. Sie wird durch 6 Thöre, welche zur

Nacht-

Nachtheil gesperrt werden, von der Altstadt ab-
gesondert, und besteht aus 266 Häusern, ein
jedes Haus hat fast 30 auch 40 Eigenthümer.

Die Judenstadt insbesondere.

1) Das Rathhaus ein vom Stein zierlich
aufgeführtes Gebäu, auf welchem ein Thurn
sammt einer Uhr angebracht ist, die ein zweyfaches Zifferblatt hat, davon eins mit deutschen
Ziffern, das andere mit jüdischen Buchstaben
die Stunden anzeigt. In diesem Rathhause
werden die geringen Streitigkeiten, so Juden
untereinander haben, beygelegt, denn die wichtigen Rechtshändel gehören unter die ordentlichen christlichen Gerichte. Das Gefängniß, wohin hierorts die Juden gebracht werden, heißt
Katzl. Das Gericht hält ihren Primator,
den Bürgermeister und einige gemeine Eltes-
sten.

2) Vormalig Sokelesische Haus, welches
der Landesjudenschaft gehörig ist, welche hier
einige Deputirte aus ihren Mitteln unterhalten,
um die vorfallenden Geschäfte sogleich zu schlich-
ten, liegt außer dem Bezirk der eigentlichen
Judenstadt, und stoßt an das vormalige Paula-
nerkloster. Die Landesjudenschaft hatte solches
von einem Prägtjuden mit Namen Sekeles erkauft, welcher bey seiner Nazion das Amt eines

nes Sachwalters vertrat, und in gutem Ansehen stand. Dieses Landhaus ist gut gebaut,
zwey Stockwerke hoch, und ziemlich geräumig,
ist mit den erforderlichen Bequemlichkeiten versehen, feuerfest, hat einen schönen Hof, und
einen angenehmen Garten.

3) Das Spital, woselbst jederzeit eine
gewisse Zahl Kranke und arme Juden unterhalten wird, ist ein von Stein gut aufgeführtes Gebäu.

4) Das Waisenhaus, ein eben zu milden
Absichten bestimmtes Werk — ist ziemlich geräumig.

5) Der Freythof ist sehr geräumig, indem er viele hundert Schritte im Umfange hat.
Man sieht hier viele Steine hervorragen, welche den Juden statt der Grabmaalen dienen,
einige derselben sind von ungemeiner Größe!

6) Die Normalschule beym Gemeinhofe,
ist etwa vor zwey Jahren errichtet worden.
Die jüdische Jugend wird hier nach der neuen
Lehrart in dem Buchstabiren, Lesen, Schreiben, Rechnen, der Geschichte, den Regeln der
Wohlanständigkeit und der Sittenlehre unterrichtet.

Selbst in dem Religionsunterrichte wird
mehr auf die reine Lehre des mosaischen Gese-
zes als auf die abergläubischen Sazungen des
Talmuds gesehen, da man sich zum Zwecke gemacht hat, die Aufklärung dieser Nazion zu
be-

befördern, und sie der bürgerlichen Gesellschaft
zum Nutzen zu bilden.

7) Die öffentlichen Synagogen oder Schulen, welche nach Art der christlichen Kirchen
von Stein gebaut und geräumig sind, befinden
sich hier an der Zahl 8, und heißen die Alt-
neuschule, die Meiselschule, die Altschule, die
Pincherschule, die Klausschule, die Zigeunerschule,
großer Hofschule, und die Neuschule.

Obschon die Juden unter der Gerichtsbarkeit des Magistrats stehen, so haben sie doch
auch, aber bloß in Kleinigkeiten ihre eigene
Vorsteher, oder ihren Magistrat. Dieser besteht aus einem Primator, und 5 Aeltesten,
einem Syndikus, 6 gemein Aeltesten und ohngefähr 12 Beysitzern. Den Vorsitz hat meist
der Primator und die fünf Aeltesten wechselweise, der wirklich amtirende Präses wird Mo-
natshalter genannt. Einem Christen steht es
frey, einen Juden entweder bey dem Magistrat,
oder bey den jüdischen Aeltesten zu belangen,
ein Jude aber muß seinen jüdischen Gegentheil
bey der jüdischen Instanz klagen, dafern nun
ein oder der andere Theil sachfällig geworden,
so kann er sich alsdann nicht mehr appellando
an den Magistrat, sondern nur an das königl.
Appellazionsgericht verwenden. In geistlichen
Sachen haben die Juden ebenfalls ihren eigenen Gerichtshof, dieser besteht aus dem Ober-
rabiner, sammt 5 andern Rabinern als Beysitzern,

wel-

welche insgemein Appellanten oder Oberpriester
genennt werden. In Ehesachen mögen sich nicht
nur die prager, sondern auch die im ganzen
Königreich Böhmen, auch in den leitmeritzer
und königgrätzer Diözesen sich befindliche Juden den entweder alsogleich mit Hindansetzung
des bey dem, oder noch vor demselben gehaltenen Spruch appellando an das prager erzbischöfliche Konsistorium, als dem sich in diesen
Sachen alle böhmische Juden schon vor langen
Zeiten her freywillig unterworfen haben, verwenden. Es haben die Juden ihre eigene auf
der Universität zu Halle promovirten Doktoren
Medizinä, verschiedene Chirurgen, eine Apotheke, Buchdruckerey, verschiedene Wein, Bier
und Kosthäuser, mehrere Friseurs und Barbier-
stuben. Den Fremden, sich in großer Menge
zu Prag aufhaltenden jüdischen Studenten geben die Rabiner die Lektiones in ihren eigenen
Behausungen.

Vormals durften an Sonn- und Feyertagen die Juden aus ihrer Stadt ohne Passirzettel, für welche sie einen gewissen Geldbetrag
bezahlen mußten, nicht herausgehen, allein, seit
zween Jahren ist dieses Gesetz aufgehoben, und
den Juden freygestellt worden, wann sie wollen ohne Passirzettel aus ihrer in die Christen-
stadt herauszugehen. Zu gleicher Zeit ward
auch das Unterscheidungszeichen eines Juden,
das in einem gelben Umschlage an dem rechten
Ar-

Arm bestand, abgeschaft, und den Juden eine
willkührliche Kleidertracht gestattet.

Die Thöre in der Judenstadt sind folgen=
de: eines beym Salzterberge an der Moldau,
in welcher Gegend man das schöne Hönigische
Haus sieht. Das zweyte gegen St. Valentin.
Das dritte zu Anfang der Karpfengasse. Das
vierte hinter der Kirche St. Nikolai. Das
fünfte nächst der heil. Geistkirche. Das sechste
gegen dem ehemaligen Kreuzherrenkloster mit
dem rothen Herz.

Zweyter Abschnitt.

Von der Vermehrung ihiger Anzahl und Eintheilung der Einwohner.

Der beträchtlichste Theil der Einwohner von
Prag ist zu den Zeiten Kaiser Karls IV.
welcher Prag mit Errichtung der Neustadt ver=
größerte, zugewachsen. Das Wachsthum der
Bevölkerung vor den Zeiten dieses Monarchen
kann man aus Mangel sicherer Urkunden nicht
bestimmen, von diesem Kaiser aber weis man
ganz sicher, daß er alle Mitteln angewendet,
um die Bevölkerung von Böhmen überhaupt,
und insbesondere von Prag in einen blühenden
Zustand zu versetzen. Prag ward zu seiner Zeit
erweitert, mit neyen, schönen, öffentlichen und

Pri=

Privatgebäuden verziert, und zu einem angenehmen Aufenthalt für die Einwohner gemacht.

Man findet in der Geschichte des mittlern
Zeitalters wenig Denkmäler der Baukunst, die
nicht ihren Ursprung diesem Kaiser zu verdan-
ken hätten. Nach der Zustandbringung eines angenehmen Aufenthalts war er darauf bedacht,
den neuen Einwohnern alle mögliche Gelegenheit zur Erwerbung der nothwendigen, bequemen, und ergötzenden Artikeln des gesellschaftlichen Lebens zu verschaffen. Er erhob Prag
zu einem allgemeinen Sammelplatz des Handels
und Verkehrs, ordnete Messen an, begünstigte
die Kaufleute mit vielen Freyheiten, unterstützte
den Ackerbau, hielt seinen Hofstaat beständig
in Prag, und belohnte die Industrie mit reichen
Geschenken. Dergleichen Begünstigungen zur
Aufmunterung des Handels zogen eine Menge
Fremde, besonders Deutsche und Wälsche nach
Prag, so, daß in kurzer Zeit nicht so viel Raum
war, um den Ankommenden bequeme Wohnungen anzuweisen. Man weis, daß in der prager
Heiligthumsmesse ein so großer Zusammenfluß
entstand, daß eine Menge Personen vor der
Stadt unter den Gezelten ihre Wohnung aufzuschlagen genöthigt waren. Zu diesem kam
noch die Stiftung der hohen Schule zu Prag,
welches sowohl die Gelehrten als eine große Anzahl der Studirenden von ganz Deutschland nach
Prag zog.

König Wenzel, der ſeinem Vater dem
Kaiſer Karl IV. in der Regierung nachgefolgt,
brachte die prager hohe Schule noch in ein
größeres Aufſehen, und lockte dadurch viele
auswärtige Studenten nach Prag. Man zählte
damals gegen 60000 Studenten, davon die
meiſten wohlhabender Leute Söhne waren, die
der prager Bürgerſchaft einen prächtigen Nußen,
und den Künſtlern und Handwerkern vielen Ver-
dienſt verſchaffen. So vermehrten ſich die prager Innwohner immer mehr und mehr, denn
wo Freyheit und Gelegenheit zur Erwerbung
der Unterhaltungsmittel vorhanden ſind, da
findet ſich die Bevölkerung und Anzüglichkeit zu
einem Lande oder Stadt ganz leicht. König
Wenzel begünſtigte die Lehre der hohen Schule
ſowohl als die Studirenden mit allen den Vorzügen, die den Wiſſenſchaften mit Recht zu-
ſtehen. Kurz, jedermann freute ſich in Böhmen
zu ſeyn. So ſtunden die Sachen, als M. Huß
von übertriebenem Patriotismus ereifert dem
König dringend vorſtellte, wie es den Pragern
zur Schande gereiche, wenn die fremden Lehrer
an der Univerſität zufolge der Anordnung Kaiſer Karls IV. vor den Einheimiſchen den Vorzug behielten, bey den öffentlichen Angelegenheiten die Mehrheit der Wahlſtimmen entgegen
zu ſetzen, und ſetzte noch hinzu: Kaiſer Karl IV.
hätte das Vorrecht der Mehrheit der Wahlſtimmen
den fremden Lehrern bloß aus der Urſache zugeſtanden,

den, um sie dadurch nach Prag zu locken, und
die Einrichtung des Studienwesens anzufangen;
die Einräumung der Vorrechte wäre damals
für Fremde eine nothwendige Sache gewesen,
da an hiesigen Gelehrten ein großer Mangel
sich äußerte. Nun aber, da die Böhmen im
Stande wären, die Lehrstühle mit eigenen Gelehrten zu besetzen, höre der Grund des kaiserl.
Gesetzes um so mehr auf, als solches, wenn
es weiters beobachtet würde, zu einer Schande
der Nazion, und Niederschlagung der Talente
der Eingebohrnen gereichte.

Durch Hußens Gründe überrascht, ordnete der König an, damit künftig das den
fremden Lehrern zugestandene Vorrecht aufhö-
ren, und die Einheimischen ihnen nicht nach-
gesetzt werden sollen. Dieser königl. Befehl
brachte die Ausländer aufs höchste auf, sie beschuldigten den König und das Land einer Undankbarkeit, und bald darauf verliessen sie ihre Lehrstühle, und begaben sich aus Böhmen. Die
Studenten hiengen ihren Lehrern an, und alles
was Fremde war, verließ Prag, um sich an
ein Ort zu verfügen, an welchem sich auch ihre
Lehrer befänden.

Während 8 Tagen zohen 36000 Studenten aus Prag, welchen nach und nach noch
mehrere nachfolgten. Man kann hieraus leicht
abnehmen, daß durch diesen Abgang die Bevölkerung von Prag sehr herabgesetzt werden

muß-

mußte, denn, obſchon dieſe Studenten Fremde, und alſo für keine beſtändige Innwohner anzuſehen waren, ſo kann man doch den jährlichen Zufluß, und den fortwährenden Erſatz von neuen Ankömmlingen, als eine Art einer Bevölkerung betrachten; zu dem kann noch dieſes gerechnet werden, daß eine Zahl von beynahe 60 tauſend Studenten einer gewiſſen Menge von Künſtlern und Handwerkern zu ſchaffen machte, die ſich ſonſt ohne dieſen Umſtand in der Stadt nicht ſeßhaft gemacht haben würden.

Nicht lange nach dem Abzuge der fremden Studenten von der prager Univerſität litt die Bevölkerung der Stadt durch eine wichtigere Begebenheit noch weit mehr. Eben dieſer M. Huß, der durch ſeinen unzeitigen Eifer die Auswanderung ſo vieler Studenten veranlaßte, eben dieſer hatte durch eine unglücklich unternommene Religionsreform ſowohl Prag als ganz Böhmen von einem beträchtlichen Theil der Landeseinwohner entblößt, denn mit Ende des 14 Jahrhunderts ereigneten ſich in Böhmen jene Religionsſtrittigkeiten, welche unter dem Namen der hußitiſchen Unruhen bekannt ſind. Alle die ſchönen Denkmaale, welche Kaiſer Karl der 4te zum Beſten des Landes hinterlaſſen, ſind in dieſen leidigen Zeiten zerſtört worden. In einer Zeit von etlich und zwanzig Jahren ſind die meiſten Städte verwüſtet,

ſtet, Kirchen und Klöſter niedergeriſſen, die ſchö=
nen Landgüter zu Schanden gerichtet; und eine
ſtarke Anzahl Landeseinwohner ermordet wor=
ben: dadurch fiel die Bevölkerung des Landes
ſehr herunter, denn was noch einigermaſſen
wohlhabende Bürger geweſen, hatten ſich aus
Furcht für den Aufrührern ins Ausland bege=
ben, andere, ſo die rechte Zeit nicht zu nutzen
wußten, fielen den Räubern in die Hände, und
fanden ihren Untergang. Die Uibrigen, ſo
nichts zu verlieren hatten, ſtieſſen zu dem zuſamm=
gerotteten Haufen, und wurden von ihren eigenen
Landsleuten erwürgt. Man zählte vor den
hußitiſchen Unruhen 30 tauſend groß und klei=
ne Städte und Marktflecken in Böhmen; dieſe
Zahl iſt bis auf unſere Zeiten noch nicht aus=
gefüllt worden, und was für ein Abgang an
Menſchen ſich geäußert, kann man daraus ab=
nehmen, daß in dem letzten Treffen der Tabo=
riten gegen ihrem Gegentheil 10000 von jenen
auf dem Schlachtfelde geblieben, dieſe nicht ge=
rechnet, die bevor von den Kuttenbergern in die
Schachten ſind geworfen worden, und durch
andere Zufälle das Leben eingebüßt; und ob=
ſchon damaliger Zeit das Geſchütz in den Stand
noch nicht gebracht worden war, um ſeine ver=
heerende Wirkungen vollſtändig auszubreiten,
ſo war doch die damalige Art zu ſtreiten nicht
minder ſchrecklich und verderblich, da ein Theil
dem andern aus Hartnäckigkeit und Rachſucht
ange=

angetrieben, nicht weichen, sondern jeden Schritt,
den er vorwärts that, sich durch Niederma-
chung des widerstehenden Feindes erkaufen mußte. Da nun die Prager an den allgemeinen
Landesunruhen gleichfalls Antheil genommen,
so ist leicht zu vermuthen, daß dadurch die Bevölkerung der Stadt einen großen Abbruch gelitten haben mußte, zu welchem noch dieses kam,
daß die vermöglichen Ansiedler, dann sonst berühmte Künstler und Handwerker, welche durch
die beglückte Regierung Karls des IV. gereizt,
in Prag ihre Wohnungen aufzuschlagen, beym
Ausbruch der hußitischen Unruhen meist ihre
Wohnsitze verlassen, und sich anderwärts begeben haben mochten, wo sich nämlich ein blü-
hender Handel vorfand, und wo Fleiß und Ar-
beitsamkeit belohnt wurde.

Seit den hußitischen Unruhen hatte sich
die Bevölkerung von Prag gegen 150 Jahre
nicht erholt. Die Regierung Georgs von Po-
diebrad war zwar der Bevölkerung nicht ungün-
stig, doch kamen wieder Zwischenumstände, die
sie vollkommen nicht aufkommen ließen. Erst
unter der gütigen Regierung Kaiser Rudolphs II.
ließ es sich dazu an, daß die Stadt Prag ihren
vorigen Reichthum an Innwohnern erhalten
würde. Rudolph hielt seinen Hofstaat so wie
Karl beständig zu Prag. Sie war glänzend,
denn er scheute keinen Aufwand, der zum Schimmer seines erhabenen Karakters gereichte, er
wuß-

wußte, daß die Fremden aus dem äußerlichen
Pracht des Hofes, die Größe des Staats zu
beurtheilen pflegten, und daß die glänzende Auf=
führung eines Souverains vielen nachstim=
mend fleißigen Talenten, und nachdenken=
den, erfindsamen Genies Nahrung verschaffe,
und ihre schönen nach einem guten Geschmack
verarbeitete Produkte in auswärtige Provinzen
bringe, wo der Ruhm von ihrer Vollkommen=
heit solche im hohen Werthe abschätzen lasse,
Innwärts aber, daß das Volk, welches meist
durch das Sinnliche geleitet wird, von der
Pracht des Hofes gerührt, in bewundernde
Ehrerbietung seine Pflichten ausübe, und von
edelm Stolz über die Vorzüge seines Vater=
lands durchdrungen, zur Liebe und Aufrichtig=
keit gegen sein Geburtsort bewogen werde. Der
Hofstaat Rudolphs zohe viele auswärtige Ge=
sandtschaften nach Prag, diese vermehrten die
Arten des Verdienstes der Bürgerschaft, welche
die nächste Veranlassung zur Bevölkerung dar=
bietet. Allein Rudolph war selbst ein Liebha=
ber, Kenner, und Belohner aller berühmten
Leute, die sich unter seinen Schutz begeben hat=
ten. Mehr brauchte es nicht, eine blühende
Bevölkerung hervorzubringen, alles bemühte
sich an Ausbreitung des Ruhms der Nazion
mitzuarbeiten, weil man sonst mit der Verach=
tung, der empfindlichsten Strafe der Nachläs=
sigkeit brandmarkt wurde. Alles bemühte sich

vor=

vortrefliche Werke darzuſtellen, weil man verſichert war, daß ſie nach ihrem Werke ſogleich
bezahlt werden ſollten. Noch zu unſern Zeiten
hat man manche ſchöne Denkmale der Baukunſt,
der Mechanik, Malerey, Bildhauerkunſt u. d. gl.
geſehen, welche als Früchte der rudolphiſchen
Regierung dem neugierigen, und zugleich kunſt-
verſtändigen Zuſchauer ſich darſtellten. Eben
dieſer leutſelige Monarch hatte die Religions-
angelegenheiten, welche das Wachsthum oder
Abnehmen einer Bevölkerung ſehr befördern, mit
einer vernünftigen Mäßigung beobachtet; er überließ es der göttlichen Vorſehung, die Herzen
zu der wahren Erkenntniß zu lenken, ſelbſt ſtellte
er nur Beweisgründe vor, welche anzunehmen
oder zu verwerfen er jedermanns eigener Ver-
nunft überließ, ohne zu empfindlichen Zwangs-
mitteln die Zuflucht zu nehmen, welche nur ſchö-
ſtern, aber nicht überzeugen.

Dieſe der Bevölkerung ſo zuträgliche Zeiten, darunter nicht langé, ſchon in den letzten
Jahren der Regierung Rudolphs fiengen jene
Unruhen an, welche, da ſie bald nachher völlig
ausgebrochen waren, abermals eine der verderb-
lichſten Sache für die Bevölkerung veranlaßten.

Unter dem Nachfolger Rudolphs wurde
der Saame zu dem 30jährigen Kriege geſtreuet,
der nicht nur allein Böhmen, ſondern auch faſt
ganz Deutſchland von Einwohnern entblößte.
Die größte Auswanderung aus Prag und über-

haupt

haupt aus ganz Böhmen geschäh unter Ferdinand II. einem Monarchen, der sich zum Grund-
satze gemacht, alle seine Unterthanen mit Gewalt dazu zu bringen, daß sie so, wie er dächte,
und ihren Gott auf gleiche Weise verehrten.
Einige dem päbstlichen Hofe völlig ergebene Or-
densleute, welche viele der Staatskunst unkun-
dige Minister auf ihre Seite zu ziehen wußten,
brachten es durch ihre Vorstellungen so weit,
daß alle Familien, die der katholischen Glaubenslehre nicht beypflichteten, das Land räumen
mußten. Zur Ergreifung dieser dem Staate
so schädlichen Maaßregeln war man dadurch bewogen, weil man glaubte, daß die Protestanten bisher alle die Empörungen erregt, durch
welche dem Lande so großes Unheil wiederfuhr,
und weil man dagegen sich überzeugt fand, daß
die katholische Religion für die Unterthanen einer unumschränkten Alleinherrschaft die zuträglichste, vielleicht auch für das geistliche In-
teresse die behaglichste wär. Die Folge von
dieser Denkungsart war, daß eine Menge von
Adel, denen gelehrten Künstlern und Professionisten
Prag verließen, und sich theils in Holland,
theils in den friedfertigen Provinzen des deutschen Reichs ansiedelten. Der Hußitenkrieg
selbst hat Prag nicht so sehr, als diese Auswanderung von nützlichen Bürgern entblößt.
In den folgenden Zeiten ist der Abgang an Innwohnern, nur mit schwerer Mühe ersetzt worden;

ben; ben ehemaligen Grad aber der Bevölkerung
hat man bisher nicht erreicht.

Gegenwärtig zählt man auf der Alt=
stadt die Judenstadt mit begriffen — 1206,
    auf der Neustadt   1245,
    auf der Kleinseite   — 740,
    zusammen also   — 3191
Häuser. Die Zahl der darinn wohnenden
Familien beläuft sich auf der Altstadt auf 4753,
    auf der Neustadt auf   7022,
    auf der Kleinseite auf   3590,
    zusammen auf   15365.
Jüdische Familien, besonders   1506.
Einzelne Personen, und zwar Geistliche.
findet man auf der Altstadt   625,
    auf der Neustadt   430,
    auf der Kleinseite   346,
    zusammen   1401,
Adeliche auf der Altstadt   202,
    auf der Neustadt   233,
    auf der Kleinseite   183,
    zusammen   618.
Königliche Beamte und Honoratiores
    auf der Altstadt   278,
    auf der Neustadt   133,
    auf der Kleinseite   294,
    zusammen   705.
Bürger und Profeßionisten auf der Altstadt 1339,
    auf der Neustadt   1312,
    auf der Kleinseite   715,
    zusammen   3366.

Bauern auf der Neustadt   8.

Voraussehende Bürger oder nächste Erben

       auf der Altstadt   785,

       auf der Neustadt   596,

       auf der Kleinseite   408,

       zusammen   1789.

Häusler, Gärtler, und sonst zum Nähr-
stande und Provinzialbeschäftigungen Gewidmete auf der Altstadt   3479,

       auf der Neustadt   4665,

       auf der Kleinseite   2560,

       zusammen   10704.

Zu andern Staatsnothdürften Anwendbare

       auf der Altstadt   93,

       auf der Neustadt   135,

       auf der Kleinseite   98,

       zusammen   326.

Nachmals von 1 bis 12 Jahren

       auf der Altstadt   1809,

       auf der Neustadt   3180,

       auf der Kleinseite   1493,

       zusammen   6482.

Von 13 bis 17 Jahren, auf der Altstadt 698,

       auf der Neustadt   810,

       auf der Kleinseite   439,

       zusammen   1857.

Hievon das weibl. Geschl. auf der Altstadt 12009,

       auf der Neustadt   16126,

       auf der Kleinseite   8683,

       zusammen   36878.

                          Sum-

Summa der Chriſten auf der Altſtadt	21227,
auf der Neuſtadt	27628,
auf der Kleinſeite	15219,
zuſammen	64074.
Juden verheurathe, auf der Altſtadt	1335,
auf der Neuſtadt	4,
zuſammen	1339.
Ledige und Wittwer auf der Altſtadt	2455,
auf der Neuſtadt	3,
auf der Kleinſeite	1,
zuſammen	2459.
Hiezu das weibliche Geſchlecht	
auf der Altſtadt	4095,
auf der Neuſtadt	8,
zuſammen	4103.
Summa der Juden auf der Altſtadt	7885,
auf der Neuſtadt	15,
auf der Kleinſeite	1,
zuſammen	7901.
Summa der ganzen Populazion	
auf der Altſtadt	29112,
auf der Neuſtadt	27643,
auf der Kleinſeite	15220,
zuſammen	71976.
Auf unbeſtimmte Zeit Beurlaubte,	
auf der Altſtadt	47,
auf der Neuſtadt	40,
auf der Kleinſeite	47.
zuſammen	134.

Ver-

Verheurathe auf der Altstadt   3560,
  auf der Neustadt   4946,
   auf der Kleinseite   2391,
  zusammen   10897.
Ledige und Wittwer auf der Altstadt   5658,
  auf der Neustadt   6590,
  auf der Kleinseite   4197,
  zusammen   16445.
Abwesende inner Landes, auf der Altstadt   226,
  auf der Neustadt   226,
  auf der Kleinseite   162,
  zusammen   614.
Abwesende außer Landes, auf der Altstadt   165,
  auf der Neustadt   125,
  auf der Kleinseite   115,
  zusammen   405.
Unwissende wohin auf der Altstadt   99,
  auf der Neustadt   —
  auf der Kleinseite   44,
  zusammen   143.
Fremde, Innländer, auf der Altstadt   2040,
  auf der Neustadt   947,
  auf der Kleinseite   902,
  zusammen   3889.
Aus andern österreichischen Erblanden,
männlichen Geschlechts, auf der Altstadt   217,
  auf der Neustadt   108,
  auf der Kleinseite   122,
  zusammen   447.
des weiblichen Geschlechts, auf der Altstadt   40,
          auf

auf der Kleinseite   4,

zusammen   44.

Fremde wahre Ausländer, aus auswärtigen Staaten, männlichen Geschlechts

auf der Altstadt   237,

auf der Neustadt   121,

auf der Kleinseite   181,

zusammen   639.

Desgleichen weiblichen Geschlechts,

auf der Altstadt   36,

auf der Kleinseite   23,

zusammen   59.

Hiezu auf unbestimmte Zeit beurlaubte
Mannschaft   150.

Innländer der konscribirten Länder   3889.

Aus andern österreichischen Erblanden,

männlich   447,

weiblich   44,

zusammen   491.

Völlig Ausländer aus fremden Staaten,

männlich   639,

weiblich   59,

zusammen   698.

Summa des ganzen Volks   77205.

Nach Abzug der Abwesenden bleibt   76011.

Dies ist die Hauptsumme vom Jahr 1784.

Von der Zeit jener vor einigen Jahren in
Prag herrschenden epidemischen Krankheiten, be-
lief sich die Zahl der prager Einwohner auf
80000, welche Zahl die Population bisher noch
nicht

nicht ausgefüllt. Es ist anzumerken, daß in
gegenwärtige Berechnung Wissehrad nicht miteinbezohen worden, weil dieser Bezirk, ob er schon
innerhalb den Ringmauern von Prag sich befindet, eigentlich zu Prag nicht gerechnet, sondern in den taurschimer Kreis eingeschaltet wird.
Es ist aber bey gegenwärtig vorzunehmender
Vereinigung der prager Städte an dem, daß
auch Wissehrad zu der Stadt Prag einbezohen
werden solle, da denn die Bevölkerung um etwas zuwachsen könnte. Nebstdem ist die prager
Besatzung auch nicht in der Summe der Populazion einberechnet. Sie macht etwas über 8000
Mann aus, und ist nach Erforderniß der Umstände bald größer, bald kleiner.

Die Populazion selbst kann inzwischen nach
zweyerley Art betrachtet werden. Einmal in wie
viel sie aus Menschen bestehe, die in der Stadt
ihre beständigen Wohnsitze aufgeschlagen, und
dann in wie weit sie Leute begreife, die nur
auf gewisse Zeit sich in der Stadt aufhalten,
um etwa nach besorgten Geschäften, oder nach
Aufhörung der Bestimmung, die sie hier zurückhält, sich in ein anders Ort zu begeben.
Die erste wird die eigentliche Populazion genannt. Die andere, ob sie schon mit der erstern nicht betrachtet werden kann, so wird sie
doch wegen einigen beyder Arten gemeinen Eigenschaften, als da sind die Konsumtion der
Mitarbeitung am gemeinen Besten der Stadt,

dem

dem Verdienſte, Handel und Gewerben ꝛc. in die allgemeine Berechnung einbezöhen; beſonders, da dieſe zufällige Populazion durch die beſtändige Veränderung an dem Gewinne, was bevor abgeſtattet worden, und aus demſelben Wachsthume auf die gute Beſchaffenheit der eigentlichen Populazion einigermaſſen geſchloſſen werden kann.

Die beſondere Arten von Menſchen, welche die eigentliche Populazion ausmachen, werden insgemein unter den Namen der Stände begriffen. Den erſten Rang darunter nimmt nach der Konſcription Kaiſers Ferdinands II., der nach dem weiſſenberger Sieg, und darauf erfolgten Landeseroberung, eine allgemeine Staatsreform vorgenommen, der geiſtliche Stand ein.

Das Oberhaupt deſſelben iſt der Erzbiſchof von Prag, und das Konſiſtorium, die eigentliche Behörde dieſes Standes. Der geiſtliche Stand theilet ſich in zween Klaſſen, nämlich in den Weltprieſterſtand und in die Kloſtergeiſtlichkeit. Dieſe letztere Klaſſe des geiſtlichen Standes hatte vormals von den böhmiſchen Königen viele Vorrechte zu erſchleichen gewußt, unter welchen dieſes nicht das geringſte war, daß die Aebte Sitz und Stimmen auf den Landtägen ingehabt, und die untergebene Mönche das Vorrecht ausgeübet, da doch ihr Inſtitut bloß dahin geachtet wird, ein beſchaulichtes Leben,

fen zu führen, und zum Behuf der Seelsorge
zu dienen. Der Stand der Weltgeiftlichkeit
nimmt unmittelbar die Seelsorge zu seinem
Hauptwesen, und aus diesem Grunde behauptet auch dieser Stand mit Recht den ersten Rang,
weil das Geschäft der Ausbildung und Aufklärung des Volks zu dem vornehmsten Beruf gerechnet werden muß. Dieser Stand erfüllt also
gleichsam die Pflichten wahrer Gelehrten, derer
Bemühung es gleichsam seyn sollte, den Verstand und das Herz ihrer Mitbürger zu verbessern.

Da das beschauliche Leben der Klostergeiſt-
lichkeit zeither dem Staate wenig Vortheil ver-
schaffet, und die Mönche der klösterlichen Erziehung weder zur Seelsorge, noch zur Unterweisung der Jugend gebraucht werden konnten; so ist es nun an dem, den Unterschied zwischen beyden Arten der Geistlichkeit zu heben,
und die noch gute Erwartungen verschiedener
Mönche zur einstweiligen Vorsehung der Seelsorge oder Unterweisung der Jugend zu zie-
geln.

Die Anzahl der Klostergeistlichkeit war
ehemals in Prag sehr ansehnlich. Diese Populazion war aber nicht so, wie andere Arten
derselben für die Stadt ersprießlich. Die Mönche verschaften zwar zum Scheine für einige
wenige Bürger Unterhalt, dagegen aber hatten
sie von den andern auf zehnfache Art größern

Beschr. v. Prag.   P   Nu-

Nutzen zu ziehen gewußt, wodurch nachdem die
Familien ins Verderben gebracht worden, und
der Stadt zur Laſt gefallen. Da man dieſes
einſah, ſo ſind erſtlich die Mönche auf die
Zahl der erſten Stiftung beſchränkt, ja einige
Klöſter ganz aufgehoben worden, und da man
davon die gute Wirkung wahrgenommen, ſo
arbeitet man daran, ſämmtliche Klöſter entweder ſchlechterdings aufzuheben, oder ſie in eine
Verfaſſung zu bringen, daß ſie auf irgend eine
Art dem Staate nützlich werden konnten.

Der zweyte Stand beſteht in dem Adel,
der zum Glanz und der äußerlichen Zierde des
Königs beſtimmt worden, und der von einem
Geſchlecht zum andern erblich übergeht. Dieſer
Stand wird insgemein der Herrnſtand genannt.
Seine Glieder ſind Herzoge, Fürſten, Grafen,
und Freyherren. Dieſer Stand hatte den zweyten Rang in den Landtägen, genoß das Recht
landtäfliche Güter zu beſitzen, Turniere zu beſuchen, Schild und Helm zu führen, gewiſſe,
dem Adel einzig anklebende Würden zu beglei-
ten 2c. Der Urſprung des Adels war die Ausübung einer beſonders auszeichnenden Handlung,
der Urheber davon war der erſte Erwerber des
adelichen Vorrechts, welches er auf ſeine Nach-
kommen fortpflanzte. Zu unſerer Zeit wird aber
auf den perſönlichen Adel von dem Erblichen
größerer Bedacht genommen, denn die Maxime:
daß die Ausübung beſonderer Thaten bloß den

Ur-

Urheber oder Theilnehmer edle, ist zu einer allgemeinen Regel geworden, welche auf die Reinigkeit des Gebluts wenig zu achten scheint. So sind auch dieser Denkart zufolge bereits viele Würden, die sonst ausschließungsweise bloß von Adelichen geleitet worden waren, den Unadelichen zu Theil geworden, wie man davon ein Beyspiel in der Stelle der Kreishauptmannschaft sieht, welcher jederzeit eine Standesperson vorzustehen pflegte, die aber itzt jedermann von Verdiensten einnehmen kann. Dem ohngeachtet ist der Adel derjenige Stand, welcher der Monarchie zur Zierde gereicht, und ein glänzendes Gefolge des Souverains ausmacht. In den Zeiten, da der königl. Hofstaat in Prag sich befand, sah man hier einen zahlreichen und ansehnlichen Adel, welcher nach dem Beyspiele des Regenten, Wissenschaften, Künste, Fleiß und Industrie schützte und belohnte. Dies war ein wichtiger Umstand die Bevölkerung blühend zu machen, indem dadurch eine Menge von Menschen in Thätigkeit versetzt wurden, um sich Unterhalt durch ihre Verdienste zu verschaffen. Da aber von der Zeit Kaisers Ferdinand II. die Residenz der Beherrscher Böhmens von Prag nach Wien verlegt worden war, so hatte sich der Adel in Prag sehr verringert.

P 2   Der

Der dritte Stand iſt die Ritterſchaft, welche die niedrigſte Klaſſe vom Adel ausmachet,
doch dabey alle weſentliche Vorzüge deſſelben
genieſſet. Dieſer Stand ſcheint den Urſprung
vom Kriege herzuleiten. Man weis, daß vor
der Entdeckung Amerika, da das Geld in un-
ſerm Welttheile ſehr ſelten war, die verdienten
Krieger mit Gründen, welche ſie anbauten, und
davon ſich unterhielten, belohnt wurden. Die
vorzüglichen Helden erhielten große Landgüter
mit Menſchen, welche ſie zur Beſtellung der
Feldarbeit brauchten, ſie nannten ſie Ritterſitze
oder Rittergüter, weil ſie Beſitzern gehörten,
die ſie zur Belohnung wegen ausgeübten Rit-
terthaten erhielten. Nach der Zeit blieb dieſe
Beſtimmung beſtändig bey der böhmiſchen Ritterſchaft. Die böhmiſchen Ritter dienten bey
Ausbruch eines Krieges zu Pferde, und unterhielten auf eigene Koſten eine beſtimmte Zahl
von Kriegsleuten, über die ſie die Befehlsha-
berſtelle begleiteten. Auf ſolche Art war dieſer
Stand in eine Verfaſſung gekommen, daß man
deſſen Glieder für wahre Landesinſaſſen anſehen
konnte. Da nach der Zeit die Kriegsleute um
einen ordentlichen Sold dienten, auch zum
Theil fremde Völker zur Verſehung der Kriegs-
dienſte gemiethet worden, ſo konnte man den
Soldatenſtand nicht mehr für eigentliche böhmiſche Inſaſſen betrachten. Doch erhielt die
alte Ritterſchaft ihre vormaligen Vorrechte, und
Frey-

Freyheiten, dem neuen Soldatenstand aber ward
der Rang gleich dem Adel angewiesen, ohne
daß selbe dabey die Eigenschaft der Landesan=
hängigkeit besitze. Nach dem neuesten Militär=
system wird den Soldaten der Weg frey gelas=
sen, sich der Mitteln zur Erwerbung der Lan=
desanhängigkeit zu bedienen, wodurch sie ei=
nigermaßen die Qualität eines Bürgers und
Kriegers zugleich erhalten können, um sonach
um den Sold als auch aus Liebe für ihr Va=
terland zu streiten.

Den vierten und letzten Stand macht die
Bürgerschaft aus. Sie hängt von der Gerichts=
barkeit des Stadtrathes ab, welcher durch Er=
theilung des Bürgerrechts ihre Glieder zum Be=
trieb aller Arten bürgerlicher Nahrungen quali=
fizirt. Die prager Bürger haben eben ihre be=
sondere Vorzüge. Bey Abhaltung der Landtä=
gen schreiten sie zu dem allgemeinen Landes=
ausschuß, ihre Repräsentanten, welche aus dem
Stadtrathe gewählt werden, bey diesen Landtä=
gen, wie auch bey allen übrigen allgemeinen
Landeszusammenkünften haben diese Repräsen=
tanten ihren eigenen Sitz und Stimme. Die
Glieder des Stadtraths sind selbst Bürger und
fast durchgängig ansäßig, sie verwalten die öf=
fentliche Polizey und das allgemeine, der Stadt
betreffende Geschäft, legen die bürgerlichen
Streitigkeiten bey, und besorgen die Gemein=
einkünfte und Ausgaben. Diesem Stadtrathe
sind

sind einige aus den ansehnlichen Bürgern zugegen, welche Gemeinälteste heissen, und meist bey der Stadtökonomie gebraucht werden. Dieser Stadtrath, die Gemeinältesten, die in königlichen Diensten stehende Beamte, die mit dem Ehrenworte Edler ausgezierte Personen, dann die angesehene Kauf- und Handelsleute und Künstler werden Bürger vom ersten Rang oder Honoraziores genannt. Den Mittelstand von Bürgern machen Profeßionisten und geringe Künstler, Handels- und Gewerbsleute aus. Sie haben sämmtlich das Recht alle Arten bürgerliche Nahrungen zu treiben, Häuser und Gründe anzukaufen, dann, wenn sie beynebst die erforderlichen Eigenschaften besitzen, zum Meisterrechte von dieser oder jener Profeßion zu gelangen. Die eigentliche Bemerkung der bürgerlichen Nahrungsarten ist in dem sogenannten St. Wenzelsvertrag enthalten, wo zugleich bey Gelegenheit der zwischen dem Adel und der Bürgerschaft über die Befugniß Gewerbe zu treiben entstandene Streitigkeiten genaue Gränzen ausgewiesen worden sind, was für Rechte dem Adel und der Bürgerschaft zustehen.

Die äußerste Klasse der Bürgerschaft besteht aus Leuten, die wegen geringen Vermögensumständen genöthigt sind sich mit geringen Gewerben abzugeben, oder die gar in keiner Stadtbedienstung stehen. Diese Klasse genießt

zwar

zwar alle der übrigen Bürger eigene Vorrechte, sie kann aber davon keinen Gebrauch machen, weil solches ihre Vermögenskräfte übersteigt.

Nebst diesen vier Ständen giebt es noch in Prag eine Menge Menschen, die für Eingebohrne müssen angesehen werden, und die vor beständig ihre Wohnsitze in der Stadt aufgeschlagen. Solche Art Leute haben das Bürgerrecht nicht angenommen, und leben theils von freyen Gewerben oder sonstigen Bedienstungen auf eine ziemlich bequeme Art, theils unterhalten sie sich durch tägliche Handarbeit. Solche Leute giebt es in Prag sehr viele, und sie werden mit den Bürgern der untersten Klasse sehr oft vermenget. Diesen Misbrauch einigermassen abzustellen, und die Bürgerschaft überhaupt keiner Verachtung auszusetzen, wär es nicht unähnlich zwischen der unadelichen Klasse der Stadteinwohner nur zween Haupteintheilungen zu machen. In die erste könnten füglich jene Personen gebracht werden, derer Konduite, Amt und Gewerbe dem Bürgerstande zur Ehre gereichte; dergleichen Personen sollen bloß zur Aufnehmung des Bürgerrechtes zugelassen, Bürger genannt werden, und die Vorzüge des Bürgerstandes geniessen. Leute vom geringen Herkommen, einer geringen Handthierung, oder sonst herabgesetzter Lebensart könnten nur gleichsam unter den Schutz des Magistrats angenommen wer-

werden, und für die Erlangung dieses Rechts
eine geringe Tax bezahlen.

Ohne solchen Schutzrecht solle niemanden
der Betrieb eines Gewerbes gestattet werden.
Dabey wär aber der Bedacht zu nehmen, daß
man die eigends sogenannten bürgerlichen Nahrungen nicht so weit ausdehne, und Leuten
von Kenntnissen und Industrie den Weg zur
Erwerbung ihrer Verdienste einschränke. Uiberhaupt betrachtet, könnte dem Bürger der Nah-
rungsbetrieb von der Art gestattet werden, der
wegen seiner wesentlichen Eigenschaft ohne großen
Verlag und beträchtlichen Vermögen füglich
nicht könnte besorgt werden. Da hingegen ein
Schutzverwandter das Recht besitzen müsse, jedem Gewerbe, daß er zu bestreiten sich im Stande
fünde, vorzustehen.

Geräth der Schutzverwandte in glückliche
Vermögensumstände, so lasse man ihn in den
Bürgerstand übertreten. Auf solche Art würde
der Vorwurf wegfallen, da sonst die verächtlich-
ste Person, die das Bürgerrecht angenommen,
die Freyheit hat, sich dem angesehensten Bürger gleich zu stellen, und dadurch den Bürgerstand herabzusetzen.

Von der andern Seite war niemand gezwungen das Bürgerrecht wegen Nahrungsbe-
trieb anzunehmen, da er als Schutzverwandter
ohnehin die Freyheit erhält, ein seiner Vermögenskräfte nicht übersteigendes Gewerbe zu führen.

Diese

Diese bisher beschriebene Klaſſen von
Stadteinwohnern werden als Eingebohrne betrachtet. —Unter den Fremden, die aber gleichſam wegen langen Aufenthalt das Inkolatsrecht
angenommen zu haben ſcheinen, ſind die älteſten die Juden, ein bereits zu den Zeiten deß
Heidenthums in Böhmen ſich aufhaltendes
Volk. Sie ſollen in Prag die Freyheit, ihre
Wohnungen aufzuſchlagen erhalten haben, weil
ſie ehemals den Chriſten wider die Heiden bey-
geſtanden. Nach der Zeit erfuhr dies Volk viele
widrige Verhängniſſe. Man beſchuldigte es der
Giftmiſcherey, des Mordbrennens, Verrätherey, und ſogar der Zauberkünſte, zu deren
Ausübung ſichs des Bluts von chriſtlichen Kna-
ben bedient haben ſollte. Aus dieſer Urſache
wurde es öfters aus Prag verbannt, zuweilen
mit anſehnlichen Geldſtrafen belegt, doch jederzeit wieder zurückberufen, und in die vorher
erworbene Schußrechte verſetzt.

Gegenwärtig beſchäftigen ſich die Juden
bloß mit Handlungsſachen. Den alten Haß,
den die Chriſten und Juden gegeneinander tragen, und wovon ſo viele ſchädliche Folgen für
die bürgerliche Geſellſchaft entſtehen, hat man
zeither dadurch zu beheben geſucht, daß man
die Juden aus ihrem verächtlichen Stande,
welche Halsſtärrigkeit und Rachſucht gegen die
Chriſten hervorbrachte, herauszuziehen, und ſie
durch Beybringung vernünftiger Grundſätze auf-
ge-

geklärter zu machen, versuchet. Diesem zufolge
wurden sie von dem drückenden Last der Privat-
leibmauten, doppelten gerichtlichen Taxerlegung,
Abnahmen der Pässe und Passirzetteln, Tragung
des gelben Umschlages und anderer mehr ent-
ledigt, sondern auch mit andern vorzüglichen
Freyheiten begnädigt: vermög solchen kann ihre Jugend die Gymnasien, die der Wundarz-
ney Beflissene öffentliche Kollegia besuchen, in
der Judenstadt selbst ist die neue Lehrart, die
in den unsern deutschen Schulen bey den Christ-
ten angewendet wird, eingeführt.

Die jüdische Gemeinde überhaupt kann sich
itzt in Gewerbe, Kauf und Verträge einlassen,
von der sie sonst ausgeschlossen worden war.
Durch alles dieses glaubt man eines theils den
Christen eine ächte Menschenliebe gegen die nun
von der verächtlichen Behandlung befreyte Juden beyzubringen, andern theils aber dem auf-
geklärten und wohlbehandelten jüdischen Ge-
schlechte die Verstockung, Vorurtheile, und ein-
gewurzelten Groll gegen die Christen zu benehmen. Demohngeachtet aber bleibt doch die Wu-
chersucht den Juden noch immer eigen, eine
Menge der angesehensten Häuser in Prag schmach-
ten unter der Schuldenlast, welche, da die Juden zu vervielfältigen, dieser immer mehr an-
wachst, und zuletzt das völlige Verderben des
Vermögens nach sich zieht. Es ist zu erstaunen
und fast unglaublich, was für eine Summe die

jüdi-

südischen landtäflich und stadtbücherlich vorge-
merkten Forderungen betragen.   Man kann
daraus auf den gänzlichen Verfall des allgemeinen Kredits schliessen , da die Abtragung
der Zinsen die ordentliche Erträgnisse zu übersteigen scheint.

Die Wälschen sind ebenfalls Fremde, die
aber wegen des beständigen Aufenthaltes eben
als eine Art einheimischer Bürger anzusehen
kommen.   Es scheint, daß die Wälschen zu
Zeiten Karls IV. nach Prag gelangt waren,
denn diese Zeiten waren vorzüglich dem Han-
delsstande, dem diese Ankömmlinge anhiengen,
zuträglich.   Von dieser Zeit an war das Glück
den Wälschen in Prag ungemein günstig, denn
sie hatten durch den Handel viele Reichthümer
erworben.   Aus dieser Ursache vermehrte sich
ihre Zahl immer mehr, sie errichteten untereinander eine Verbindung, um sich werkthätiger
unterstützen zu können , und mit vereinigten
Kräften an Erreichung des gemeinschaftlichen
Zwecks zu arbeiten.   Und in der That hatte die
genaue Verbindung alle die Vortheile befördert,
die dieser Gemeinschaft von jeher zu Theil geworden sind.   Um sich bey der Nazion beliebt
zu machen, und ihre Gesellschaft fester zu verknüpfen, hatten sie den rühmlichen Entschluß
gefaßt, ihrer Verbindung den Titel zur Versorgung armer Waisen, weggeworfener Kinder, und
zur Rettung der Ehre zum Fall gebrachter Weibs-

                                        per-

personen zu ertheilen. Ein Institut, welches
die thätige Menschenliebe in ihrer wahren Größe
ganz deutlich sichtbar macht. Die guten Fort=
gänge dieser Verbindung, und die erwünschten
Früchte, die sie hervorbrachte, veranlaßten die
böhmischen Könige die wälsche Nazion mit vie=
len Freyheiten, und ihr Institut mit verschie=
denen Stiftungen zu begnädigen. Vor kurzer
Zeit ist die Stiftung des sogenannten französi=
schen Spitals mit dem wälschen vereinigt wor=
den. In diesem letzten werden nicht nur allein
Kinder, sondern auch Greise, die ihren Unter=
halt sich zu erwerben unvermögend sind, ver=
pflegt.

3) Ratzen oder türkische Unterthanen griechi=
scher Abkunft aus der Levante und den Inseln
des Archipelagus hatten in Prag ihre beständige
Bestellte, die den Handel mit levantischen Waa=
ren betrieben. Dieser Handel geht nun im
Großen vor sich, außer in Jahrmarktszeiten,
wo sie auch im Kleinen verkaufen. Die Zahl
dieser Griechen ist nicht sonderlich groß, doch
haben sie sich seit einiger Zeit in Prag vermehrt,
da nämlich der türkische Handel nach den öster=
reichischen Staaten mehr ausgedehnt worden
war.

4) Irländer, diese haben sich seit einiger
Zeit in Prag eingeschlichen. Sie verlegen sich
meist auf die Arzneykunde, und machen dadurch
in Böhmen ein ziemliches Glück. Die in Prag
sich

sich befindliche Irländer und Franziskaner-
mönche, befördern ihre Landsleute auf alle mögliche Art. Sie haben wegen ihres aufwallen-
den Wesens sich den Zutritt in viele vornehme
Häuser geöffnet, sie bedienen sich dadurch des
Mittels ihr Bestes, und das Aufnehmen der
Ankömmlinge zu betreiben.

Preußische und sächsische Imigranten haben sich seit dem Jahre 1783 in Prag nieder-
gelassen. Ein jeder Imigrant aus gleich besag-
ten beyden Ländern erhält, wenn er darthun
kann, daß er auf einige Art dem Lande nützlich werden kann, bey seinem Eintritt 50 fl.
aus der königl. Kammer, um sich die nöthigen
Werkzeuge zu seiner Profession, oder zur Einrichtung der Handthierung, die er führt, davon
zu verschaffen. Das Geld übernimmt der Stadtrath, und tragt Obsicht, daß es zum bestimmten Gebrauch verwendet werden möchte. Durch
diese Begünstigung sind viele preußisch und sächsische Unterthanen bewogen worden, sich hierorts zu begeben, und dadurch die Population
von Prag zu vermehren.

Ganz Fremde, die keinen beständigen Sitz
in Prag haben, sind Leute von verschiedener
Art. Die prager Besatzung kann leicht über
8000 gerechnet werden, dieses macht mit dem
Summarium der ganzen Population über 84000.
Die Beurlaubten sind bereits oben berechnet
worden. Hier ist noch anzumerken, daß sie von

zwey-

zweyfacher Gattung sind, nämlich auf bestimmte
und unbestimmte Zeit beurlaubte Leute. Die
auf eine bestimmte Zeit Beurlaubte werden diejenigen genannt, welche schon einmal in wirklichen Militärdiensten stehen, und von ihrem
Regimente auf eine bedungene Zeit mit Urlaub
entlassen werden, um sich an dem bestimmten
Ort einigen Verdienst zu erwerben, oder ihre
etwa vorhabende Geschäfte oder sonstige Angelegenheiten zu besorgen. Sie sind meist Lan-
deskinder, und werden entweder nach Beendigung des Handels, oder zur bevorstehenden La-
gerszeit zum Regimente einberufen. Unter dem
Namen der Beurlaubten auf unbestimmte Zeit
werden Leute verstanden, die zu ihrem Werb-
bezirksregimente zwar enrollirt, doch aber in
wirklichen Militärdiensten noch nicht stehen. Sie
werden in so lange beurlaubt, als es der Noth-
fall erheischt, sie zur Antretung der wirklichen
Dienste einzuberufen. Sie werden alsdann
dreßirt, und als wahre Soldaten angesehen.
Beyde Gattungen von Beurlaubten treiben
zum Theil in Prag verschiedene Gewerbe und
Handwerke. Wenn der Soldat zu einem Besitzer eines steuerbaren Grundes wird, so kann
er aus seinem Stande austreten, und wird sodann zu einem Kontribuenten.

Als ganz fremd werden in Prag jene angesehen, die hierorts sich aufhalten, ohne dabey die Absicht zu haben, beständige Wohnsitze

auf-

aufzuschlagen. Unter diese Rubrike gehören die
Durchreisenden, und jene Leute, die vom Aus-
lande hereinkommen, um hier ihre Geschäfte in
Richtigkeit zu bringen, nach derer Beendigung
sie wieder abreisen. —

Wandernde fremde Gesellen, so nach der
Zeit die Stadt wieder verlassen. Auswärtige
Studenten, Hausleute, Künstler u. d. gl. welche aber unter die Population nicht gerechnet
werden, es wäre dann, daß der Aufenthalt
dergleichen Personen sich auf eine längere Zeit
erstreckte.

Aus den jährlich der hohen Landesstelle
eingeschickten Populazionssummarien läßt sich gegenwärtig das Wachsthum der Menge der
Prager sehr deutlich abnehmen. Ein Zeichen,
daß die weisen Regierungsanstalten die Mittel
vortreflich anzuwenden wissen, die zur Bewirkung einer wahren und dauerhaften Landesan-
hänglichkeit abzielen. Vortheilhafte Gelegenheit
sich auf eine leichte Weise die Nothdürfte und
Bequemlichkeiten des Lebens zu verschaffen, Sicherheit, vernünftige Freyheit der Denkart und
Handlungen, gute Justiz und Polizeyeinrichtung,
Verschönerung der Stadtgebäude und Besorgung
der öffentlichen Lustbarkeiten, sind zu unsern
Zeiten der vornehmste Augenmerk um die Städte
blühend zu machen, und versprechen die schönste
Aussicht für die künftige Glückseligkeit der
Nazion.

Drit-

Dritter Abſchnitt.

Vom königl. Hofe, der ehemaligen Krönungs-
und Begräbnißzeremonien, dann ſonſtigen
Vorrechten des Königs von Böhmen.

Aus dem oben ſchon Beſchriebenen iſt zu er-
ſehen, daß die erſte Reſidenz der böhmiſchen Regenten auf dem wiſſehraber Schloß aufgeſchlagen worden. Man weis auch, wie dieſes Schloß von Zeit zu Zeit erweitert, und
endlich in den hußitiſchen Unruhen völlig zerſtöhrt worden war. Eine kurze Zeit darauf
hatten die böhmiſchen Könige in dem Zbaraßer
Bezirke, und dem ſogenannten Königshofe gewohnt. Bis endlich das prager Schloß zu einer ordentlichen und beſtändigen Reſidenz eingerichtet wurde.

Da die Geſchichte der prager königl. Burg
eben beſchrieben worden, ſo wär es überflüßig,
ſolche hier abermal zu wiederholen. Nach den
Zeiten Rudolphs II. war die Reſidenz der böhmiſchen Könige nach Wien verlegt, von welcher
Zeit an ſie auch daſelbſt beſtändig verblieben.
Demohngeacht aber ward auf Anordnung weil.
Ihrer k. k. Majeſtät Marien Thereſien die prager Burg in einen ſolchen Stand verſetzt, daß
ſie gegenwärtig eine der prächtigſten Reſiden-
zen in Deutſchland vorſtellt, und zugleich mit

allen

allen nöthigen Einrichtungen zur Bewohnung
versehen ist. Vor kurzer Zeit war hier ein
Theil des Gebäudes für die Kanzleyen und
Sessionen einiger Landesstellen angewiesen, da
aber das ehemalige Jesuitenprofeßhaus und das
Schulgebäude zur Einnehmung für sämmtliche
Regierungsdepartements und Dikasterien bestimmt worden, so ist erwähnter Theil der kön.
Burg völlig geräumt, und nur der vorsprin-
gende Flügel besetzt verblieben, den die Artille-
risten innhaben.

Nebst der prager königl. Burg hatten die
böhmischen Könige viele Lust - und feste Schlös-
ser, die sie zum Theil ihrer Ergötzung wegen
besuchten, und theils zur Verwahrung ihrer
Schätze, und Beschützung ihrer eigenen Person
brauchten. Unter die Zahl der erstern gehörte
das unweit Prag gelegene Lustschloß Troya, das
wegen seiner romanhaften Lage, und bequemen
Einrichtung vormals sehr berühmt war. Man
sahe dort viele schöne Schildereyen, einen an-
nehmlichen Ziergarten und Bäder, alles dieses
ist dermal eingegangen, und die Bilder von da
weggebracht worden. Unweit Troya sieht man
das neu verwüste vormals aber ansehnliche
Lustschloß Bubenetz, ein altes gothisches Gebäu-
an einer Anhöhe, hätte vormals unten einen
ins Gevierte angelegten Teich gehabt, in dessen
Mitte sich ein Sommergebäu befand, um den
Teich war eine Allee ausgesetzt, durch welche

Beschr. v. Prag.　　Q　　　　oft,

oft Wettrennen nach dem bestimmten Ziele an=
gestellt wurden. Heutiges Tags hat dieses Schloß
sammt der unterliegenden Gegend eine ganz an=
dere Gestalt erhalten, und befindet sich in Pri=
vathänden. Das königliche Lustschloß Königsaal
eine Meile von Prag gelegen, war ein Ort,
der ganz besondere Reize und Vorzüge von Auf=
enthaltsörtern seiner Art hatte. Man konnte
dahin durch eine Fahrt auf dem Moldaufluße
gelangen.

König Wenzel, der Sohn Kaisers Karl
IV. hatte dieses Ort besonders liebgewonnen,
und es mit vielen Bequemlichkeiten versehen
lassen. In der Gegend befindet sich das Ku=
chelbaad, das noch heutiges Tags von vielen
Personen besucht wird. Königsaal aber selbst
gehört den Zisterzensermönchen, die hier ein
schönes Kloster besitzen. Unter den Schlössern
der letzten Art war das Ort Karlstein unter die
vornehmsten zu nehmen. Es hatte den Ursprung
vom Kaiser Karl IV., der es nach der damali=
gen Befestigungskunst sehr feste anlegen ließ,
wozu noch dieses kam, daß die Natur selbst für
die Befestigung dieses Orts gesorgt. In der
Folge hat Karlstein den böhmischen Königen
gute Dienste geleistet, welche hier die Reichs=
kleinodien, und andere wichtige Urkunden ver=
wahrt hatten. Gebrach ein dergleichen ehema=
liges festes Bergschloß, wohin sich öfters Kö=
nig Wenzel geflüchtet, um sich gegen die seiner

Zeit

Zeit herrschende Aufrührer in Sicherheit zu stellen. Zbirow, Welhartitz und andere feste Schlös-
ser mehr, von denen es heißt, daß solche den Tempelherren gehört haben, und nach ihrer Aus-
rottung der königlichen Kammer anheim gefallen
seyn sollen. Alle diese stehen heut zu Tage ver-
wüstet, oder sind zu anderm Gebrauche bestimmt
worden.

Der Hofstaat des böhmischen Königs war
ehemals sehr glänzend und zahlreich. Er be-
stund theils aus einheimischem Gefolge und dem
die Hofdienste versehenden Adel, theils aus fremden Gesandten, und böhmischen Lehensträgern,
welche dem Könige Cour* machten. Man kann
die Menge der Hofleute einigermaßen aus den
Küchenregistern und Hofaufwande begnehmiger
abnehmen, was aber die äußerliche Pracht betraf, diese zeigte sich vornehmlich in allen Arten öffentlicher Handlungen, welche mit dem
größten Gepränge begangen wurden.

Unter diesen feyerlichen Handlungen verdient vor allen das Krönungszeremoniel beschrieben zu werden. Die Krönung eines böhmischen Königs wurde jederzeit von uralten Zeiten her in der prager Domkirche verrichtet.
Vorher geschah solches auf dem Wissehrad, bey
welcher Gelegenheit dem neuen Herzoge der vorgebliche lange Rock und die Mütze des Czech,
dergleichen die sarmatischen Fürsten zu tragen
pflegten, angelegt worden war. Er erhielt

wei-

weiters einen Stab, und da er also angeklei-
det, sich auf den herzoglichen Stuhl niederließ,
so hielt ein vornehmer Böhme eine Anrede an
ihn, in welcher er dem Herzoge die Sanftmuth,
Leutseligkeit und Gelindigkeit, mit welcher seine
Vorfahren das Volk regiert, zu Gemüth führte,
und ihm ihr Beyspiel nachzufolgen anrieth.
Hierauf gieng die Huldigung vor sich, und
die Richter des Volks wünschten dem Könige
eine glückliche Regierung.   Da Przemißl vom
Pfluge zum Thron berufen worden, so ließ er
sich in seinem Bauernkleide, Mütze, Stab und
hölzernen Schuhen, die er aus Eichenholz selbst
verfertiget haben soll, zum Herzoge aus-
rufen.

Von dieser Zeit an wurden die nachfol-
gende Herzogen, so aus seinem Stamme ent-
sprossen mit diesen Insignien angelegt. Besonders wurden ihnen auf einer goldenen Schüssel
die Schuhe des Przemißl vorgelegt, um sie ihrer Abkunft, und einer gerechten und gelinden
Beherrschungsart, der sich Przemißl beflißen, zu
erinnern.   Der böhmische Geschichtschreiber
Kosmas bezeugt, daß erwähnte Schuhe noch
zu seiner Zeit auf dem Wißehrad sich befanden.
Man hat sie aber nach Beylegung der hußitischen Unruhen nicht mehr finden können. Man
hatte auch unweit Wißehrad einen Brunn, welcher nachher zum Andenken mit einer Mauer
umgeben wurde, und bey welchem die neuen
heid-

heidnischen Herzoge sich dem Reinigungszere=
moniel unterzohen, gesehen, auch dieser ist
sammt dem Stuhle Libussens verlohren gegan=
gen. Diese alten Krönungszeremonien dauer=
ten, wenn man einige zufällige Feyerlichkeiten
ausnimmt, welche die christlichen Herzoge ver=
ändert hatten, bis auf die Zeiten des ersten
Königs von Böhmen Wratislaw im Jahre 1086.
Dieser Fürst war mit der Königswürde vom
Kaiser Heinrich dem IV. beschenkt worden, da=
her hatte er auch bey seiner Krönung das in
Deutschland bey ähnlichem Gepränge gebräuch=
liche Zeremoniel eingeführt. Zu dieser Zeit sahe
man zum erstenmale die Krone, den Reichsapfel,
den Szepter, das Schwert und die geistliche
Salbung bey der Krönung anwenden, welche
der Erzbischof von Trier Engelbert verrichtete.
Nach diesem zur allgemeinen Vorschrift für alle
künftige Krönuungen angenommenen Zeremoniel
war nachmals die Krönung eines böhmischen
Königs auf folgende Art veranlaßt.

Da der Tag zur vornehmenden Krönung
herbeynahete, war die Veranstaltung getroffen,
die in Karlsstein verwahrte Reichsinsignien nach
Prag zu überbringen. Vermög einer Satzung
Kaisers Karls IV, mußte das Krönungszeremo=
niel längstens nach 6 Monaten von dem Tode
des vorhergehenden Königs anzunehmen, vor
sich gehen, da in der Zwischenzeit das Trauer=
gepränge vollbracht wurde. Nebst dem wurden
öffent=

öffentliche Briefe durch das ganze Land und die
vereinigten Provinzen geschickt, um alle bey der
Krönung erforderliche Personen zu der feyerlichen Handlung vorzufordern. Die Reichsinsignien wurden in der Kapelle St. Wenzel, wohin sie Tags vorher von Karlsstein gebracht
waren, Tag und Nacht von den Burggrafen und
den Vasallen des Schloßes bewacht.

Der oberste Hofmeister von Böhmen aber
ließ den königl. Pallast, Landstube, Landsaal,
Domkirche St. Veit, und die in solcher aufgerichteten erhobenen Bühnen mit Tapeten, rothem
Tuche und andern zu dieser Handlung gehörigen prächtigen Auszierungen schmücken. Am
Krönungstage selbst versammelten sich die
Großen des Reichs in der Landstube, welche
auf Anordnung des obersten Burggrafen von
Prag geöffnet wurde. Diese Minister fragten
die Anwesenden, ob sie zufrieden wären, daß
der neue König öffentlich nach altem Gebrauche von ihm ausgerufen werde. Wenn alle
Stände solches bewilligten; rufte er mit lauter Stimme: So, als ich wünsche, daß es der
göttlichen Allmacht angenehm, der Verehrung
seines Heiligen dieses unserem Volke erprieß-
lich, und dem ganzen Reiche rühmlich, nützlich,
glücklich, und heilsam sey, also rufe ich, der
oberste Burggraf zu Prag, vermög meines
Amtes, im Namen der heiligsten ungetrennten
Dreyfaltigkeit unsers einzigen Gottes, den

aller-

allerdurchlauchtigsten Fürsten und Herrn Herrn
Herrn N. N. als einen König von Böhmen
öffentlich aus. Wenn es nun das Volk hörte,
rufte es mit starker Stimme Vivat! Vivat!
Vivat! N. König von Böhmen. Nach diesem
begab sich die ganze Versammlung nach der
Domkirche und vornehmlich in die St. Wenzels
Kapelle, um die Reichsinsignien zu besehen.
Desgleichen kamen die Abgeordneten aus den
der Krone Böhmens einverleibten Landen, die
Domherren, Pröbste, Aebte, Bischöfe von Olmütz und Breslau, und endlich der Erzbischof
von Prag, und setzte sich nieder an seinen Ort.
Wenn nun in der Kapelle St. Wenzl die Ankunft des Zugs kundgemacht ward, begaben
sich der oberste Burggraf und andere Magna-
ten in großer Anzahl in die königl. Burg, um
den König in die Kirche zu führen. Sobald
sie den König sahen, erwiesen sie ihm die tief-
sten Ehrenbezeigungen mit gebogenen Knien
und gesenktem Haupte. Der oberste Burggraf
redete den König mit folgenden Worten an:
Durchlauchtigster Fürst! heute haben die Stände dieses Reichs nach löblicher alter Gewohnheit, und nach den Landesgesetzen Ew. Majestät in öffentlicher Versammlung, und in der
höchsten Gerichtsstube des Königreichs für
einen König in Böhmen erklärt und ausgerufen, und bitten die göttliche Allmacht, sämmtlich inbrünstig, daß sie die Berufung Euer Ma-

jestät

jeſtät zu einem König in Böhmen Deroſelben
glücklich und geſegnet ſeyn laſſe. Indem aber
der heutige Tag zur feyerlichen Krönung Euer
Majeſtät angeſetzt, bitten ſie allerunterthänigſt
und gehorſamſt bevor, die allgemeinen und eines
jeden insbeſondere Privilegien, Freyheiten,
Rechte und Vorzüge alte und löbliche Geſetze
und Gewohnheiten durch eine beſondere aller=
gnädigſte königliche ſchriftliche Verſicherung zu
beſtättigen, und nach vollbrachter Krönung den
königlichen Eid wegen Regierung des Landes
nach dem Rechte und Herkommen, nach dem
Beyſpiele höchſt deroſelben Vorfahren abzule=
gen. Nach dieſem Vortrage gab der König
dem oberſten Burggraf den Verſicherungsbrief
wegen Beſtättigung aller und jeder Privilegien,
und erklärte ſich nach dem Exempel ſeiner Vor=
fahren zu dem königl. Eid, das Volk nach
einem hergebrachten Rechte zu regieren, gelobte
anbey allen Ständen ſeine königl. Gnade und
Huld. Hierauf gieng man nach der Domkirche
ſchaarenweiſe, und zwar erſtlich die Abgeordne=
ten der königl. und drey prager Städten, dann
folgte der Ritterſtand, weiters der Freyherrn,
Grafen und Fürſten, alle begaben ſich, da ſie
in der Kirche anlangten, an die beſtimmten
Plätze. Die vornehmſten Staatsbedienten aber
erwarteten den Zug vor der Kirche, ſie em=
pfiengen den König mit tiefſter Ehrerbietung,
wenn er in Begleitung ſeiner Hofſtaat an dem
Tho=

Thore ankam, und führten ihn in die St. Wenzelskapelle, hier zoge der oberste Kämmerer des
Königreichs dem König sein Kleid aus, und
legte ihm einen goldgestickten Talar an. Inzwischen kam der Erzbischof mit der übrigen
Geistlichkeit vor dem Hauptaltar zur erwähnten Kapelle, um den König zur aufgerichteten
Bühne und dem Throne zu führen. Wenn die
Geistlichkeit vor der Kapelle angelangt, ward
solche geöffnet, dann giengen erst diejenigen heraus, welche die Erbämter des Königreichs begleitet, ihnen folgten die Vorträger der Reichsinsignien, sie stellten sich zur Rechten der Geistlichkeit, der Erzbischof trat herzu, und legte
einen kurzen Glückswunsch bey dem König ab,
der beym Eingang der Kapelle stand, hierauf
gieng unter Paucken und Trompetenschall die
Geistlichkeit vor dem Erzbischofe nach dem
Hauptaltar. Dem Erzbischofe folgte der oberste Truchseß und Tafeldecker, jener ein vergoldetes, dieser ein versilbertes Laib Brod tragend.
Zweitens der oberste Schenk nebst dessen Unter-
schenker, der trug ein übergoldetes, seine Amtleu-
te aber übersilbertes Fäßlein mit Wein. Drittens der oberste Landschreiber zwischen den Un-
terkämmerern und Burggrafen von Karlstein
den Zepter tragend. Viertens; der oberste
Landrichter zwischen den obersten Kanzler und
obersten Lehnrichter mit dem goldenen Reichsapfel. Fünftens; der oberste Burggraf als
                                        ober-

oberſter Statthalter des Königreichs, in der
Mitte des oberſten Hofmeiſters zur Rechten
und oberſten Kämmerer zur Linken mit der
Krone, dem ſchwarzen Stabe und dem Käpl.
Sechſtens; die zween Marſchälle: nämlich der
oberſte Landmarſchall zur Rechten tragend, das
Schwerdt des heil. Wenzels, ſo in einer roth-
ſeldenen Scheide ſteckt, der oberſte Hofmar-
ſchall zur Linken, mit einem bloßen Schwerdt
in der Hand. Hierauf folgte der König unter
einem Baldachin in der Mitte des Olmützer
und Breslauer Biſchofs. Diejenigen, ſo die
Reichsinſignien trugen, ſtellten ſich zur Rechten des königl. Throns, der König aber kam
mitten von dem Thron und verrichtete ſein
Gebet bey Anhörung der Meſſe, welche der
Erzbiſchof hielt.

Wenn die Meſſe zu Ende gieng, und der
König aufſtand, ward er von den zween Bi-
ſchöfen unter der Nachtretung des oberſten
Burggrafen und oberſten Kanzlers zum Altar
geführt, um von dem Erzbiſchof gekrönt zu
werden, der Biſchof von Olmütz hielt dabey
an den Erzbiſchof eine Anrede. Der Erzbiſchof nahm die Reichsinſignien aus den Händen der oberſten Landesoffiziers der vorgeſchriebenen Ordnung nach, und ſetzte die Krone
mitten des Altars, das Schwerdt legte er zur
Rechten, den Reichsapfel, Zepter, Ring, die
Brode und die Fäſſeln zur Linken des Altars,

knie-

kniete dann mit der ganzen Geistlichkeit und
der übrigen Versammlung bis die musikalische
Litaney abgesungen, wurde. Nach diesem führten die Bischöfe und die Landesoffiziers den
König vor den Altar, und zwar an den vorigen Ort vor dem königl. Thron, der König
ließ sich wieder auf die Knie nieder, da ihn
denn der Bischof fragte, ob er angelobe den katholischen Glauben zu beschützen? er antwortete
Ja! Ob er, das ihm von Gott zugetheilte Reich
nach der Gerechtigkeit seiner Vorfahren regieren
und schützen wolle? so er gleichfalls mit Ja
beantwortet. Sonach wurde eine musikalische
Messe angestimmt, der König richtet sich wieder auf, und besteigt den königl. Thron, welchem zur Rechten der Bischof von Olmütz, der
oberste Burggraf, der oberste Hofmeister, und
die meisten Großen des Reichs, zur Linken
aber der Bischof von Breslau, der oberste
Kämmerer, und oberste Marschall umgeben.
Bey Vorlesung der Epistel ward der König
vom obersten Burggrafen unter Begleitung
der obersten Landesoffiziers vor den Altar
geführt, da legt der König den Eid ab, indem
ihm der Erzbischof das Evangeliumbuch vor-
hielt. Den Eid las der oberste Burggraf vor,
welchen der König kniend nachsprach, indem
er den Finger auf das Evangeliumbuch gelegt
hatte. Die Eidesformel lautete folgendergestalt: „Wir schwören Gott, der Muttergottes-
gebäh-

gebährerinn, und allen Heiligen; in dieſem
Evangelium, daß wir ſollen und wollen den
Herren, Rittern, Edeln, ingleichen den prager
und andern Städten, und der ganzen Gemeinde des Königreichs Böhmen ihre Gebräu-
che, Geſetze, Privilegien, Befreyungen, ſammt
allen Gerechtſamen und alle gute alte und löbliche Gewohnheiten unverändert erhalten, und
von dieſem Königreich Böhmen nichts veräußern, noch verpfänden, ſondern ſolches nach
Vermögen vermehren und erweitern, und alles
was dieſem Reich nützlich und rühmlich iſt,
thun. So wahr uns Gott helfe und ſeine
Heiligen.,, Nach dieſem wiederholte der Erzbiſchof und die zween Biſchöfe die Worte, die
der König geſchworen, und verrichteten einer
nach dem andern ihr Gebet dabey. Nach Verrichtung dieſer Gebete traten die oberſten Kämmerer herbey, und entblößten des Königs rechten Arm, Bruſt und Schulter, welche der Erzbiſchof ſalbete, und darauf dem König das
Schwerdt des heil. Wenzels, welches der Landmarſchall vom Altar nimmt, umgürtete, den
Ring an die rechte Hand ſteckte, den Zepter
in die rechte, den Reichsapfel in die linke
Hand gab, und bey jeder Ueberreichung einen
kurzen Seegen ſprach.

Wenn dieſes geſchehen, ſetzte ſich der König auf den Thron, der oberſte Burggraf trat
zur Rechten, und hielt eine Anrede an die

Stän-

Stände, er fragt dabey, zu dreymalen mit erhabener Stimme: „Wollt ihr diesem neuen König unterthänig, gehorsam und treu seyn? Seiner Majestät das Reich durch euere Hilfe beschirmen und beschützen helfen, und seyd ihr zufrieden, daß er gekrönt worden? Nachdem alle solches bejahet, und mit dreyfacher Wiederholung bekräftigt, wandte er sich zum König, und fragte mit tiefer Ehrerbietung. „Allergnädigster König! wollen Euer Majestät alle Privilegien, Freyheiten, Rechte, Gesetze, alles löbliche Herkommen und Gewohnheiten sowohl das allgemeine Wesen, als einen jeden insbesondere betreffend, allen Ständen des Reichs in unverändertem Stande erhalten? Da der König all diesem nachzukommen versprochen, setzte der oberste Kämmerer ihm das Kapl oder Mützlein, der Erzbischof nebst den zween Bischöfen und dem Burggrafen die Krone aufs Haupt. Der König gieng nachdem vor den Altar, allwo ihm die Bischöfe das Oel, mit welchem sie ihn gesalbet, trocknen, und den königl. Rock wieder völlig um ihn thun. Wenn er vom Altar unter beständigem Gebetsprechen des Erzbischofs wieder zurückgekommen, und den Thron eingenommen, sprach der oberste Burggraf zu den Ständen diese Worte: „Nachdem der Allerdurchlauchtigste Fürst und Herr Herr N. N. nach gewöhnlichem Gebrauche zum König gesalbt und gekrönt, so rufe

im

im Namen des allerhöchsten Gottes Jhro Majeſtät, ich, vor allen Ständen, und dem ganzen Volke dieſes Königreichs als einen König
in Böhmen öffentlich aus, und frage auch alſo
nochmals: Wollt ihr Jhro Majeſtät unterthänig, gehorſam und treu ſeyn? Es geſchah die
Antwort:,, Ja wir wollen es ſeyn! dann
hieß er ihnen ſämmtlich zween Finger in die
Höhe richten, und ſolches dadurch bekräftigen,
und wiederholen, nähert hierauf ſich ſelbſt zum
König, und kniend berührte er mit zween Fin-
gern die Krone, ſo der König bereits aufge-
ſetzt gehabt, wobey er die übrigen Miniſter und
Stände, die um den Thron ſich befanden ein
gleiches zu thun hieß. Inzwiſchen, da der am-
broſianiſche Lobgeſang abgeſungen ward, be-
rührten die Vorgerufenen auf obbeſagte Art die
königl. Krone.

    Nach dieſem ſtellte ſich der Herrnſtand dem
Könige zur Rechten, und der Ritterſtand zur
Linken, der König wählte einige aus den Anweſenden, und ſchlug ſie zu Rittern des heil.
Wenzels, dieſes geſchahe mit dem Schwert dieſes Heiligen, mit welchem die vor dem Throne
ſich niedergeworfene Ritter von dem Könige auf
den linken Arm dreymal geſchlagen wurden.
Nach abgeſungenem Lobgeſang ward die Meſſe
fortgeleſen; beym Opfer ſtund der König auf,
gieng in der Mitte der beyden Biſchöfe zum
Altare, und ließ ſich von dem oberſten Truchſeß
                              und

und obersten Schenken die Laibbrode und Fäßlein reichen, welches beydes er zum Opfer dar-
gereicht. Bey diesem Umstand wurden alle
Glocken in der Stadt geläutet, und das grobe
Geschütz abgebrannt, der König ließ nach voll-
brachtem Opfer das Pazifikal, und nachdem
ihm das Mützel und die Krone unter Paucken-
und Trompetenschall abgenommen worden, und
er den Zepter und den Reichsapfel dem obersten
Landrichter und obersten Landschreiber übergen-
hen, gieng er zwischen den Bischöfen zum Altare, und ließ sich das heilige Abendmahl reichen. Dabey hielt der oberste Burggraf und
oberste Hofmeister das Tüchel. Der Erzbischof
aber reichte ihm selbst die Hostie dar. Inzwischen stand vor dem Throne der oberste Landmarschall zur Rechten, und der oberste Hof-
marschall zur Linken mit entblößten Schwertern,
von welchen die Spitzen der Erde zugewandt
gewesen. Nach von dem Könige vollbrachter
Andacht richteten die Marschäle ihre Schwerter
wieder empor. Ehe der König vom Altare wieder zurückkam, sprach der Erzbischof den Segen über ihn, dann wurde das Donnern der
Kanonen und das Glockengeläut zum drittenmal
gehöret. Der König gieng nachher im königl.
Ornat die Reichsinsignien tragend, in eben solcher Pracht und Ordnung wie vorher beobachtet worden, aus der Domkirche.

Der

Der Rückzug gieng über einen mit Bret=
tern belegten und rothen Tuch überzogenen
Gang durch den Pallast und Saal in die Land=
stube, wo die königl. Mahlzeit veranstaltet wur=
de. Von der Kirche an, wo der König aus=
gegangen, bis an die Burgsteppe ward neu
geprägte silberne und goldene Denkmünze aus=
gestreuet, die Gefangenen freygelassen, und
auf dem Schloßplatze roth und weisser Wein
ausgelassen. Zugleich erschollen abermals Pau=
cken und Trompeten, welche zur königl. Tafel
bliesen. In der Landstube stunden 12 Tafeln
außer der königlichen, welche vor sich an einem
etwas erhabenen Orte stand. Die Landoffiziers
hatten eine besondere Tafel, jene, so für den
Herrnstand bestimmt war, stund zur Rechten,
die Rittertafel zur Linken der königl. Tafel.
Zu dieser wurden die Fürsten und auswärtigen
Gesandten, zu der Ministerialtafel aber die
übrigen vornehmen Gäste gezogen. Der König
saß unter einem Baldachin, und ward durch
den Erbtruchseß, Schenk und Kredenzmeister be=
dient. Hinter ihm stunden viele junge Kava=
liers aus dem Herrn= und Ritterstande. An
der Thüre des königl. Tafelzimmers mußte nach
der Anordnung Königs Wladislai der Aelteste
der Familie Swanowa Wache halten. Wäh=
rend der Mahlzeit hörte man ein beständiges
Vivatrufen.

Nach

Nach Aufhebung der Tafel legte der König in der Landstube den königlichen Rock ab, die Reichsinsignien aber übernahmen die obersten Landesoffiziers in Verwahrung. Mit diesem ward zugleich das ganze Krönungszeremoniel beschlossen. Wer die ausführliche Beschreibung dieses Gepränges zu lesen verlangt, kann solches in dem Krönungszeremoniel Karls VI. und das letzte von Marien Theresien, so Ramhofsky in Folio beschrieben, und mit Kupfern versehen, nachschlagen, wo dieser Vorgang in seinem ganzen Umfange vorgestellt wird.

Hier sey es genug die Sache dem Wesentlichen nach zu berühren; und zugleich anzumerken, daß bey der Thronfolge unsers gegenwärtigen Monarchen Josephs des II. das Krönungszeremoniel, nach welchem man sich richten konnte, bisher ausgeblieben. Dieser große Souverain hat den Grundsatz, daß seine Gerechtsamen auf die Erbstaaten durch das zufällige Krönungsgepränge kein größeres Gewicht erhalten können, und daß eine gelinde und gerechte Regierungsart einen größern Eindruck auf das Volk, als der Schimmer der Krönungsfeyerlichkeiten mache, auf welche großer und überflüßiger Aufwand pflegte geführt zu werden.

Joseph hatte seine Unterthanen von der öffentlichen Leistung des Eides der Treue los-

geſprochen, weil er ſich überzeugt fand, daß
die Liebe der Unterthanen gegen den Regenten,
die Pflichten der Treue, des Gehorſams, und
der Unterthänigkeit einzig zur Ausübung bringe.
Ein Beyſpiel einer Art öffentlichen Gepränges
hat man im Jahre 1783 im Monat Septem-
ber geſehen, da nämlich der Monarch nach Aufhebung des prager Luſtlagers die Belehnung
über einige böhmiſche Lehen dem Herzoge von
Sachſengotha und Fürſt Schwarzenburg ertheilte, bey welcher Gelegenheit Anſtand,
Pracht, und guter Geſchmack mit dem gewöhnlichen Zeremoniel verbunden worden
ward.

Die andere prächtige Handlung wurde
bey der Beſtattung der böhmiſchen Regenten
beobachtet. Wenn ein heidniſcher Herzog in
Böhmen ſtarb, und ſolches dem Volke kundgemacht worden ward, ſo hatte man den Todten
öffentlich beklagt und beweint. Jedermann drang
an das Ort, wo die Leiche ausgeſtellt wurde.
Ein Sprecher pflegte ſich dabey folgender Worte zu bedienen : „Ach, lieber Fürſt! was hat
dir gefehlt? haſt du am Eſſen und Trinken Mangel gehabt? oder biſt du nicht mit Kleidern und
Hausgeräthen verſehen geweſen? Wie verlangſt
du begraben zu werden? Ach weh uns! —
Wer wird uns regieren? und beſchützen u. ſ. w.
Dabey zerkratzten ſich die Anweſenden aus Weh-
muth ihr Geſicht, riſſen ſich die Haare aus,
wur-

warfen sich zur Erde, und bezeigten sich sehr
ungebärdig. Hierauf wurde der Tag zur Begräbniß, so weit der dritte oder vierte nach
dem Tode war, kundgemacht. Während der
Zeit bestrich man den Körper mit Oel, und
kleidete ihn nach damaliger Gewohnheit mit einem schönen Kleide an, so ausgeziert ward er
in einen mit Pech überzogenen Sarg gelegt.
In die linke Hand gab man ihm 5 goldne Pfen-
nige als ein Geschenk für den unbekannten
Gott, und zween silberne in die rechte, um
solche dem Wegweiser und Ueberführer in das
Geisterreich zu verehren. Wenn der zur Begräbniß ausgesetzte Tag herbeygenahet, kam
das Volk von allen Seiten häufig zusammen.
Um die Mittagszeit ward der Sarg unter einem
jämmerlichen Geschrey und Wehklagen von seinem Orte gehoben, um zum Grabe gebracht
zu werden. Der Sarg wurde auf einen offe-
nen Wagen gelegt, und da der Leichenzug an-
gieng, so besangen die Begleiter die rühmlichen
Thaten des Verstorbenen, empfohlen ihn deswegen den unterirdischen Richtern, und ruften
die unterirdischen Götter an, ihn gegen die men-
schenfeindliche Geister zu schützen, wobey sie jenen, die von dem Verstorbenen vormals gelei-
stete Opfer zur Gedächtniß führten. Die Klag-
ceremonie wurde bis zum Sonnenuntergang fortgesetzt, da man denn den Sarg in die Erde senk-
te, verschüttete, und mit einem großen Stein

bedeckte. Durch 8 Tage wurde ein beſtändiges
Feuer auf dem Grabe unterhalten, und in ſol-
chem Thieropfer verbrannt, dadurch die obere
und untere Götter und Schutzgeiſter des Landes
zu beſänftigen, als auch von ihnen einen neuen,
guten, gerechten und ſiegreichen Fürſten zu er-
bitten. Am achten und zugleich letzten Todten-
opfertage ſchnitten ſie ihre Bärte und Säume
von Röcken ab, und warfen ſie ins Feuer,
worauf ſie ſämmtlich die Grabſtätte verlieſſen.
Im Weggehen aber beſtändig Steine hinter ſich
warfen: vermuthlich dadurch die um das Grab
flatternde böſe Geiſter zur Flucht zu bringen.

Das Todtengepränge der nachfolgenden
chriſtlichen böhmiſchen Herzoge und Könige be-
ſtund in folgenden Gebräuchen: Sobald der
König das Zeitliche verlaſſen, berufte der oberſte Burggraf, welcher bey Erledigung des
Throns oberſter Statthalter des Königreichs
geworden, die Großen des Reichs zuſammen,
und berathſchlagte ſich mit ihnen über die Art
der vorzunehmenden königl. Beſtattung. Inzwiſchen wurde ein öffentliches Umlaufſchreiben
im ganzen Lande umhergeſchickt, welches den
Todesfall des Königs ankündigte, und die öffentliche Landestrauer nebſt dem Tage der königlichen Beyſetzung anſagte. Von dem Tage
der Kundmachung fieng die öffentliche Landestrauer an, den Anfang dazu machte das allge-

meine Glockengeläut. Der oberste Landeshof-
meister ließ auf gemeine Kosten die königliche
Burg, und die Domkirche, als das königliche
Begräbniß mit schwarzem Tuch behängen. Sonach hatte man die Einbalsamirung der Leiche
vorgenommen. So eingesalbet legte man dem
Körper ein Staatskleid an, und setzte ihn auf
ein Paradebett, um der öffentlichen Beschauung
darzustellen.

Am Tage des Leichenbegängnißes kamen
die Herrn = und Ritterstandes Personen aus allen
Bezirken des Königreichs nach Prag; nach verrichteten Trauervorbereitungshandlungen gieng
die Zeremonie selbst folgender Gestalt vor sich.
Den Leichenzug eröffneten die Zünfte schwarze
Kerzen tragend: ihnen folgten die Studenten,
Bakkalaurei und Magistri, sonach die Klostergeistlichkeit mit ihren Ordenszeichen. Hiernächst
kamen viele mit schwarzem Tuch bis zur Erde
bedeckte Pferde mit königl. Wappen behängt.
Der Rath der königl. Städte kam hierauf zum
Vorschein, dann sah man den Ritterstand und
endlich die Freyherren, Grafen und Fürsten des
Königreichs. Ihnen folgte der königl. Fahnenträger mit dem königl. niederwärts gestellten
Paniere, der oberste Landschreiber zwischen dem
Unterkämmerer und Landgrafen von Karlstein,
der erste das königl. Zepter tragend, der oberste Landrichter zwischen dem obersten Kanzler
und obersten Lehenrichter mit dem Reichsapfel,

der

der oberste Byrggraf zwischen dem obersten Kämmerer und obersten Hofmeister mit der königlichen Krone. — Der Herold mit dem königl.
Siegel, und der oberste Marschal mit gesenktem
Schwerte, endlich kam der mit schwarzem Sam-
met bedeckte Sarg, worauf ein goldenes Kruzifix stand, er ward wechselweise von den Gliedern des prager Stadtrathes getragen: zu beyden Seiten giengen Kammerherren mit bren-
nenden Fackeln. Gleich hinter der Bahre giengen die nächsten Anverwandten des königlichen
Hauses nebst den Abgesandten auswärtiger Staaten, dann andern fremden vornehmen Personen.
Den ganzen Zug schloß eine Menge gemeinen
Volks.

Wenn der Leichenzug in der Domkirche an-
langte, ward der Sarg in der Mitte daselbst
gestellt, die obersten Landesoffiziere legten die
Reichsinsignien auf einen nebenstehenden Tisch,
und man stimmte die Todtenmesse an. Bey
Abhaltung des Opfers legte der königl. Zahl-
meister Geld auf das Altar, ein solches unter
das Volk auszutheilen. Nach diesem pflegte
einer aus den prager Domherren eine Trauer-
und Lobrede zu halten. Nach weiterer Absin-
gung des Kanons und Konduks standen die
Herren auf, welche die Reichsinsignien getragen, und giengen mit diesen Insignien um den
Sarg, indem der königl. Fahnenträger und die
Herolde ihnen vorgiengen; nachher begaben sie
sich

sich damit zum Altare, und überreichten alles
dem Erzbischofe.   Dieser setzte die Krone auf
einen mit schwarzem Tuch behängten Throne,
er zerst-eß den Reichsapfel, zerbrach den Zepter
und das Schwert, und zerschlug den Siegel.
Zugleich ward das Reichspanier auf die Erde
gelassen, die Wappen aber hieng man in der
Kirche auf.   Nach Vollendung aller dieser Ze=
remonien trug man die Leiche nach der königl.
Gruft.   Der oberste Burggraf beschloß end=
lich das ganze Trauergepräuge mit einer an
die sämmtliche Versammlung gehaltene Re=
de.

Nachdem das Hoflager der böhmischen Kö=
nige von Prag nach Wien versetzt worden war,
so hat sich auch das Trauerzeremoniel nach dem
Wiener Hof verändert.

Man hat eine allgemeine Landestrauerord=
nung, nach welcher man sich in ähnlichen Fäl=
ten zu richten pflegt, und welche nach den Zeit=
umständen in diese oder jene Stücke verändert
werden.   Uiberhaupt ist anzumerken, daß wie
alles öffentliche Landesgepränge zeither von der
ehemaligen Pracht, Glanz und Magnifizenz
vieles verlohren hat, auch das Trauerzeremo=
niel nach einem minderscheinenden System vor=
genommen werde.   Das neueste Beyspiel der
abgehaltenen allgemeinen Landestrauer sahen
wir bey dem Todesfall weil. Ihrer k. k. Maje=
stät Marien Theresien, eine Handlung, wo
zwar

zwar aller überflüßiger Pomp und koſtbarer Aufwand vermieden, dabey aber doch majeſtäti-
ſcher Anſtand und edles Gepränge beobachtet
ward.

Bey dem zeitlichen Hintritt dieſer großen
geliebten Monarchinn machte der erhabene Nachfolger und höchſtſelber würdigſte Sohn den
traurigen Todesfall ſeiner geliebteſten Frau Mutter kund. Der oberſte Hofmeiſter ordnete dabey die abzuhaltende Landestrauer an. In Wien
ward die Beſtattung nach gegenwärtigem Hof-
gebrauch bey anbrechendem Abend unter Vor-
tragung vieler Fackeln und des erforderlichen
Gefolges. Nachdem bevor bey der Beyſetzung
des Herzens und Eingeweides, ſo aus dem
balſamirten Körper herausgenommen ward, ein
beſonderes Zeremoniel beobachtet wurde. Die
folgenden Tage wurden die Todtenmeſſen abge-
halten, wozu der Anfang durch das allgemeine
Glockengeläut angekündigt worden. In der
Hauptkirche ſelbſt ſtellte man ein Trauergerüſte
auf, um die Verdienſte der Verklärten durch
perſonirte Tugenden, und Sinnbilder vorzu-
ſtellen. Dieſer Gebrauch, wie auch die Parade
des Militärs iſt ein Stück des Trauerzeremo-
niels, welches wir in den ältern Beerdigun-
gen der böhmiſchen Könige nicht beſchrieben
finden. — Nach vollbrachten Todtenmeſſen in
der Reſidenzſtadt, wurde das Weitere in den
übrigen Provinzen ordnungsmäßig und gleich-
för-

förmig veranstaltet. Nach Verlauf eines halben Jahres gieng die allgemeine Landestrauer zu Ende. Während dieser Zeit beobachtete der Adel in der Kleidung und der Equipage eine besondere Trauerordnung, welche von Zeit zu Zeit verändert wurde; man theilte sie in die tiefe, mittlere, und kleine ein, jede Art hatte ihre bestimmte Zeit, wie lange sie zu dauern hätte.

Nebst dem Krönungs- und Trauerzeremoniel finden wir in der böhmischen Geschichte noch viele Arten öffentlichen Landesgepränges beschrieben, das sich auf die Vermählungen des königlichen Hauses, Geburten der Prinzen, Dankfeste bey erhaltenen Siegen, Gründungen öffentlicher Gebäude, und Einweihungen, dann andere vergleichen feyerliche Handlungen mehr beziehen. Alle überzeugen uns von der Pracht der königl. Hofstaat. Da aber gegenwärtig die Hofetiquete eine von den vorigen ganz verschiedene Ordnung erhalten, auch von Zeit zu Zeit viele Veränderungen und Zusätze erhält, auch theils in der Geschichte am gehörigen Orte, und öffentlichen Blättern und Anzeigen bey jedem Falle beschrieben wird, so wäre es überflüssig solches hier beyzusetzen, besonders da auch in Böhmen itzt keine eigene Hoflager sich befinden.

Bevor wir aber diesen Abschnitt beschliessen, so wird es doch nicht undienlich seyn, des böhmischen Landtäge zu erwähnen, eines Gepränges,

pränges, das nicht sowohl in bloßen Zeremoniel bestand, als vielmehr unter die Landes-
vorrechte gezählt wurde, durch welche nicht nur
allein die Fundamentalgesetze zu ihrer Kraft gediehen, sondern auch die Königswahl selbst vorgenommen wurde. Die allgemeinen Landtäge
schrieb der König aus, und hieng von ihm ab
die Zeit und das Ort der Zusammenkunft zu bestimmen. In den ältesten Zeiten hielt man die
Landtäge auf dem freyen Felde, nachher aber
wurden sie meist in Prag und zwar in der Landstube in dem prager Schloße gehalten. Dabey
gieng man folgendergestalt zu Werke.

Wenn die vier Stände des Königreichs
zur angekündigten Zeit, um dem Landtage beyzuwohnen, erschienen, so gieng der König im
königl. Ornate angezogen unter Begleitung der
obersten Landesoffiziers und der sämmtlichen
Hofstaat in größter Pracht in die Landstube.
Wenn er abwesend war, so bestellte er eine Person, die seine Stelle vertrat. Dem König trug
der Marschall das bloße Schwert vor. In der
Landstube war der Thron bereitet, den der König einnahm, und unter einem Baldachin saß.
Der oberste Kanzler eröffnete den Landtag mit
einer Anrede an die versammleten Stände, in
welcher er ihnen im Namen des Königs für
ihre Bereitwilligkeit dankte, zugleich aber die Veranlassung des Landtages eröffnete, und sie zur
Ertheilung eines guten Rathes, und Unterstü-
ßung

zung aufforderte.   Hierauf that der oberste
Burggraf im Namen aller Stände an den König den Vortrag, er versichert dadurch densel-
ben wie die Stände auf das heiligste sich ver-
pflichtet hielten, ihren Gehorsam, Treue, und
Beystand auf das werkthätigste zu beweisen,
und alles das gemeine Beste betreffende in ge-
nauesten Vollzug zu bringen.   Der König verließ sodann die Landstube, und verfügte sich
nach den innern Zimmern der Burg, wohin ihn
das ordentliche Gefolge begleitete.   Wenn die
Stände von der königl. Begleitung in der Landstube wieder anlangten, nahmen diejenigen, so
zu der Versammlung nicht gehörten, den Ab-
tritt.   Denn den Vortrag konnte jedermann an-
hören.   Der oberste Burggraf, welcher bey den
Landtägen jederzeit das Wort führte, hielt an
die Stände abermal eine Anrede, hierauf nahmen die Berathschlagungen ihren Anfang. War
die Sache von Wichtigkeit, oder wenn sich das
Gepränge weit hinauszog, so wurden die
Berathschlagungen auf den folgenden Tag verschoben.   Bevor aber trug ein jeder einzelne
Landstand, wenn er es für nothwendig fand,
sein Bedenken und Erinnerungen besonders
vor.

Der Herrn- und Ritterstand hatte das
Vorrecht, daß jede Person die Freyheit hatte,
die vorkommenden Anstände vor sich anzuzeigen,
die Städte aber wurden allgemein befragt, und

brant-

beantwortete die Anfrage meiſt durch den älteſten Primator. Dieſe Anſtände wurden erläutert, ehe die Berathſchlagungen vor ſich gegangen waren. Zur wirklichen Vornehmung
der Berathſchlagungen, theilten ſich die Land-
ſtände in beſondere Apartements, nachdem bevor jede Perſon eine Abſchrift der königl. Poſtulaten zu ſich genommen, nur der Herrnſtand
blieb in der Landſtube, und berathſchlagte ſich
untereinander, wenn er einen Schluß gefaßt,
hätte er ſolchen dem Ritterſtand mitgetheilet,
dieſer faßte darüber ſein Bedenken ab. Wenn nun
dieſe beyde Stände ſich vereinigt, ſo ward der
gemeinſchaftliche Schluß den Abgeordneten der
Städte übergeben; auch dieſe fügten dazu ihr
Gutachten bey. Erfolgte hierauf eine allgemeine Übereinſtimmung, ſo ward endlich der Schluß
dem Könige überbracht. Der König beantwortete den Schluß, und die Stände brachten es
vollends zu Ende. Der ganze Landtagsſchluß
wurde ſchriftlich verfaßt.

Nach dieſem begab ſich der König aber in
die Landſtube zu den verſammelten Ständen,
um der Kundmachung des abgefaßten Landtags-
ſchlußes beyzuwohnen. Man beobachtete dabey
das nämliche Zeremoniel, das beym Vortrage
der königl. Poſtulaten vorgeſchrieben worden
war. Nach Kundmachung des Schlußes nahm
der König ein Exemplar des Dekrets zu ſich,
das andere ließ er in den Händen der Landesſtände,

stände, dieses wurde in die königl. Landtafel
einregistrirt. Der oberste Burggraf hielt endlich an die Stände eine Danksagungsrede,
worinn er den Gehorsam und Bereitwilligkeit
derselben anrühmte, und ihnen den königl. Beyfall über die eingewilligte Postulate, dann er
theilten guten Rath und Unterstützung zu erkennen gab. Oft pflegte auch der König selbst
die Stände seiner Gnade persönlich zu versichern,
und begab sich hierauf in Begleitung der sämmtlichen Versammlung und Hofstaates unter freu-
digem Zuruf des Volkes wieder in die königl.
Burg, womit auch das ganze Zeremoniel beschlossen wird.

Der Ursprung der Landtäge wird von den
ältesten Zeiten hergeleitet. Schon zu Zeiten
der Libussa weis man, daß dergleichen Versammlungen theils zu Wisschrad, theils auch unter
freyem Himmel gehalten wurden. Die Sammlung aller Landtäge ist vom Kittizen veranstaltet worden. Solches ist bis itzt zum öffentlichen Druck noch nicht befördert worden, sondern die Abschriften davon werden in einigen
Bibliotheken aufbewahrt. Die Schreibart ist
zwar durchgehends in deutscher Sprache; die
besondern Urkunden aber, welche mit den Land-
tagschlüssen in einiger Verbindung stehen, sind
in der Originalsprache niedergeschrieben. Das
Manuscript besteht aus vier Tomen, und reicht
bis auf die Zeiten unsers Jahrhunderts. Von
dieser

dieser Zeit an, und nach etwas weiter hinaus,
finden wir die gedruckten Landtagsschlüsse, welche den Inhalt der Landtäge in sich begreifen.
Diese Landtagsschlüsse gehn bis auf das Jahr
1774, von welcher Zeit an sie nicht mehr auf-
gelegt worden sind. Man kann aus den Landtägen die Kenntniß des böhmischen Staatsraths
und der Fundamentalreichsgesetze einigermaffen
sich erwerben, welches die Person des Königs
und die wichtigsten Regierungsangelegenheiten
mit begreift. Wir haben bereits den königl.
Hofstaat und das Hofzeremoniel, wie es ehemals beschaffen war, beschrieben, es wird also
auch nicht überflüßig seyn, etwas von dem
letzten zu vermelden: Dadurch glaubt man den
Stoff dieses Abschnitts gänzlich bearbeitet zu
haben.

Unter den vornehmsten böhmischen Reichs-
fundamentalgesetzen war das freye Wahlrecht,
vermög welchen die Nazion befugt war, nach
dem Hinscheiden eines Königs sich einen andern
Nachfolger nach Belieben auszuwählen. So
lang der przemißlische Stamme dauerte, nahmen zwar jederzeit die Abkömmlinge davon den
Thron ein. Die Stände hatten zu diesem Hause wegen dem Verdienste des herzogl. Stamm-
vaters und der guten Regierung seinen Nach-
folgern ein solches Zutrauen, daß sie die Erbfolge dem Wahlrechte vorzogen. Nachdem aber
dieser Stammen völlig erloschen worden war,

be-

beschloß man auf dem Landtage sich in den
Besitz der Wahlfreyheit wieder zu setzen. Es
fanden sich in der Ausübung, freylich viele
Schwierigkeiten, wie es bey ähnlichen Fällen
meist zu geschehen pflegt, wo der Partheygeist
Trennungen veranlaßt, und die Rechte des
Stärkern die Oberhand behalten, doch zeigten
sich zuweilen bey der Thronveränderung deutli-
che Merkmaale, an denen man das Wahlrecht
deutlich erkennen konnte. So stand die Verfassung, als die Stände, die schon einmal bestättigte Wahl Ferdinands II. in dem Zeitpunkt
da er die Regierung nun wirklich antreten sollte, wiederrufen, ihm einen Gegenkönig in der
Person Friedrichs Pfalzgrafen am Rhein ent-
gegensetzten, und da er sein Recht zu behaupten suchte, ihn mit den Waffen in der Hand
daran zu verhindern sich bemühten.

Da die Parthey Friedrichs in dem weissenberger Treffen eine vollkommene Niederlage erlitten, und Kaiser Ferdinand zum Beste des
Reichs gelanget, so bediente er sich des Rechts
der Wiedereroberung einer ihm ungetreu gewordenen Provinz, und machte das vorher freye
böhmische Wahlrecht zu einem Erbstaate des
Erzherzogthums Oesterreich.

Dieses neue Fundamentalgesetz Ferdinands
des zweyten dauerte bis auf die Zeiten Karls
VI., mit welchem, da das habspurgische Haus
erloschen, und eben daduch erwähntes Funda-

mens

mentalgesetz einer Veränderung unterliegen sollte, die Vorkehrung geschehen war, durch ein
neues Reichsgesetz, so nachher unter dem Namen der pragmatischen Sanktion Kaisers Karls
VI. bekannt worden, die Vorsehung Ferdinands
II. für das Haus Oesterreich weiters zu bekräftigen, und auf den lothringischen Stamm zu
erstrecken. Gegenwärtig ist also Böhmen ein
wahres Erbreich des österreichischen Erzhauses,
und genießt dabey diese Vortheile, daß, da es
bevor bey bevorstehender Königswahl durch Partheyen getrennet, und vielen Gefahren von
außen ausgesetzt war, solches nunmehr einer
beständigen Eintracht und Ruhe sich erfreuen
kann.

Das zweyte Fundamentalgesetz besteht
darinn, daß der böhmische König der katholischen Glaubenslehre zugethan seyn müsse. Dieses Gesetz war von unendlichen Zeiten her beobachtet, und durch die Satzung Kaisers Ferdinand II. erneuert, und bestättigt. Es ist aus
dem Krönungszeremoniel bekannt, daß der böhmische König einen öffentlichen Eid ablegte, die
katholische Religion aufrecht zu erhalten, und
zu beschützen.

Eben belobter Kaiser Ferdinand erhob die
katholische Glaubenslehre nicht nur allein zur
herrschenden Religion, sondern verbannte auch
alle andere Religionsverwandte aus Böhmen.
Von dieser Zeit an konnte niemand ein Landesstand

stand seyn, oder eine königl. Bedienstung be=
gleiten, der nicht dieser herrschenden Religion
beypflichtete. Selbst bey Erhaltung der Dok=
torswürde mußte der Kandidat das öffentliche
Glaubensbekenntniß ablegen; ja man war in
diesem Stücke so streng, den Landeseinwohnern
allen bürgerlichen Nahrungsstand zu verbieten,
wenn sie nicht klar an den Tag legten, daß sie
keiner fremden Religionssekte anhiengen. Die
Ursache der Festsetzung dieses Fundamentalge=
setzes war diese, weil man glaubte, daß die
Protestanten an der Empörung gegen den Kai=
ser Ferdinand einzig Schuld trügen, und in
der Folge nicht unterlassen würden, Unruhen
im Lande anzustellen. Diese Maxime um so
kräftiger zu befolgen, ward der Geistlichkeit die
völlige Macht eingeräumt, alle Mitteln anzu=
wenden, um das Einschleichen einer fremden
Glaubenslehre zu verhindern. Allein diese hat=
ten die ihnen einberaumte Gewalt sehr mis=
braucht; denn unter dem Vorwande und Deck=
mantel der Ketzerey verfolgten sie nicht nur al=
lein die ihnen unanständige Personen, sondern
hinderten auch das Wachsthum der Wissenschaf=
ten und die bildenden Künste, indem sie frey
in den Häusern herumgiengen, und jede sonst
in ihrer Art nützliche Bücher unter dem Vor=
wande, daß sie Ketzer zu Verfasser hätten,
wegnahmen.

Andere dem Lande sonst Vortheil verschaffende Künstler und Professionisten wanderten aus, weil sie sich vor dem Gewissenszwange und der üblen Behandlung fürchteten. Dagegen sahe man hie und da Vorurtheile und Aberglauben sich hervorthun, welche zu heben man sich keine sonderliche Mühe nahm, denn man glaubte, daß diese mit den Pflichten eines Unterthans mehr als die protestantische Glaubenslehre bestehen könnten.

Da man aber nach der Zeit, und besonders unter gegenwärtiger Regierung unsers glorwürdigsten Monarchen Josephs II. einsah, wie schädlich eine gar zu strenge Einschränkung dieses Fundamentalgesetzes für das Aufnehmen des Landes wäre, so wurden die bisher bestandenen Religionspatenten aufgehoben, und allen Religionsverwandten der Weg offen gelassen, auf alle mögliche Art dem Lande nützlich zu werden, mit der einzigen Einschränkung sich ruhig zu betragen, und die katholische Glaubenslehre als die beständig herrschende Religion anzusehen, als welcher die ihr zuständige Rechte dadurch nicht benommen werden.

Ein anderes Fundamentalgesetz betraf die Bestimmung der allgemeinen Landesabgaben. Der König ließ seine Postulate in Betreff dieser Angelegenheit auf den Landtägen vortragen, und die Stände stellten hierüber ihre Deliberationen an. In den ältesten Zeiten wurden den

böhmi-

böhmischen Fürsten, so wie bey der Gründung
anderer Staaten einige Einkünfte von dem Volke
überlassen, um daraus den Aufwand auf die
allgemeinen Landeserfordernisse zu bestreiten,
als auch ihren Hofstaat davon unterhalten zu
können, diese Einkünfte wurden von mancherley
Arten Grundstücken bezogen, die bey der ur-
sprünglichen Landeseintheilung unter die Klassen
des Volkes denen Fürsten aus oberwähnter Absicht zufielen, und nachher Kron- und Tafel-
güter genannt wurden.

Da man nach der Zeit fand, daß einige
Artikeln von Landeserträgnissen von der Beschaffenheit wären, daß sie im Privateigen-
thume wegen ihrem weitern Umfange, und daher entspringenden Gränzstritigkeiten keinen
großen Nutzen brächten, hingegen, wenn sie
unter landesfürstliche Herrschaft gelangten, ungleich wichtige Vortheile abwürfen, so wurden auch diese Quellen der Erträgnisse dem Herzoge eigen überlassen. Man nannte sie Regalien, sie bestunden in dem Bergwerk und damit verbundenen Münzrechte, Wassermauthen,
Post- und Straßenrechte, dann verschiedenen
andern Zoll und Auflagen. Alle diese allgemeine Landeseinkünfte sammt der vorher schon bestandenen ordentlichen Steuer, welche ein jeder
Landeseinwohner für den genossenen Schutz und
Sicherheit entrichtete, waren dem Herzoge bey
der sich immer vornehmenden allgemeinen Lan-

des-

desausgaben nothwendig. Denn da bevor der
Hofmeiſter und die herzogliche Gemahlinn die
Unterhaltung der Hofſtaat beſorgte, und den
ſämmtlichen Aufwand des Hauswesens berech=
nete; ſo kamen bey Wachsthum der Bevölke=
rung und der Gemeinſchaft und Verbindung der
benachbarten auswärtigen Provinzen, die Sachen
in eine ſolche Verfaſſung, daß es vonnöthen
war, eine Art beſonderer Rechnungskammer in
Beziehung auf die Landeserträgniſſe, und den
davon zu betreffenden Aufwand zu errichten.
Man weis, daß nun die Zeiten, da der deutſche
Kaiſer Karl der Große, und ſeine Nachfolger
ſich in die Angelegenheiten von Böhmen zu
mengen anfiengen, die Finanzen ſchon merklich
von dem vorigen Syſtem ſich unterſchieden. Um
die Zeiten Karls V. ſchien ſich am höchſten ge=
ſpannt worden zu ſeyn, denn ſowohl die ſtar=
ken Kriegsheere, die nun ordentlich beſoldet
werden mußten, als auch die Pracht der Hof=
ſtaat, und die Unterhaltung zahlreicher Landes
bedienſtungen erforderten viele Köſten, deren
Quellen vorher unbekannt geweſen, und die auf=
zudecken, man gegenwärtig die ganze Kraft der
Induſtrie aufbieten mußte. — Von daher rühr=
ten die Erfindungen ſo mancherley Geldaufbrin=
gungen, welche in Böhmen wegen des Wachs=
thums der angränzenden Staaten erdacht wur=
den.

Was

Was die Person des Königs selbst betraf,
so ward ihm in der Wahlkapitulation die Bedingniß vorgesetzt, nichts von der ehemaligen böhmischen Kron- und Tafelgütern zu veräußern, oder zu
verpfänden, die Landesschätze, so in den Tem-
peln und Klöstern verwahrt waren, und aus
den vom Volke zugebrachten Opfern bestanden,
ohne dringender allgemeinen Landesbedürfniß
unberührt zu lassen, und das Land mit neuen
Abgaben nicht zu beschweren. Es ist bekannt,
daß einige Könige, welche diese Bedingniß nicht
erfüllten, sich dadurch vielen Verdruß zugezogen
hatten. Die Stände machten dem Kaiser Sigismund die Thronbesteigung strittig, weil er
einige dieser Güter getrennt, und die Reichs-
einkünften sammt einigen schätzbaren Landeshei-
ligthümern verpfändet haben solle. Diese Verfassung hatte öfters im Lande große Unruhen
hervorgebracht, daher geschah es, daß man in
der Folge, und besonders vor den Zeiten Kaisers Ferdinand II. angefangen in diesem Fundamentalgesetze eine Aenderung vorzunehmen.
Da es der Staatskunst nicht zuträglich ist, in
allen Fällen ohne Ausnahme die Veranlassung
zur Erhöhung der Landessteuer öffentlich bekannt
zu machen, so schrieb nun der König die Steuer
und sonstige Arten von Abgaben ohne aller Einschränkung aus, und wendet sie zur Ausführung der geheimen Staatsabsichten gemäß der

freyen

freyen Souverainitätsrechte, ohne jemanden davon Rechenschaft abzulegen, an.

Um aber das Denkmaal der ehemaligen
Landesverfassung nicht völlig zu vernichten, so
pflegen die königl. Postulate zwar auf den Landtägen vorgetragen zu werden, ihre Durchsetzung
wird aber nicht gehindert, und noch weniger
werden solche, wie ehedem geschehen, in Wider-
spruch gezogen.

Die gegenwärtige Verfassung aber deß
Steuerwesens richtet sich nach dem System-
fuße von 1748. Nach diesem wird die Anfäßig-
keit im ganzen Lande auf 42000 und einige hundert Individuen berechnet. Im Jahre 1757
stiege sie schon auf 53440. Dieses geschah
aber nicht als ob sich zwischen der Zeit das
Landesvermögen vermehret hätte, sondern man
fand sich genöthiget, diese Vergrößerung anzu-
setzen, um dadurch die Militärverpflegungsquo-
tam zu ergänzen, welche auf das Land zuge-
schlagen wurde.

Von dieser Zeit an rühren auch die Be-
schwerden der Landesinwohner, welchen die
Herabsetzung auf 53360 und die beständigen Ab-
änderungen nicht abgeholfen haben. Ein An-
gesessener zahlet jährlich 60 fl. ordentliche Steuer.
Das sogenannte Militare ordinarium beträgt vier
Millionen und zweyhundert tausend Gulden,
dann an Cammerali besonders 1 Million 70 tausend,

hnd, 488 fl. 44 kr. zusammen also 5 Million
zwey hundert 70 tausend 488 fl. 44 kr. Erwähntes Militare ordinarium wird bloß zum
Unterhalt des Kriegsheeres, versteht sich nach
dem ehemals festgesetzten System angewendet,
es wird von den steuerbaren Gründen gehoben,
wozu noch jene Erträgnisse zukommen, die sonst
auf eine Art aus dieser Quelle herfliessen. Die
zweyte Art der allgemeinen Landesabgaben wird
das Extraordinarium genannt: Es beträgt 1
Million 800, 34 tausend 342 fl. und wird vom
Adel wegen den besitzenden Herrschaften oder
sonstigen Realitäten abgefordert.

Im Jahre 1748 ist den 30. Juli von
Seiten Sr. kaiserl. Majestät und den Landständen ein Vertrag, welcher insgemein unter
dem Namen des Dezemalrezeß bekannt ist, festgesetzt worden. Was das Land, zur Regulirung eines beständigen Systems, durch 10 nach-
folgende Jahre abzuführen, und was dagegen
von dem kaiserl. Hofe übernommen werden
solle. In diesem Rezeß ward ausgemacht, daß
von dem Lande nebst der bereits erwähnten
Steuer keine andere Abgaben z. B. Donum gra-
tuitum, Vermögen oder Kopfsteuer gefordert
werde. Zweytens versicherte man das Land
von allen ehemaligen Lasten der Soldatenver-
pflegung, Vorspannleistung, Nazionalrekrutirung
und Remontirung zu befreyen. Drittens, alle
Exzesse, welche in Durchmarschen, Quartiers
oder

oder Lägern ausgeübt würden. Viertens ward
den Ständen die Bier und Brandweinsteuer
sammt dem Musikalimpost zur eigenen Disposition überlassen. Fünftens ist uns dem städi-
schen Koutributionsbetrage pr. drey hundert tausend Fl. zur Vergütung der Feuer, Wasser und
Wetterschäden ein hundert 70 tausend fl. jährlich angewiesen worden. Sechstens übernahm
der Hof alle übrige Kammeralausgaben selbst
zu bestreiten. Endlich erhielten die Stände den
Salzaufschlag, Karten und Kalenderstempel,
Kapitalanlag zur eigenen Verwaltung. Also
daß nur der Fleischkreuzer, Tabakreduktion
und Pönaltax der kaiserlichen Disposition an-
heimfielen.

Dieser Rezeß war bis zum Ausbruch des
preußischen Krieges vom Jahre 1756 beobachtet. Die Umstände des Krieges aber haben
verursacht, daß man von dem Vertrage abgieng und das Land mit neuen Abgaben belegte,
worunter die Naturallieferungen, Rekruten-
stellungen, Geldvorauszahlungen, Kriegssteuer rc.
gezahlt wurden. Nicht nur allein, daß diese
neue Abgaben wider den Rezeß ausgeschrieben,
so sind sie überdies auch vor dem Systemalbe-
trag abgerechnet worden, weil die Kriegserfor-
bernisse ein weit mehreres erheischten, hieraus
hat man die sogenannte Superarogata auf die
Bahne gebracht. Unter diesem Namen verstehen wir diejenigen Personen, welche das Land
                                        über

über die Schuldigkeit geleistet, und sonach an
der königl. Kammer zu fordern hat.

Nach geschlossenem Hubertsburger Frieden
vom Jahre 1763 hat man diese Supererogata,
welche 10, auf 28 und die Kriegsbeschädigungen, so über 13 Millionen betrugen, auf 2 fl.
44 kr. vom hundert reduzirt zinsbare Papiere
ausgestellt. Nach der Reduzion sind noch 2
Millionen, 9 hundert, 98 tausend, 762 fl.
Supererogata, dann 3 hundert 57 tausend 9 fl.
Kriegsbeschädigungen zur Vergütung verblieben.
Zur Tilgung dieser Forderungen war der Vieh-
aufschlag angewiesen, mittels welchen in 37
Jahren abgestossen werden sollte. Da aber
mit Anfang des 1776 Jahres dieser Viehauf-
schlag aufgehoben worden, so ist es auch von dieser
Anweisung abgekommen.

Gegenwärtig kann man diesen ganzen Gegenstand aus dreyerley Gesichtspunkten betrachten. Erstens, in wie fern die Steuer von
Grundstücken oder sonstigen von jedermanns Augen frey liegenden Realitäten entrichtet wird.
Zweytens, wie solche von dem Vermögen der
Landeseinwohner, und dem Industrialverdienste
zu heben ist. Dann drittens, in wie weit die
allgemeine Landeserträgnisse durch verschiedene
außerordentliche Gefälle z. B. die Traukssteuer,
Papier, Karten und Kalenderstempel, Tabak-
aufschlag rc. erhöht werden können. Es ist an
dem, daß alle diese Steuer und Abgabengegen-
stände,

ſtände, ſo wie alle übrige innere Landesdepar-
tements in eine gleichförmige und einfache Verfaſſung gebracht werden ſollen, ohne daß es
nöthig war, ſich an die vierte Unterabtheilung
zu halten.

Das vierte Fundamentalgeſetz betraf die
öffentlichen Landesverträge und Bündniſſe mit
auswärtigen Staaten, dann die Haustraktate
der königl. Familie ſelbſt. In dem mittlern
Zeitalter des böhmiſchen Reichs wurden desgleichen Verträge auf den Landtägen vorgetragen,
und mit Beyſtimmung der Stände geſchloſſen.
In dieſen Zeiten hatte man noch das Intereſſe
des Königs mit dem allgemeinen Beſten des
Landes verknüpft wiſſen, und deswegen den
Repräſentanten der Nation daran Theil nehmen
laſſen wollen. Allein da Ferdinand II. das
Land mit dem Degen ſich unterwürfig zu machen genöthigt war, ſo hat er und ſeine Nachfolger vermög. des Eroberungsrechtes Böhmen
als ein wahres Eigenthum betrachtet, welches
durch die Erbfolge von einem Beherrſcher zum
andern gelangte. Von dieſer Epoche an wurden alle Kriegserklärungen und Friedensſchlüſſe,
Bündniſſe, Familienverträge, Erbverbindungen,
Vereinigungen u. d. gl. vom königl. Hofe eigenmächtig geſchloſſen und errichtet. Man ließ
die Sache auf dem Landtage nur in ſo weit vortragen, als zu deren Ausführung außerordentliche Beyſteuer erfordert wurden, zu deren Auf-

bring-

bringung die Stände angegangen waren. Die
besondern Umstände des Gegenstandes sind dabey nicht berichtet worden, um die geheime
Staatsabsichten nicht zu entdecken, welche in
der Ausführung schädliche Folgen nach sich ziehen könnten.

Belangend den Zusammenhang des böhmischen Reichs mit den auswärtigen Staaten
und besonders mit Deutschland, so war der böhmische König ein Kuhrfürst und Mundschenke
des deutschen Reichs. Dieses Vorrecht hatte
der für das Wohl des böhmischen Reichs wach-
same Kaiser Karl IV. in der bekannten goldnen
Bulle erhalten.

Die Lage der Sachen waren zu demaliger
Zeit schon so beschaffen, daß Böhmen vielen Unruhen ausgesetzt bleiben mußte, wenn es sich
nicht mit dem deutschen Reiche auf einige Art
vereinigte, und Deutschland dagegen konnte sich
wichtige Vortheile davon verschaffen, wenn es
Böhmen einigermaßen als ein Glied seines
Staatskörpers ansahe, das bey vorkommenden
Fällen sich bereit fände, die Freyheit von Deutschland vertheidigen zu helfen. Allein die Folge
hat der weisen Vorsehung Karls IV. nicht vollkommen entsprochen, und es zeigte sich, daß
besonders die letztere Seite nicht werkthätig genug verfahren, wie man es aus den Zeiten
Ferdinands I. und II. ersehen kann. Ob nun
gleich Böhmen die Kuhrwürde besaß, so war es
                                        doch

doch nicht gleich anfangs den deutschen Reichs-
artikeln einverleibet worden, bis unter der Regierung Josephs I. die Vorkehrung geschah,
solches in Erfüllung zu bringen, und auch vorher und nach jenen Zeiten leistete Böhmen die
Reichsbeyträge, ohne im Benöthigungsfall auf
eine Unterstützung Anspruch machen zu können.
Nach der Vereinigung der böhmischen Krone
mit dem Erzherzoge von Oesterreich kam auch
die Kuhrwürde sammt allen dem Königreiche an-
klebenden Rechten und Ansprüchen an diesem re-
gierenden Stamme, welcher sie in den Reichstä-
gen gegenwärtig behauptet.

Es ist zu merken, daß, da ehemals alle
Fundamentalgesetze auf den Landtägen errichtet
worden waren, diese Landtäge heut von den
Ständen, oder ihr sogenannten Nazionalreprä-
sentanten eigenmächtig nicht gehalten werden
können. Der König schreibt nun die Landtäge
selbst aus, und schickt einen bevollmächtigten
Kommissär ab, welcher die königl. Postulate
vorbringt, und das bey solchen öffentlichen Zu-
sammenkünften Erforderliche einleitet. Die Fundamentalgesetze selbst werden nach den Umständen der Zeit vom königl. Hofe selbst verfaßt,
und zur Kundmachung abgeschickt.

Seit dem der böhmische Hofstaat mit
dem Wiener Kaiserhofe ist vereinigt worden, so
ist nun auch hierorts von dem neuesten Hofzeremoniel nichts zu sagen. Man muß solches in

Wien

Wien selbst suchen. Der sämmtliche Hofstaat
ist in dem jährlich neu aufgelegten Hofschema-
tismus beschrieben. Was Böhmens eigentliche
Fundamentalgesetze und Landesfreyheiten betrift,
die kann man theils in Goldastens Traktat von
den böhmischen Landrechten und Vorzüge,
theils in der böhmischen Landesordnung lesen.
Weil aber der itzige Zustand von dem vorigen
darinn sehr unterschieden ist, so wäre zu wün-
schen, daß ein oder der andere böhmische Gelehrte und Gesetzverständige ein System des gegenwärtigen böhmischen Staatsrechts verfassen
möchte.

Vierter Abschnitt.

Prager erzbischöfl. Konsistorium.

Kurzer Auszug der Geschichte des alt und
neuen böhmischen Religionswesens. — Recht
und Vorzüge des geistlichen Standes.

Die Klerisey hat in Böhmen, so wie in den
andern katholischen Staaten den Vorzug
vor den andern Landständen, weil sie sich mit
der Bildung der Sitten des Volks unmittelbar
beschäftigt, ein Geschäft, das seiner Vortreflichkeit wegen allen übrigen Berufsarten mit Recht
vorgezogen ward, und das sonst den Gelehrten
und Lehrern der Menschen zukam, die zugleich
die

die Opfer für das Wohl ihrer Mitbürger den
Göttern darbrachten. — In Prag macht das
erzbischöfliche Konsistorium die höchste geistliche
Instanz aus, vor welchem sowohl die Verfügungen an die untergeordneten geistlichen Behörden ergehen, als auch weltliche Standes-
personen sich in betreffenden Fällen ihren Anordnungen und Entscheidungen unterziehen müssen. Ehe wir den Ursprung dieser Stelle und
ihre Verfassung beschreiben, so wird es nicht
undienlich seyn, einige Schritte zurückzugehen,
und das Nöthigste von dem böhmischen Religionswesen, das mit der Verfassung des geistlichen Standes in der gemeinen Verbindung
steht, und zur Erläuterung seiner Beschaffenheit das Wichtigste beyträgt, überhaupt und in
möglichster Kürze erwähnen.

Die ältesten böhmischen Religionsgebräuche
waren von dem griechischen Heidenthum entlehnt,
oder vielmehr hergebracht, welches die griechische und slawonische Mythologie zu erkennen
giebt. Ein böhmischer Geschichtschreiber Straus-
ky hat dieses in seiner Republica Bojema in dem
Kapitel von der böhmischen Religion ausführlich
bemerkt, und die besondern Umstände zu berühren nicht vergessen. Seiner Beschreibung
zufolge hatten die Böhmen zween Hauptgötter,
einen nämlich, der dem Kriege, den andern,
der dem Frieden vorstund, jenen hießen sie Pron
Pau oder Pewsch (vom Schlagen oder Prügeln)

dieser

dieser hingegen wurde mit dem Namen Swan-
towit belegt. Den Ursprung dieses Friedens-
gottes so weit es nämlich seinen Namen betrift,
wird von einigen Klostermönchen, welche sich
mit der Bekehrung der Barbaren abgaben, hergeleitet. Diese machten die Verehrung des heil.
Veit, böhmisch Swatey Vit, als den Schutz-
heiligen ihres Klosters bekannt. Nach Wieder-
erlöschung des Christenthums unter den slawischen Stämmen blieb noch immer das Gedächtniß des heiligen Veits zurück, bis daß dieser
Heilige zu einem Götzen unter dem Namen
Swatowit gemacht worden war. Sein Bildniß stellte einen Jüngling vor, man opferte ihm
zu bestimmter Zeit einen schwarzen Hahn. Von
diesem Götzen rührt der Friedensspruch oder
böhmische Willkomm, Witame, her.

Nebst erwähnten zween Hauptgöttern verehrten die Böhmen noch mehr andere untergeordnete Gottheiten, als die Landa (vermuthlich Latona) Chastor Radegost (Radamantus,
oder Höllenrichter) Nahoda (deutsch Verhängniß oder die Gurocee) die Klimba Diesta
Lyhala Konstantina und Zela. Einige verehrten die Wälder und Nymphen und die vornehmsten Personen, goßen sich ihre Hausgöt-
ter aus Silber und Erzt, dem sie dann verschiedene Gaben und Opfer darreichten. Es ist
gewiß, daß schon bey Verfassung dieses alten
böhmischen, heidnischen Religionswesens eine

Art

Art Versammlung der Priester bestanden haben
möchte, um' den Opfern, Anordnungen der
feyerlichen Fasten, Wahrsagungen und andern
mehr Religionsübungen vorzustehen. Allein diese
Versammlungen machten, wie es uns die Geschichte des Heidenthums überhaupt erzählt,
keine besondere von der allgemeinen Staatsverfassung abgesönderte Vereinigung aus. Die
Priester waren im strengsten Verstande der obersten Macht des Volkes unterworfen. Ja die
Richter der Gemeinde verrichteten oft selbst die
Opfer, und weissagten dem Volke, und wenn
sie ja Religionshandlungen durch ordentliche
Götterdienst verrichten liessen, so mußte dies
nach der Vorschrift der Landesgebräuche geschehen, und die Weissagungen waren ein Werk
der geheimen Staatsklugheit.

Das Heidenthum verblieb bey den Böhmen
bis auf die Zeiten Herzogs Borziwog, denn
obgleich einige slawische Fürsten bereits zu seines Vergnügens des Herzogs Hostiwits Zeiten
getauft wurden, so hatte doch diese Begebenheit keinen großen Einfluß auf das ganze Land
gehabt, bis bey Gelegenheit der Bekehrung des
mährischen Fürsten Swatopluk durch den griechischen Bischof Ciril, auch der böhmische Herzog Borziwog den christlichen Glauben angenommen. Dies gieng also zu: Swatopluk der
neue Bekenner der christlichen Glaubenslehre
ließ Borziwogen zu Gaste bitten, welcher, da es

der

der Einladung zufolge erſchien von dem Swatopluk an einen abſeitigen Ort geſetzt worden
war, und als er um die Urſache dieſer verächtlichen Begegnung Anfrage that, zur Antwort
erhielt, daß es ſich nicht gezieme, daß ein Held
unter den Chriſten Platz nehmen ſolle. Dieſe
erniedrigende Behandlung ſoll den böhmiſchen Herzog ſo gereizt haben, daß er von dieſer Zeit an
darauf bedacht geweſen, den chriſtlichen Glauben mit Anſtande anzunehmen. Allein beym
Vollzuge ſeines Vorhabens hatte er mit vielen
Schwierigkeiten zu kämpfen, denn das Volk
widerſetzte ſich mit allen Kräften der Einführung einer neuen und unbekannten Religion.
Die Sachen kamen ſo weit, daß Borziwog dem
Eifer des Volks weichen und das Land zu verlaſſen gezwungen wurde. Doch wurden endlich die Böhmen durch Vermittlung des mäh-
riſchen Fürſten beruhigt, um ihren vertriebenen
Herzog wieder anzunehmen, ja nach der Zeit
nahm ſelbſt eine große Anzahl der Vornehmen
des Landes die neue Religion an, welchem Beyſpiel auch ſonach der Pöbel nachfolgte.

Cyrll der mähriſche und böhmiſche Apoſtel
war der chriſtlichen Glaubenslehre nach dem
Bekenntniſſe der griechiſchen Kirche zugethan,
er kam von der Hauptſtadt, wo das Oberhaupt
dieſer Gemeinde ſeinen Sitz aufgeſchlagen, und
prägte die Satzungen dieſer Kirche den Neu-
bekehrten ein. Nach nach dieſen Satzungen

machte die Geistlichkeit keinen besondern von der
allgemeinen Staatsverfassung abgesönderten
Körper aus, die griechische Kirche war weit
von der äußerlichen Herrschsucht entfernt. Cyril sollte sich zwar in Rom wegen der Einführung der neuen Glaubenslehre, und besonders
wegen der Zulassung, daß der Gottesdienst in
der Landessprache konnte verrichtet werden, rechtfertigen. Allein man ließ doch alles bey der ersten Anordnung.

Während der Regierung von 5 aufeinander folgenden Herzoge litte das neuverfaßte Religionswesen keine wesentliche Veränderungen;
bis um das Jahr 971 Milada die Schwester
Boleslaws II. vom römischen Hofe bewogen
wurde, in Prag ein Bisthum zu errichten, und
bey dieser Gelegenheit die Satzungen der lateinischen Kirche einzuführen. Ditmar ein deutscher Mönch wurde zum ersten Bischof von Prag
gemacht, da vorhero Böhmen dem Regensburger
Kirchsprengel unterlag.

Von dieser Zeit an bildete sich nach und
nach in Böhmen eine geistliche Versammlung,
die in der Folge in eine Art von Verfassung
des prager bischöflichen Konsistoriums gerieth,
und der Hierarchie des römischen Kirchenstaats
sich unterzog. Ob nun zwar auf solche Art
die römische Glaubenslehre zur herrschenden Religion des Landes geworden, so blieb noch immer ein ansehnliches Theil der Böhmen den ehe-
ma-

maligen Kirchenſaßungen zugethan, welche nach=
her im 12ten Jahrhunderte durch die aus Frank=
reich vertriebene und zum Theil nach Böhmen
ſich geflüchtete ſogenannte Waldenſer einen neuen
Schwung erhielten: Dieſe Waldenſer, welche
man auch oft Albigenſer nennt, waren zu An=
fang des 12ten Jahrhunderts in Frankreich be=
kannt, der 3te lateranenſiſche Kirchenrath hatte
ihre Meinungen über Glaubensſachen verwor=
fen: Man weis es nicht gewiß, ob der Name
dieſer Sekte von ihrem vorgeblichen Urheber
dem Peter Wald, oder der Provinz, in der ſie
zuerſt bekannt wurden, herzuleiten ſeh. Mit
Gewißheit wird aber behauptet, daß dieſe Leute
die alten Lehrſätze der Manichäer, welche ein
doppeltes höchſtes Weſen, nämlich den Urſprung
des Guten und des Uebeln zuließen, wieder
zum Vorſchein gebracht haben ſollen. Allein
dieſem Vorgeben kann ſogleich kein Glaube bey=
gemeſſen werden, weil, da die Waldenſer an
der Glaubwürdigkeit der heiligen Schrift nicht
zweifelten, der Ungrund ihrer Meinung von ſelbſt
ſich aufgedeckt haben würde:

Inzwiſchen könnte ſich der allgemeine Wahn,
als ob die Waldenſer gleich den Manichäern
ein zweyfaches göttliches, gutes und böſes We=
ſen zulieſſen, erhalten haben, als es ſehr leicht
geſchehen kann, daß Leute von einer Gemeinde,
deren Saßungen ſie vom Grunde aus nicht be=
greifen, von ſelbſt ſich wunderliche und oft wi=

T 2   der=

verſprechende Vorſtellungen machen. Zu wel=
chem noch dieſes beygeſetzt werden kann, daß
die Gegenparthey einer ſolchen Gemeinſchaft
ihre Lehrſätze auf möglichſte Art gehäßig zu ma=
chen ſich bemühet, um ihre Vertilgung dadurch
zu befördern.

Eben ſo iſt es gegenwärtig gewiß, daß
auch die Manichäer ſelbſt für keine neue Sekte
zu halten ſind, weil ihr Syſtem bereits viele
alte Weltweiſen, ſo lange vor dem Chriſtenthum
gelebt, den Grundſatz von einem guten und bö=
ſen Gott behauptet. Dieſer alte und neue Ma=
nichäismus wird nun, in wie fern er das
Vorgeben dieſes zweyfachen Unweſens in ſich
ſchließt, mit Grunde für die abgeſchmackteſte
Lehre, ſo je ausgeſtreuet worden, wahr gehalten.
Allein ſollten die heidniſchen ſowohl als chriſt=
lichen Weltweiſen ſo ungeräumt gedacht haben,
daß es einen guten und böſen Gott gebe, ohne
daß einer den andern ſeiner Macht nach be=
trachtet, aufhebe, und als allerhöchſtes Weſen,
da zween Allerhöchſte ſich gerade zu widerſpre=
chen, ausmache? — dieſes iſt nicht wohl zu
vermuthen. Ich weis wohl, daß es dem menſch=
lichen Verſtande ſchwer zu begreifen ſey, wie
Gott als der Urheber alles Guten, auch zugleich
der Urheber von ſo vielen Uibeln, mit den die
Menſchen auf dieſer Welt gequält werden, ſeyn
könne; allein dieſer Entwurf ſcheint nur dem
erſten Anſehen nach wichtig zu ſeyn, denn ſo=

balb man bedenkt, daß der Zusammenhang des
Welttheils überhaupt betrachtet zu einem Zwecke,
der nicht anders als gut seyn kann, weil es
sonst nicht zu bestehen vermögend wäre, gerichtet sey, muß der Grundsatz vom doppelten guten und bösen Unwesen ohngeacht der Zulassung
des unmittelbaren göttlichen Einflußes in die
Handlungen des Menschen, die, weil sie keine
selbstständige Wesen sind, einer höhern Leitung
bedürfen, seine Stärke verlieren.

Der Manichäismus lief also vornehmlich
dahin aus, daß seine Anhänger den Ursprung
der guten Handlungen, die Menschen einem
guten Gotte, guten Einsprechungen, Genies,
Engeln u. m. d. Die bösen aber dem Teufel,
dem Ursprung alles Uibeln zuschreiben, welches
aber nur der Deutlichkeit der Begriffe wegen,
und gleichnißweise um das Sittliche der Handlungen dem gemeinen Menschenverstande begreif-
lich zu machen, geschehen war. Daher betrafen
die Strittigkeiten des alten Kirchenlehrers Au-
gustinus mit den Manichäern nicht so dieses
doppelte Unwesen, als vielmehr die Moralität
der menschlichen Handlungen, die Gnadenwahl
und Vorherbestimmung zur Seligkeit oder Ver-
dammniß, welche aus unrichtigem Verstande
des manichäischen Grundsatzes falsche Schluß-
folgen sehr leicht veranlassen konnten?

Diese

Diese kleine Gemeinschaft nun der Wal=
denser machte in dem Staate bis zum 15ten
Jahrhundert kein besonderes Aufsehen, denn da
M. Huß um diese Zeit seine Glaubenssätze öf=
fentlich bekannt zu machen anfieng, so fanden
sich die in Böhmen in Geheim lebende Anhän=
ger der Waldenser nicht ungeneigt wegen der
Aehnlichkeit beyderseitiger Lehrsätze in seine Ge=
meinschaft einzutreten, wie gleich in der Folge
gesagt werden soll. — Und so viel von den
theologischen Glaubenssätzen der böhmischen
Waldenser, was die praktischen betraf, so gien=
gen solche vornehmlich dahin, die Hierarchie
des Pabstes in zeitlichen Dingen und die weit=
lichen Besitzungen der Geistlichkeit verdächtig zu
machen. Diese Lehrsätze hatten die Verfolgun=
gen nothwendiger Weise veranlassen müssen, un=
ter den sie unterlagen und ihre Gemeinschaft
bis zum Ausbruche einer günstigen Gelegenheit
in Geheim zu halten genöthiget waren. Man
wird es nicht für überflüßig halten, daß ich
mich hier mit der Beschreibung einer an sich
scheinbar unbeträchtlichen, und in die böhmische
Religionsgeschichte geringen Einfluß habenden
Sekte aufgehalten.

Allein eben diese an sich unbeträchtlich
scheinende Sekte ist es, welche die Freyheiten
der böhmischen Kirche anfangs zwar in Geheim,
dann aber zur Zeit der Religionsänderung im
15ten Jahrhundert öffentlich, obschon mit man=

gen

chen irrigen Meinungen vermischt, zu vertheidigen
sich bemühte, wie es aus der Gegeneinanderhal-
tung der theologischen Schriften ihrer Lehre klar
erhellet.

So wie die Republikaner des Christenthums eifrig an der Festhaltung ihrer Sätze ar-
beiteten, so bestrebten sich auch die Anhänger
der Monarchie alles beyzutragen, was nur einigermassen zur Unterstützung dieser Verfassung
gehörte. Ditmar, der neue Bischof, führte
den allgemeinen Gebrauch der römischen Sprache
bey dem Gottesdienste ein, und nahm dabey
zum Grunde, daß diese Sprache diejenige wäre, durch welche der Verstand aller Religions-
geheimnisse klar und deutlich könne erkläret werden. Die Landessprache sey nicht genug aus-
gebildet, um sie zu einem so erhabenen Zwecke
gebrauchen zu können, und es erfordert die Ehr-
furcht gegen das höchste Oberhaupt der katholischen Glaubenslehre, daß seine Religionsdie-
ner, die ihre eigene Sprache bey Abhaltung
der gottesdienstlichen Handlungen sprächen. Dit-
mars Nachfolger, Adalbert der heilige, führte das
Jus Asyli ein, ein Vorrecht der Geistlichkeit,
nach welchem die Kirchen und Klöster als eine
Schutzortstätte für Missethäter, welche das
weltliche Gericht bis dahin nicht verfolgen
durfte, angesehen wurden. Man hielt gleich
anfangs von der Seite der Geistlichkeit über
dieses Vorrecht so strenge, daß, da solches einst
ver-

verletzt worden war, Adalbert selbst sein Bisthum verließ, und nicht eher zurückkehren wol-
te, als bis man ihm versprochen, die Sache
bey der ersten Verfassung beruhen zu lassen.

Theodat der Nachfolger Adalberts setzte
den entworfenen Plan fort zur Ausübung zu
bringen, er gienge noch weiter, er warf sich
zum Schiedsrichter der Privathandlungen seines
Herzogs auf, er mußte daher das Land räumen, da aber der Markgraf von Meissen für
ihn vorsprach, so ward er wieder zurückberufen.

Diese Bischöfe von Prag hatten ihre Erhebung zum Bisthum ihrem vormaligen Landesherren dem Fürsten von Deutschland zu ver-
danken, dafür bemühten sie sich das Staatssy-
stem von Böhmen zum Besten des deutschen Rei-
ches einzuleiten, und sie verfehlten sehr selten
ihres Zwecks, weil ihnen der Beschaffenheit ihrer Würde nach das Herz der Herzoge offen
stand, wornach sie die nöthigen Maaßregeln leicht
ergreifen konnten. Heiligard trat nach Theo-
daten den bischöflichen Stuhl an, er ordnete zuerst die Abgabe von Zehenden und die Entrich-
tung der sogenannten Stolae taxae an. Inzwischen war man darauf bedacht gewesen, eine
Menge Kirchen zu erbauen, und reiche Stiftungen zur Errichtung der Klöster von verschiedenen Orden anzuweisen. Der gemeinste Umstand,

stand, so jemanden im gesellschaftlichen Leben
aufstieß, mußte dazu dienen, diese oder jene
geistliche Gemeinschaft zu unterhalten. Ein
glücklich geliefertes Treffen, Befreyung von
Todesgefahr, Entdeckung reicher Gold= und
Silberbergwerke, ja selbst jede Arten Traumge=
schichte veranlaßten das Daseyn eines Klosters
oder Abtey. Eiferer gegen die Oberhand der geist=
lichen Gewalt setzten sich aus der äußersten Ver=
folgung, die Herzoge selbst mußten dem reissen=
den Strome nachgeben.

Die Geistlichkeit bediente sich eines Mit=
tels gegen ihre Gegner, das immer die gehoffte
Wirkung erreichte. Dieses war die Belegung
mit dem geistlichen Bann. Ein Herzog, der
sich einfallen ließ Kirchenschätze zu den unent=
behrlichen Staatsausgaben zu verwenden, oder
die Geistlichkeit zur allgemeinen Beysteuer bey=
zuziehen, wurde von der Gemeinschaft der Gläu=
bigen abgeschnitten, der Bischof begab sich nach
Rom, sprach die Unterthanen von dem Eid der
Treue los, und reizte die deutschen Fürsten die=
sen Herzog zur Beförderung des Besten der Re=
ligion mit Krieg zu überziehen. Die Macht der
Bischöfe stieg endlich so hoch, daß sie sich und
ihre mitangeordnete Geistlichkeit durch die be=
kannte Immunität in eine Art von Unabhän=
gigkeit von der obersten Gewalt im Staate ver=
setzten, und bey jeder Gelegenheit sich trotzig
und widerspänstig bezeigten, wie wir das Bey=

spiel

ſpiel an Gebharden ſehen, der einem Landesfürſten ſo trotzig begegnete, daß dieſer aller
weitern üblen Folgen vorzubeugen genöthigt
wurde, das wiſſehrader Domkapitel zu errichten,
um ſich dadurch der prager Hauptkirche, der
Gebhard vorſtund, auf eine Zeit lang zu ent-
ziehen. Einige, wie Daniel, verließen den biſchöflichen Stuhl und beſchäftigten ſich mit
Welthändeln, ließen ſich bey Unterhandlungen
in Staatsſachen gebrauchen, verſchickten wie
Friedrich das geſammelte Geld außer Land,
und Heinrich ſchwung ſich ſelbſt bis zu der
Würde eines Herzogs hinauf. Dagegen wurden Männer von wahrem apoſtoliſchen Eifer
verdächtig behandelt. Peregrin, der es nicht
für gut hielt, die Entwürfe ſeines hartnäckigen
in den herrſchſüchtigen Maximen des römiſchen
Hofes beharrlichen Daniels II. vollends auszuführen, ward vom Pabſte ſeines Biſthums
entſetzt, und nach einem Kloſter zur Vollbrin-
gung ſeiner übrigen Lebensjahre verwieſen.
So ſtunden die Sachen, als unter der Regierung Karls IV. in Prag ein Erzbiſthum errichtet, und der Kirchenſtaat in das größte Anſehen,
ſo er je gehabt, gebracht wurde, der aber in
den letzten Jahren ſeines ihm nachfolgenden
Sohnes Königs Wenzel eines der merkwürdigſten
Revoluzionen erfuhr.

Ein

Ein prager Bürgerssohn, der in der Geschichte insgemein unter dem Namen des prager Hyeronimus bekannt ist, kam jüngst von der Oxforter hohen Schule, wo er die Theologie studirte, nach Prag zurück. Er hatte in England vieles von den Glaubenssätzen des Wiklefs sprechen gehört, das System dieses Mannes machte einen Eindruck auf den prager Theologen, er stritt gern über die in Zweifel gezogene Gegenstände, fand Anhänger, und die Lehre ward ausgebreitet. Eben um diese Zeit bekleidete M. Huß die Stelle eines Lehrers an der prager hohen Schule, er hörte die Erklärungen des Hyeronimus und seine Freude über die Schriftstellen, aber sie fanden keinen Beyfall bey ihm. Nach und nach zoge er die Sache in reifere Überlegung, verglich die Einwürfe mit einander, sahe daraus Folgerungen, und nun schien ihm der Gegenstand wichtiger zu seyn, als er bevor nie geglaubt hatte. Er ward wankelmüthig, und die öftere Unterredung mit den Freunden des Hyeronimus brachten ihn endlich so weit, daß er ihrem System beyfiel. Hußens Karakter war aufrichtig, eifrig und beständig, daher bekannte er das öffentlich, wovon er innerlich überzeugt zu seyn glaubte. Da er Prediger an der Universitätskirche zu Bethlehem gewesen, so brachte er seine Meinungen dem Volke vor, sie betrafen die Einschränkung der päbstlichen Gewalt, den Mißbrauch der

Ab-

Ablässe, Reichthümer der Geistlichkeit u. m. dl.
Als dieses der prager Erzbischof Zbinko vernahm,
so ließ er ihm alle weitere öffentliche Reden
über dergleichen Gegenstände verbieten, und
verbrannte zugleich die Schriften, so über diese
Materie waren geschrieben worden. Allein Huß
ließ sich durch den erzbischöflichen Verbot nicht
irre machen, und predigte nach den einmal angenommenen Plan fort. Dieses bewog den
Erzbischof das Verfahren des Huß bey dem
Pabste anzugeben, nachdem er bevor den König Wenzel um Beystand vergebens angespro-
chen hatte.

Der Pabst ließ dem Huß gebieten, bey
dem Kirchenrathe zu Konstanz zu erscheinen,
und sich seiner Lehre wegen zu rechtfertigen.
Zugleich war ihm ein öffentlicher Gewährsbrief
zugestellet, sein Leben und Freyheit in Sicherheit zu lassen. Huß erschien bey der Versammlung der Väter, allein er wollte nicht seine
Lehre widerrufen, man brachte ihn ins Gefängniß, und da nichts helfen wollte ihn von
seinem Vorhaben abzubringen, so ward er endlich öffentlich verbrannt. Gleiches Schicksal
wiederfuhr dem Hyeronimus, der inzwischen
nach Konstanz gekommen war, seinen gefangenen
Freund zu besuchen.

Dieses harte Verfahren gegen zween berühmte Böhmen brachte die Nazion in die größte
Verbitterung gegen alle diejenigen, so an der

Hin-

Hinrichtung des Huß und Hyeronimus Theil
genommen. Man ſchrie über die Verletzung
des Gewährbriefes und dadurch der ganzen
Nazion zugezogene Verachtung. Der Kirchenrath hingegen vertheidigte ſein Verfahren damit, da er zu behaupten glaubte, man wäre
nicht ſchuldig hartnäckigen und förmlichen Ke-
zern Treue und Glauben zu halten. Dieſe
Rechtfertigung ward von den Böhmen nicht
gut geheiſſen. Sie wandten dagegen ein, die
wälſchen Kirchenväter hätten den Huß bloß aus
der Urſache zum Tode verdammt, weil ſeine
Lehre den Erwerbungsmitteln der Reichthümer,
ſo der päbſtliche Stuhl hat, von auswärtigen
chriſtlichen Ländern zu ziehen gewohnt war, nicht
günſtig geweſen, die deutſche auf dem Kirchenrathe verſammelte Geiſtlichkeit hätte hingegen deswegen an ſeinem Verderben mitgear-
beitet, um ſich an ihm wegen des Vorzugs in
Einſchränkung der Wahlſtimmen der deutſchen
Lehrer an der präger hohen Schule, welches
Huß bewirkt hatte, zu rächen. Sie fügten bey:
die Maxime, daß man nicht verbunden wäre,
einem Kezer Treu und Glauben zu halten, wär
ungerecht, weil ſolche zum Verderben der menſch-
lichen Geſellſchaft gereiche.

Hätte man den Huß als einen falſchen
Chriſten angeſehen, ſo wär man doch ſchuldig
geweſen, ihm die Rechte der Menſchheit wiederfahren zu laſſen, welche die Feſthaltung eines

alter

allgemeinen Treue und Glauben ohne Ansehen
der Religion erfordern. Wäre Huß seiner
Religion in der That ungetreu geworden,
so hätte man gegen diese vorgebliche Untreue
keine Repressalien von einer Verrätherey gebrauchen sollen, der Glaube wär eine Gabe Gottes,
und müsse durch Beweis den Irrenden ein-
leuchtend gemacht werden; für Halsstärrige wär
die Pflicht der Kirche Gott um die Verleihung
seiner Gnade zur Bewirkung ihrer Bekehrung
zu bitten, nicht aber Gewalt zu gebrauchen. —

Die Böhmen foderten sonach Genugthuung
für die Verletzung dieses Völkerrechts und für
den der Nazion zugefügten Schimpf. Sie wen-
deten sich deshalb an den Kaiser Sigismund,
unter dessen Ansehen der dem Huß ertheilte
freye Geleitsbrief eben ausgestellt worden war.
Allein dieser hatte die Abgeordneten schlechterdings abgewiesen: Nun begehrten sie, König
Wenzel möchte sich selbst des seinem Volke zugefügten Unbilds annehmen, und auf eine recht-
mäßige Genugthuung dringen. Dieser Fürst,
welcher zeither den Huß gegen die Intoleranz
seiner Gegner geschützet, und dem die Handha-
bung der Gerechtsamen seines Staates jederzeit
am Herzen lag, befand sich gegenwärtig in so
übler Lage, daß es ihm unmöglich war, die
Forderungen des Volks gegen ihre übermüthige
Nachbarn durchzusetzen. —

Man

Man setzte sich in die Verfaßung sich eigenmächtig Recht zu verschaffen, und die Waffen wurden ergriffen. Mitten unter den Vor-
bereitungen zum bürgerlichen Kriege starb König Wenzel. Sein Bruder der Kaiser Sigmund
ließ seinen Anspruch auf die Besteigung des erledigten Throns kundmachen, man widersetzte
sich ihm mit gewaltsamer Hand, ein Fürst hieß es,
der sich weigert, die Rechte eines Reichs, das
er einst zu beherrschen hofft, zu vertheidigen,
wäre nicht werth von demselben König genannt
zu werden. Die Mißvergnügten wählten den
Johann von Troznow zu ihrem Oberhaupt,
einen Mann, der bereits in verschiedenen ausländischen Feldzügen viele Vortheile der Kriegs-
kunst sich eigen gemacht, und in einer der lief-
ländischen Winterkampägnen ein Aug verlohren
hatte. Dieser Held zerstöhrte die Wohnsitze aller
der päbstlichen Parthey zugethanen Gemeinden,
streifte mit seinem Haufen in die deutsche an-
gränzende Provinzen, und schlug selbst das
kaiserliche Heer zum Land hinaus. Er selbst
legte sich das Ehrenwort Johann vom Kelche
bey, und hielt fest auf den Genuß des Abendmahls unter beyden Gestalten. So lange es
lebte, behielten seine Anhänger die Oberhand,
und der Pabst, da er sahe, daß die Herstellung
der Sache auf den alten Fuß sich mit Gewalt
nicht durchsetzen ließe, mußte seine Zuflucht zur
Staatsklugheit nehmen. Er lud die Böhmen
zur

zur Erscheinung beym Basler Kirchenrathe ein, um einmal das böhmische Kirchenwesen in Ord- nung zu bringen, und ertheilte außer den böh- mischen Abgesandten einen freyen Geleitsbrief, der in der vollständigen Form, und nicht so verfänglich wie jener, den vormals Huß erhielt, abgefaßt war.

Nach vielen gewechselten Religionsstrittig- keiten erhielten endlich die Böhmen die Freyheit das Abendmahl unter beyden Gestalten zu ge- niessen, doch mit dem ausdrücklichen Beysatz, man solle dieses Vorrecht als keinen Glaubens- artikel, sondern bloß als eine Begünstigung der Kirche ansehen.

Jene Parthey der Böhmen, welche mehr der Schein als das Wesentliche der Sache rich- tete, glaubte Wunderdinge an den Kompaktaten, so nannte man diese Begünstigung, erhalten zu haben, um die Erinnerungen jener, so den Ge- genstand näher betrachteten, wurden nicht an- gehört. Umsonst bemühten sich die letztern dar- zuthun, es wäre hierinnfalls nicht um den gleich- gültigen Genuß des Abendmahls unter beyden Gestalten zu thun, sondern man hätte ungleich wichtigere Gegenstände auszuführen, die die Aufhebung der Geldversendungen nach Rom um Erhaltung der Dispensen, Ablässe, Bestät- tigungen der ansehnlichen geistlichen Würden u. d. m. beträfen, die Gewissensfreyheit einzuführ- ren, die überhandnehmende Erwerbungsmittel

der

der Geiſtlichkeit einzuſchränken, und die jelther
ſich einſchleichende Religionsbräuche zu reinigen;
alles dieſes hatte man in eine Urkunde, ſo un=
ter dem Namen der vier prager Artikeln bekannt
iſt, zuſammengebracht, und den Baßler Kom=
paktaten entgegengeſtellt. Allein die Anhänger
dieſes letztern Vertrags ließen ſich durch die
Vorſtellungen der Gegenparthey, welche man
nun öffentlich als Ketzer und hartnäckige Stöhrer
des allgemeinen Landfriedens anſah, nicht be=
wegen. Sie machten ihnen den Vorwurf, ſie
hätten durch ihren Widerſtand das ganze Land
ins Verderben geſetzt, Städte, Flecken und
Dörfer verheert, das Königreich von Leuten
entblößt, und nichts als Denkmaale ihrer Grau=
ſamkeit und eine wilde Dobſucht hinterlaſſen,
da man einmal durch Erhaltung der Kompak=
taten den vorgeſetzten Zweck erreicht, ſo wäre
man nun des ſchon durch ſo viele Jahre aus=
geſtandenen Elendes müde, und ſehnte ſich äu=
ßerſt nach der Ruhe und dem ſüſſen Beſitze des
Eigenthums. Wenn die Gegner ſich nicht ge=
neigt fänden ihrem Vorhaben beyzuſtimmen, ſo
wären ſie bereit ſie mit Gewalt zum Landfrieden
zu zwingen. ―

　　Die Anhänger der Lehre des Huß wandb=
ten dagegen ein, ſie könnten die Kompaktaten
aus ſchon erwähnter Urſache ſchlechterdings nicht
annehmen, das dem Lande zugezogene Elend
wäre keine unmittelbare Folge, die aus ihrem

Beſchr. v. Prag.　　U　　　　Sy=

System abgeleitet werden könnte, das Ihnen zur Last gelegte Morden, Brennen und Rauben wären Handlungen eines unbändigen Trosses der niedersten Klasse von ihren Kriegern, welche bey einer Revoluzion ähnlicher Art unmöglich könnten vermieden werden, man hätte sie theils durch üble Behandlung zu Repressalien gezwungen, und theils wären sie genöthigt worden, die Anfälle ihrer auswärtigen Feinde mit Gewalt zu vertreiben, um einen Schrecken unter ihnen auszubreiten, um sie dadurch von fernerm Eindringen in das Land abzuhalten. Würde man demohngeachtet ihren Gesinnungen keine Gerechtigkeit wiederfahren lassen, und die Aufopferung ihres Lebens und Vermögens um die Freyheit der Religion mit Undankbarkeit belohnen, so wären sie bereit Gewalt mit Gewalt zu vertreiben, und ihre Feinde mit dem Degen in der Hand beherzt zu erwarten.

Hierauf stellten beyde Partheyen ihre Heere gegeneinander, und es kam zu einem entscheidenden Treffen. Die den Kompaktaten beystimmende Seite hatte über die Gegenparthey einen vollkommenen Sieg erhalten. Jene, so mit der Flucht vom Schlachtfelde entrunnen waren, warfen sich in einige haltbare Oerter, wo sie sich einige Zeit wider ihre Feinde vertheidigten. Nach Unterdrückung der Anhänger der Lehre des Huß erhielten in Böhmen zween Religionen die Oberhand, nämlich die Katholische, welche die herrschen-

schende verblieb, und die der Utraquisten, welche kraft der Kompaktaten nun öffentlich geduldet wurde, das Abendmahl unter beyden
Gestalten zu empfangen. Diese Utraquisten waren in der That eine vom römischen Hofe gutgeheis-
sene Gemeinschaft, welche den Genuß des Abendmahls unter beyden Gestalten unter der Bedingniß
erhielt, diese Art des Genußes ja als keinen zur
Seligkeit unumgänglich erforderlichen Glaubens-
artikel, sondern als eine bloße Begünstigung der
Kirche anzusehen. Bey dieser Denkart war es
eine Zeit her verblieben. Einige ansehnliche
Mitglieder dieser Gesellschaft merkten zwar bald,
daß sie sich durch die Freude der Uiberkommung
eines unbedeutenden Vorrechts haben überraschen lassen, und da sie die Macht in Händen
gehabt, die Religion zu erfechten, sich des Vor-
theils mit Vergießung des Bluts ihren Landsleuten begeben; allein nun war der Zeitpunkt
nicht mehr da, den begangenen Fehler zu verbessern, sie mußten sich den einmal getroffenen
Verfügungen gemäß bezeigen, und in Geheim
günstige Umstände erwarten, die ihrer Erwar-
tung entsprächen. Diese stellten sich noch einmal ein.

Luther hatte in Deutschland aus den Schriften der Waldenser und der Anhänger des Huß
ein neues Lehrgebäude verfaßt, welches, da es
die Bereichung der Staatseinkünfte und Verbreitung der Gewissensfreyheit zum Grunde ge-

U 2 legt,

legt, einen ungleich beffern Fortgang und Un-
terftützung, als die beyden vorhergehenden Re-
ligionsänderungen, gewann.

Der deutfche Theolog ließ an die Böhmen
ein Schreiben ergehen, worinn er fie zum Bey-
tritte feiner Meinungen einlud. Nichts war den
Utraquiften angenehmer als eine Bothfchaft von
diefer Art zu vernehmen. Sie erkannten in
Luthers Lehre die Säße, die Huß erzeuert,
und mit einem Schwunge verftärkt. Sie gaben dazu ihren Beyfall, und von diefer Zeit
an vereinigten fie fich mit den Verwandten der
augfpurgifchen Konfeffion, und wurden unter
dem Namen der Proteftanten in Böhmen bekannt. Durch einen vermehrten Zuwachs von
Leuten ihrer Gemeinfchaft verftärkt, und durch
vornehme Perfonen und erhabene Genies gleich
berühmt, fanden fie fich nun mächtig genug
Freyheitsvorrechte für ihre Gemeinfchaft von
dem König zu fordern.

Maximilian beherrfchte damals Böhmen,
diefem Fürften reichten fie ihre Bittfchrift ein,
ihnen wurde ihr Gefuch gewähret, fie erhielten
eine vollkommene Religionsfreyheit. Maximi-
lians Nachfolger Rudolph beftättigte durch den
bekannten Majeftätsbrief diefes Vorrecht, und
die Sachen fchienen ziemlich beygelegt zu feyn,
als der Abt zu Braunau den Proteftanten das
Braunauer, und dem Erzbifchof von Prag das
kloftergraber Bethaus wider die geftattete Reli-
gions=

gionsfreyheit sperren ließ. Die Protestanten
beschwerten sich deswegen bey dem Kaiser Mat-
thias dem Nachfolger Rudolphs. Allein dies-
mal hatten sie kein so geneigtes Gehör, wie
ehedem geschehen war, gefunden. Sie warfen
den Verdacht auf des Königs Minister Slawata
und Martinitz, welche als katholische Stände
dem König die Genugeleistung der Protestanten widerrathen. Ihre Verbitterung gegen diese
Personen stieg so hoch, daß, als solche ihnen
den königl. Befehl kundmachten, sie beyde zu
den Fenstern des Gerichtssaals hinabstürzten,
und dadurch den Anlaß zu einem abermali-
gen Bürgerkriege, der zugleich den dreyßigjährigen Krieg in Deutschland nach sich zoge,
gaben.

Mitten unter den kriegerischen Vorberei-
tungen starb Mathias, ihm folgte in der Regierung Ferdinand II., welcher gegen die böhmischen, protestantischen Landesstände nun mit
ganzer Gewalt loszoge. Das Heer der Protestanten befande sich nicht nur allein von aller
auswärtigen Unterstützung seiner Religionsverwandten entblößt, sondern auch durch den Wi-
derstand seiner eigenen Landsleute geschwächt,
den kaiserl. Truppen Einhalt zu thun, es wurde in dem nächst Prag auf dem weissen Berge
mit den Oesterreichern und Bayern gehaltenen
Treffen, geschlagen und auseinander gejagt.
Der Sieg Ferdinands zoge nach sich die gänzli-

che

the Vertilgung der protestantischen Religion in
Böhmen. Die katholische Glaubenslehre, wur-
be zur herrschenden Religion des Landes, mit
Ausschliessung aller übrigen erhoben.

Es wurden königl. Abgeordnete in das
ganze Land umher geschickt, eine scharfe Untersuchung anzustellen, ob irgend ein Protestant
sich aufhielte. Im Erforschungsfalle, mußte die
Person mit allen ihren Anhängern sogleich das
Land räumen, und ihr Vermögen fiel der königlichen Kammer anheim, weil solche über die
ausgesetzte Zeit zur Auswanderung im Lande
verblieben war. Jedermann stand frey, ein
oder den andern im Lande heimlich sich aufhaltenden Protestanten anzugeben; und solcher An-
geklagte war sodann nach der Strenge der Gesetze behandelt.

Die katholische Geistlichkeit wachte mit der
größten Aufmerksamkeit, ob jemand in ihrem
Kirchensprengel der protestantischen Lehre günstig wäre, und die Verdächtigen wurden, der
ausgesetzten Strafe sogleich unterworfen. Ja die
Geistlichen überfielen öfters die Wohnungen der
Privatleute, stellten scharfe Nachfragen und Un-
tersuchungen an, nahmen protestantische Bücher
und Schriften weg, und drangen mit Drohun-
gen auf die Entdeckung protestantischer Lehre.
Keinem Protestanten wurde gestattet in Böhmen
ein Handwerk zu erlernen, und um so weniger
zum Meisterrechte zu gelangen. Kandidaten zur

Erlan=

Erlangung öffentlicher Landesämter, oder zu
Annehmung der Doktorswürde mußten bevor
ein förmliches Bekenntniß der katholischen Glaubenslehre ablegen.   Durch diese und ähnliche
Verfügungen geschah endlich, daß fast die Hälfte der böhmischen Landesinwohner ihr Vater-
land zu verlassen genöthigt wurden, wobey nebst
dem so starken Fall der Bevölkerung dieses das
schädlichste gewesen, daß unter den aus-
wandernden Protestanten die geschicktesten
Künstler und berühmte Gelehrte sich befanden,
welche nach Deutschland und Holland sich flüchteten, und dadurch diesen Provinzen große Vortheile zuwegebrachten.

Die Ursache der gänzlichen Verbannung
der Protestanten aus Böhmen war eine der
wichtigsten, weil Ferdinand durchs stäte Zure-
den der katholischen Geistlichkeit, und insbesondere der Jesuiten sich überführen ließ, daß die
protestantische Religion für einen monarchischen
Staat schlechterdings unschicklich wäre, als die
jederzeit nach einer uneingeschränkten Freyheit
strebe, und gewohnt jeder selbstherrschenden
Macht, wenn diese ihren Absichten ungeneigt
sich bezeige, zu widerstehen.   Sie führten dabey diesem Monarchen die Beyspiele der vergangenen Zeiten zu Gemüthe, wo sie die Urheber, die Empörungen in den Protestanten zu
finden glaubten, und setzten bey, daß, wenn
der Kaiser seinen Thron ruhig besitzen wollte,

er

er die Protestanten aus seinem Staate vertreiben, und dagegen die katholische Religion, welche
der Monarchie die zuträglichste wäre, allgemein
einführen müsse.

Ferdinand durch diese Gründe bewegt, und
durch den glücklichen Fortgang seiner Waffen in
Böhmen aufgemuntert, wandte sich nach Un-
terziehung der Böhmen mit seinem Heere nach
Deutschland, in dem festen Entschluß, auch daselbst die Protestanten auszurotten. Allein die
Schweden hatten sich ihrer Religionsverwandten angenommen, und ihr tapferer König setzte sich mit glücklichem Erfolg den weitaussehen-
den Absichten Ferdinands entgegen. Nach einem dreyjährigen blutigen Krieg, dessen Ende
beyde streitende Souverains nicht erlebt haben,
wurden endlich die Feindseligkeiten durch den
berühmten westphälischen Frieden im Jahre 1648
beygelegt, durch diesen Frieden wurden in
Deutschland die katholische, sogenannte evange-
lische und reformirte Religion zu den herrschenden gemacht. Böhmen wurde darunter nicht
begriffen, weil man solches als ein durch die
Gewalt der Waffen erobertes, und also dem
Hause Oesterreich eigenmüthig gehöriges Land
ansah. Die katholische Religion verblieb demnach ausschließungsweise die herrschende in Böhmen, bis zu den Zeiten der glorwürdigsten Regierung Kaisers Joseph II. die Religionsedikte
wieder aufgehoben, und durch das Toleranzpa-
tent

tent vom Jahre 1781 die Duldung der augs-
burgiſchen und helvetiſchen Religionsverwandten
in Böhmen neuerdings eingeführt wurde. Ehe
wir dieſen Zeitpunkt näher zu beſchreiben anfangen, ſo iſt es nothwendig einen Blick in die
Geſchichte des prager Erzbisthums, aber gleichſam nur im Vorbeygehen zu thun, um uns in
die Verfaſſung zu ſetzen, die Religionsbegeben-
heiten der neueſten Zeiten um ſo beſſer bemit-
theilen zu können, da wir vernehmen, wie der
Zuſtand der böhmiſchen Sachen vorher beſchaffen
geweſen, und was für Hauptumſtände gegenwärtige Verfaſſung veranlaßt hatten.

Kaiſer Karl IV. hatte, wie ſchon erwähnt
worden, im Jahre 1344 zu Prag ein Erzbisthum errichtet, und ſolches mit dem zeitherigen
Biſchof von Prag Ernſt beſetzt. Dieſer Prälat
hielt eine Nazionalverſammlung der böhmiſchen
Kirche, und veränderte viele die Kirchenzucht
betreffende Satzungen, welche unter dem Namen Statuta Erneſti I. Episcopi Pragenſis bekannt
ſind. Ihm folgte nach Johann Coſko, den der
Pabſt im Jahre 1378 zu einem Kardinal erhob,
nachdem ſchon bevor mit der erzbiſchöflichen
Würde der Titel eines Kanzlers der prager
Univerſität auf immer verbunden worden war.
Johann von Genſtein ſein unmittelbarer Nachfolger mußte das Erzbisthum verlaſſen, weil
er über die Privathandlungen Königs Wenzel
ſich aufhielt.

Wol-

Wolfram war der erste, der sich der Lehre
des Huß widersetzte. Zbinko von Hasenburg
that den Huß in geistlichen Bann, und ver=
brannte alle fremde Religionsbücher, wegen
seiner tiefen Unwissenheit sagten die Anhänger
des Huß von ihm im Sprichworte. Zbinko
Biskup rc. rc. Konrad ein westphälischer Graf
war das Gegentheil von seinem Vergnügen. Er
nahm die Lehre des Huß selbst an, und über=
gab die erzbischöfliche Einkünfte den Akatholi=
schen. Sie blieben in ihren Händen 140 Jahre,
bis Kaiser Ferdinand das prager Erzbiethum
wieder erneuerte. Aus Abgang der Unterhal=
tungsmitteln des erzbischöflichen Stuhls sind
in der Zwischenzeit nur Administratoren statt or=
dentlicher Erzbischöfe bestellt worden.

Zur Zeit dieses geistlichen Interregni macht
sich das Oberhaupt der böhmischen Klerisey Jo=
hann Rokyzana wegen seiner Gelehrsamkeit und
Staatsklugheit sehr berühmt. Er war der Lehre
des Huß zugethan, und erwarb sich durch seine
Beredsamkeit bey dem Volke große Liebe und
vieles Zutrauen. Selbst am Hofe Königs Georg
vertrat er die Stelle eines Premierministers,
endlich verfiel er wegen seines Ubermuths in
die Ungnade des Königs, denn dieser war nun
des stäten Anordnens überdrüßig, er ließ ihn
mit diesen Worten von sich: Meister Johann! du
hast schon lange gemeistert, itzt will ich einmal zu
meistern anfangen. Dieses kränkte dergestalt den

Ro=

Rokyzana, daß er bald darauf im Jahre 1471
vor Leide, ſtarb.

Im Jahre 1561 wurde durch die Veran=
ſtaltung Kaiſers Ferdinand I. das prager Erz=
bisthum wieder erneuert, und mit dem Groß=
meiſter des ritterlichen Kreuzherrenordens Anton
Mohelnizky beſetzt. Dieſer Prälat erſchien als
böhmiſcher Abgeſandte in der tridentiniſchen Kir=
chenverſammlung, und erhielt dort die Beſtä=
tigung des Vorrechts für das Land, das Abend=
mahl unter beyden Geſtalten genieſſen zu kön=
nen. Ihm folgte nach abermals der Großmei=
ſter erwähnten Ordens Martin Medek, er be=
wirkte im Jahr 1584 die Einführung des gre=
gorianiſchen Kalenders. Zbinko von Berka, der
nachher ebenfalls zum Großmeiſter des Kreuz=
herrenordens gemacht worden, hielt zu Prag eine
Nazionalverſammlung, in welcher beſchloſſen
wurde, die Satzungen des tridentiniſchen Kir=
chenraths auf das böhmiſche Religionsweſen an=
zuwenden.

Johann Lohelius Prämonſtratenſerabt im
Strahofe und zugleich Großmeiſter der Kreuz=
herren, wurde von den proteſtantiſchen Landes=
ſtänden des Königreichs verwieſen. Nach dem
weiſſenberger Sieg übergab ihm Kaiſer Ferdi=
nand II. abermal das Erzbisthum, bey welcher
Gelegenheit zugleich der Prälatenſtand für den
erſten Landſtand in Böhmen erhoben wurde.
Im Jahre 1653 überkam das Erzbisthum Ernſt

Graf

Graf von Harrach, nachmaliger Kardinalbiſchof zu Trident, und Kreuzherren Großmeiſter. Er ſtiftete das vormals ſogenannte Königshofer Seminarium für die Angänglinge zum geiſtlichen Stande, welches gegenwärtig mit dem königlichen Generalseminarium in dem Klementinerkollegium vereiniget worden. Eben zu ſeiner Zeit wurde auch das Biſthum zu Leutmeritz geſtiftet, und das Biſthum von Leutomiſchel nach Königsgräz übertragen. Mathias Ferdinand Silek von Bilenberg vormaliger Benediktinerabt in dem prager Kloſter zu St. Niklas fieng an die St. Beitskirche zu erweitern, ſtarb aber ehe als das Werk vollendet war. Johann Friedrich Graf von Waldſtein ließ um das Jahr 1677 die erzbiſchöfliche Reſidenz an dem Orte, wo man ſie heutiges Tages ſtehen ſieht, erbauen.

Johann Joſeph Graf von Breuner erhielt im Jahre 1695 das Erzbiſthum, er vermehrte die Stiftung der erzbiſchöflichen Alumnen, und wendete vieles auf die Verzierung der prager Metropolitankirche an. Unter dem Erzbiſchofe Ferdinand von Künburg gieng im Jahre 1729 die feyerliche Heiligſprechung des heiligen Johann von Nepomuk vor ſich. Daniel Joſeph Mayer ließ eine Verordnung ergehen, vermög welcher eine ſcharfe Unterſuchung gegen die in Böhmen heimlich ſich aufhaltende Akatholiſche angeſtellt werden mußte, die Aufgebrachten wurden zur Abſchwörung ihrer Glaubensſätze ange=

angehalten, und wenn ſie dieſes zu thun ſich weigerten, zum Lande hinausgeſchaft. Johann Mauritz Guſtav Graf von Manderſcheid Blankenheim begleitete die erzbiſchöfliche Würde durch 30 Jahre, während welcher Zeit er manche Verfügungen zur Steuerung der Ausbreitung akatholiſcher Bücher ergehen ließ.

Anton Peter Graf Przichowſky itztlebender Erzbiſchof von Prag erhielt dieſe Würde im Jahre 1764, da die merkwürdigen Thaten, ſo dieſen Prälaten als Erzbiſchofen von Prag berühmt machen, mit der Religionsgeſchichte in Böhmen der gegenwärtigen Zeit in genaueſter Verbindung ſtehen, ſo wollen wir ſolcher ihren Platz in dem dazu gehörigen Fache anweiſen, und nun ſehen, wie das böhmiſche Religionsweſen ſeit dem weiſſenberger Siege bis auf unſere Zeiten beſchaffen geweſen, bey welcher Gelegenheit auch das Nothwendige von dem prager Erzbiſthum, dem Konſiſtorio und der Kleriſey überhaupt mit berührt werden ſoll.

Es iſt bereits erwähnt worden, daß, nach dem Kaiſer Ferdinand II. durch Gewinnung des weiſſenberger Sieges ſich der böhmiſchen Thronfolge verſichert, er auch zugleich die katholiſche Glaubenslehre mit Ausſchluße aller übrigen Religionen in Böhmen eingeführet. Allein in Deutſchland wollten die Abſichten dieſes Kaiſers in Beziehung auf dieſen Gegenſtand dem Zwecke nicht entſprechen. Die proteſtantiſchen

schen deutschen Landesherren und übrigen Stände, welche Ferdinand zur Zurückstellung, der
durch die Religionsänderung säkularisirten und
zu ihren Rentkammern einbezohenen geistlichen
Gütern zwingen wollte, hatten sich seinem
Verlangen mit äußersten Kräften widersetzt. Sie
rusten den schwedischen König zu ihrem Beystand an, und er säumte nicht ihnen zu Hilfe
zu kommen. Sein Heer erhielt über die Kaiserlichen manche Vortheile, und war endlich
so glücklich, daß es bis in Böhmen eindräng, und
die eine Hälfte von der Hauptstadt des Landes
selbst eroberte.

Dieser Umstand gab den Protestanten von
neuem Hoffnung einige Vortheile für sich in
Böhmen zu erhalten. Es kamen daher viele
sächsische Pastoren mit den Schweden, und ließen sich an, Gemeinschaften ihrer Religionsverwandten zusammenzubringen. Allein nach dem
Abzuge der Schweden aus Böhmen und dem
bald darauf in Westphalen geschlossenen Frieden ward den Protestanten alle Hoffnung sich
jemals in Böhmen wieder ausbreiten zu können
benommen. Ferdinand der III. folgte dem Plane seines Vorfahrers, in Rücksicht der Aufnahme
der katholischen Religion und Verbannung der
Protestantischen aus seinen Staaten genau nach.
Er stiftete im Jahre 1656 ein neues Bisthum
zu Leitmeritz. Unter der Regierung Leopolds
wurde das Bisthum, welches Karl IV. zu

Leitomischl errichtet, nach Königgraß übertragen, auch noch mehrere Klöster und Kirchen erbauet worden. Auch zu Zeiten Karls IV. war
man darauf bedacht, die protestantischen ins
Land eingeführten Bücher einer scharfen Zensur
zu unterwerfen, auf die sächsischen und andere
Emissärs ein obachtsames Auge zu tragen, öfters Privatwohnungen unvermuthet zu untersu-
chen, um die verdächtigen Bücher wegzunehmen,
auch von den der Irrlehre Beschuldigten ein
freywilliges Geständniß abzufordern, und überhaupt alles anzuwenden, was zur Aufrechthaltung der katholischen Religion, und Ausrot-
tung der protestantischen Glaubenslehre hätte
beytragen können. Gleiche Verfügungen wurden unter der Regierung Marien Theresiens
getroffen. Es ergiengen wiederholte scharfe Befehle an die Vorsteher des untern Schulwesens
die Kinder alles Fleißes zur Anhörung der Glau-
benslehren zu verhalten, die Missionärs, besonders aus dem Jesuiterorden durchstreiften alle
Bezirke des Landes, und gaben sich alle Mühe,
jede von der katholischen Lehre abweichende
Säße im Keime zu ersticken. Anbey wurde
nicht gestattet einem Protestanten das Burger-
recht zu ertheilen, ja man bedachte sich sogar
selbe zur Begleitung eines ansehnlichen Landes-
dienstes zuzulassen.

Die

Die letzten Regierungsjahre dieser glorwürdigen Monarchinn ließen wahrnehmen, daß dem böhmischen Religionswesen abermal eine Veränderung bevorstehe, die in der Folge zur völligen Ausführung gelangen dürfte. Die Kundmachung der Amortisazionsgesetze schien ein Vorbote nachher nächst erfolgender Verbesserungen in den Kirchensachen zu seyn. Kraft dieses berühmten Gesetzes, das insbesondere die Klostergeistlichkeit in Gährung brachte, wurden die Erwerbungsmitteln der geistlichen Gemeinschaften eingeschränkt, die bevor den Bürgern zur Last gereichten, weil sie das baare Vermögen des Staats außer dem Umlaufe setzten, und gleichsam in todte Hände zum Anhäufen überlieferten. Diesem zeither sehr weit um sich greifenden Uibel Einhalt zu thun, wurde beschloffen, daß ein Kandidat zu diesem oder jenem geistlichen Orden über eine besonders bestimmte mäßige Summe Geldes nichts weiters mitbringen sollte, die zum Nachtheil dieser Anordnung hinterläftig verfaßte Verträge wurden für ungültig erklärt, und der Angeber des gesetzwidrigen Vorgangs erhielt die ausgesetzte Belohnung. Die Klöster wurden anbey unfähig erklärt wichtige Beträge durch Erbschaften, Vermächtnisse, Schankungen oder sonstige Verträge an sich zu bringen, ja ohne Glieder und auch überhaupt die Weltgeistlichkeit selbst mußte sich schlechterdings allen Handlungen begeben, die eine Verbindung der

Tempe

Testamentenverfassungen und aller Arten letzt-
williger Anordnungen hatte. Das schon von
den Klöstern im Besitz habende Vermögen mußte genau bekannt gemacht werden, um den ganzen Stand ihrer Finanzen einzusehen. Nach
Übersehung dieses Gegenstandes ward der Schluß
abgefaßt, alle geistliche Kapitalien in öffentlichen Fonds zur Nutznießung anzulegen, und
dadurch den Umlauf des Geldes zu befördern.
Endlich wurden alle Arten der Geldversendungen außer Land, die bloß ein geistliches Gewerbe zum Gegenstande hatten, auf das schärfste
eingestellt.

　　Nebstdem, daß den geistlichen Erwerbun-
gen die zum Nachtheil der bürgerlichen Gesell-
schaften gereichten, die gehörigen Gränzen vorgeschrieben wurden, so war man auch ernstlich
darauf bedacht gewesen, die höchst nothwendige
Reform der Klosterzucht vorzunehmen. Vormals hatten die Klöster die Gewohnheit Kna-
ben im zartesten Alter, die eine Hoffnung einer
Art künftiger Vortheile für den Orden an sich
verspühren ließen, zur Eintretung in ihre Gemeinschaften unter Vorstellung der schmeichelhaf-
testen Aussichten anzulocken, und nach Ausste-
hung der vorgeschriebenen Probejahre mit Ab-
legung der förmlichen Gelübde zu überraschen.
Da dergleichen junge Leute ohne Weltkenntniß
und durch Schmeicheleyen angelockt einen Stand
annahmen, dessen Pflichten ihnen in der Folge

Beschr. v. Prag.　　X　　nach

nach Uiberlegung der Sache zur größten Last
fielen, so hatte dieser Gebrauch Wirkungen ver=
anlaßt, an den sich jedermann stoßen und är=
gern mußte. Diesen Unfug zu heben, ergieng
eine kaißrl. Verordnung, die den Ordensobern
verboten hatte ihre Novitzen vor dem 24 Jahre
zur Profession zuzulassen.

Man gieng in Verbesserung der Klöster=
zucht noch weiter, und hob alle in den Klö=
stern zur Bestrafung der Brüder bestimmte Ker=
ker auf. Dies war eine höchst nothwendige
Sache; denn je ther hatten die Klöster ein ge=
heimes Institut, Mitglieder ihres Ordens mit
den härtesten Strafen zu belegen, die oft nichts
anders verübt hatten; als daß sie die zeitlichen
Vortheile des Ordens nicht auf alle mögliche
Weise zu befördern sich angelegen seyn ließen;
und oft schloß man Geistli ng in Kerker ein,
die zwar in der That sich eines klösterlichen Ver=
brechens schuldig gemacht, die aber eine gelin=
dere Strafe verdienten, weil sie eine Verbind=
lichkeit verletzt, zu der sie sich bevor ohne Zeit
zur Uiberlegung gehabt zu haben, durch Able=
gung der Gelübde bekannten. Es wurde ver=
ordnet: die Klosterobern sollen künftig ihre wi=
derspenstigen Geistlichen dem Bischofe anzeigen,
um sie nach gründlicher Untersuchung nach dem
Maaße ihres Vergehens zu bestrafen.

Ju

In Beziehung auf die Verfaſſung der Weltgeiſtlichkeit gieng eine noch wichtigere Revolution vor ſich. Vermög des vom D. Rieger neu entworfenen Syſtems des kanoniſchen Rechts, welches die Lehrſätze des van Eſpen zum Grunde hatte, erhielt die päbſtliche Macht in zeitlichen Dingen eine ganz beſondere Wendung, die ſich von der ehemaligen Verfaſſung ſehr unterſchied. Vermög gleich erwähntem kanoniſchen Rechte, über das zeither die Vorleſungen auf den Univerſitäten gehalten wurden, erhielt das Oberhaupt der Kirche bloß die Vorrechte, die insgemein unter dem Namen des Primas bekannt ſind, und die zur Erhaltung der Einigkeit des ſichtbaren Vorſtehers der katholiſchen Gemeinde mit den einzelnen Gliedern als ſchlechterdings nothwendig vorausgeſetzt werden.

In allen übrigen Dingen wurde die Kleriſey der Gerichtsbarkeit ihres ordentlichen Biſchofs unterworfen. Vormals ordnete der Pabſt durch ſeine Bullen, die er unbeſchränkt in die öſterreichiſchen Staaten verſendete, alles willkührlich an, was nur einigermaſſen in das Fach der Kirchenſachen, wenn es auch im weiteſten Verſtande genommen wär, ſich erbeziehen ließ; allein nunmehr wurde ein königlicher Befehl kundgemacht, welcher der ſämmtlichen Geiſtlichkeit gebot, alle Arten päbſtlicher Bullen, die von Rom aus an ſie geſtellt ſeyn würden, der

X 2   königl.

königl. Beſtättigung zu übergeben. — Da man
auch zeither wahrgenommen, daß unter andern
insbeſondere der Jeſuitenorden ſich zu einem un-
veränderlichen Geſetze gemacht, die unumſchränk-
te Alleinherrſchaft in zeitlichen Dingen des römiſchen Hofes zu vertheidigen, und aus dieſem
Grunde ſich einfallen ließ, die gegenwärtigen
Einrichtungen verdächtig zu machen, ſo wurde
man von Seite der weltlichen Mächte einig,
darauf zu bringen; dieſen Orden, da alle ver-
ſuchte Reformen vergeblich geweſen, durch ein
päbſtliches Breve vollends aufheben zu laſſen.
Dieſe berühmte Aufhebung gieng dann im Jahre
1773 wirklich vor ſich, und da die Jeſuiten
ehemals unter Ferdinand II. das meiſte zur Verbannung der Proteſtanten aus Böhmen beyge-
tragen, ſo dienten ſie gegenwärtig zum Vorbote
der nächſt erfolgenden Religionsfreyheit. Sie
hatten in Prag zwey Kollegia und ein Profeßhaus, und beſaßen die Lehrſtühle der theologiſchen und philoſophiſchen Fakultät, welche
nach der Aufhebung des Ordens durch Konkurſen
beſetzt wurden.

Obgleich bisher durch dieſe und dergleichen
mehr in Kirchenſachen ergangene Verordnungen
die zeitherige Beſchaffenheit des böhmiſchen Re-
ligionsweſens eine wichtige Veränderung gelitten; ſo hatte man doch die Ferdinandiſchen
Grundſätze in Beybehaltung der katholiſchen
Glaubenslehre mit Ausſchluß der Proteſtantiſchen

schen unverbrüchlich beobachtet. Nun kam aber
die Epoche der merkwürdigen Regierung unsers
großen Monarchen Josephs II. , welcher von
der Staatsmaxime des Mißtrauens abgieng,
und eine vernünftige Religionsfreyheit, die einen beträchtlichen Theil der Glückseligkeit der
Bürger ausmacht, den Despotismus des Ge-
wissenszwanges vorzohe.

Stäts wird die Kundmachung der Religionsduldung in der Geschichte Josephs einen
glänzenden Zug seines menschenfreundlichen Karakters ausmachen. Anfangs zwar hatte diese
Begünstigung bey dem Landvolke einige Verwirrung verursacht, das mit dem Worte Tole-
ranz unächte Begriffe verband, und solches als
eine Art sogenannter neuen Religion ansahe, die
eine ungezämte Freyheit und Zügellosigkeit der
Sitten nach sich ziehen sollte. Allein die Erklärungen der Sache brachten alles wieder in
Ordnung, und gaben dabey zu erkennen, daß
Neuerungen zwar anfangs Unordnung verur-
sachten, dann aber ihre bessern Verfassungen
noch vor den alten Gebräuchen zur wahren Wohl-
that des Landes gereichten.

Nach Kundmachung der Religionsduldung
kamen viele sächsische, schlesische und Reichsemi-
granten nach Prag, und errichteten ein eigenes
Bethaus, welches anfangs auf der Kleinseite
im gräflich Morzinischen Majoratshause sich befand, und für die deutsche sowohl als böhmische

Ge-

Gemeinde diente. Hr. General Graf von Wurm-
ſer hatte ſolches mit denen zum Gottesdienſte dieſer Art erforderlichen Geräthſchaften verſehen.
Der Prediger der teutſchen Verſammlung war
Hr. Paſtor Schmied, und die Böhmen hatten
den Hrn. Markowitz, der jüngſt aus Ungarn
angekommen war.

Das Toleranzedikt dehnte ſich inzwiſchen
nicht nur allein auf die einwandernden Proteſtanten aus, ſondern betraf auch wirkliche Innländer, welche aus Furcht der Religionsſtraf-
geſetzen auszuweichen ſich äußerlich als Katholiken bezeigten, in der That aber heimliche Proteſtanten waren. Dergleichen Gleißnereyen ab-
zuſtellen, wurde nun jedermann freygeſtellt ſeine Erklärungen in Glaubensſachen bey der Orts-
obrigkeit einzubringen, und ſich zu der Gemeinſchaft der augſpurgiſchen oder helvetiſchen Kon-
feſſion verwenden, oder der griechiſchen Union,
welche drey Religionen nämlich das Toleranzedikt betraf, einſchreiben zu laſſen. Zu Prag
vermehrte ſich die Gemeinſchaft der Proteſtanten ſo ſehr, daß der Raum in dem erſten Bethauſe zu klein geworden um alles Volk zu
faſſen. Die Gemeinſchaft kaufte alſo den vormals ſogenannten Katzenbeckiſchen Tanzſal, und
richtete ſolchen zu einem Bethauſe ein, wo ſie
dem Gottesdienſt nach ihrer Art ordentlich und
in der Ruhe abwartete.

Auf

Auf dem Lande gieng es inzwiſchen mit
dem Toleranzedikte nicht ſo ruhig zu. Der Pö=
bel hatte in einigen Bezirken die kaiſerliche Be=
günſtigung mißbrauchet, und ſie zum Glaubens=
abfall, Ausbreitung ungereimter Sekten, und
zum Verderbniſſe der Sitten und guten Ordnung
angewendet. Dieſer Unfug machte die Erlaſſung
einer Verordnung nothwendig, nach welcher
das 1782 Jahr für das Normaljahr alſo ange=
nommen ward, daß wer immer nach deſſen Ver=
flieſſung ſich zu der proteſtantiſchen Glaubens=
lehre anmelden würde, er mit ſeiner Erklärung
zurückgewieſen werden ſolle. Allein auch dieſe
Verfügung hatte dem Zwecke nicht vollſtändig
entſprochen; daher wurde neuerdings angeord=
net, daß die nach Verſtreichung des Normal=
jahres ſich als Proteſtanten meldende Innländer
einen vier wöchentlichen Religionsunterricht ge=
nieſſen ſollen, wenn ſie demungeachtet von ih=
ren Sätzen nicht abweichen, denn hätte man
ſie ihrem Schickſale zu überlaſſen, und die Be=
willigung zur Einſchreibung in die proteſtanti=
ſche Verſammlungen zu ertheilen. Oeffentliche
Bekenntniſſe zu ungereimten Religionsſekten wur=
den mit ausgeſetzten empfindlichen Leibesſtrafen,
und allenfalls auch der Landesverbannung an=
geſehen.

Auf dieſe Art ſchien alles wieder in Ord=
nung und Ruhe gebracht worden zu ſeyn, als
der kaiſerliche Befehl, die proteſtantiſchen Leichen

auf

auf katholiſche Kirchhöfe zu begraben, die Ge=
müther in Gährung brachte. Die Katholiken
widerſetzten ſich an manchen Orten mit Gewalt
dieſer Beerdigungsart, und erſt dann gaben ſie
nach, als ſie ſahen, daß die Militärkonvoy mit
ſcharfer Ladung auf die Aufrührer feuerte, und
die Eingefangenen zur Empfangung ſcharfer
Züchtigung fortſchlepte.

Inzwiſchen wurde dem Erzbiſchofe der kö=
nigliche Befehl zugeſtellt, vom römiſchen Hofe
keine Diſpenſen, Begünſtigungen, Vorrechte,
Beſtättigungen u. d. gl. gegen Einlieferung der
gewöhnlichen Taxen zu verlangen. Das Recht
dergleichen Freyheiten zu verleihen, wurde dem
Biſchofe ſelbſt eingeräumt, und nur in wichti=
gen Gegenſtänden geſchah das Belangen an
den Pabſt, doch mußte die Entſcheidung taxfrey
ſeyn, und der königl. Beſtättigung unterzogen
werden. Von jeher gebrauchte ſich der Erzbi=
ſchof des Rechtes die Verzeichniſſe verbotener
Bücher zu verfaſſen, und ſolche als eine Richt=
ſchnur zur allgemeinen Beobachtung vorzulegen,
dieſes Recht ward nun der königl. Bücherrevi=
ſion alſo eingeräumt, daß die künftig heraus=
kommen dörfende konſiſtorial Indices librorum
prohibitorum von gar keiner Giltigkeit ſeyn
ſollten. — Nebſt dem wurden eben der erzbi=
ſchöflichen Inſtanz als dem Oberhaupte der böh=
miſchen Kleriſey eingebunden, alle theologiſche
Streitigkeiten, die bloß die Spitzfindigkeiten
der

der Schule betreffen, einzustellen, dagegen sollen die Ordinarien ihre Aufmerksamkeit dahin verwenden, daß die junge Geistlichkeit in der Moraltheologie und der Pastoral gut unterwiesen werden möchte. Die Anstellungen in der Seelsorge sollten nicht mehr nach dem Gewichte der Anempfehlungen der Patrone, sondern im Wege des Konkurses geschehen, wo auf die fähigsten Subjekte auch der vorzüglichste Bedacht zu nehmen sey. —

Aus dem vormals sogenannten königshöfer erzbischöflichen Alumnate wurde ein königliches Generalseminarium gemacht, in das alle Stiftungen für Angänglinge des geistlichen Standes einbezogen waren. Die Zöglinge genießen da eine Erziehung, die ihnen die Fähigkeit verschaft, ihrem Berufe einst vollständig nachzukommen. Die Wachsamkeit über die Zucht der prager Geistlichkeit überhaupt wurden einigen besondern ansehnlichen Personen des Weltpriesterstandes, die man Inspektores Cleri nennt, übergeben; diese bestrebten sich auch ihrer Pflicht Genüge zu leisten, indem sie sahen, daß man nur darauf dringe, von einem Stande, der zum guten Beyspiele der Weltleute vorgesetzt ist, Handlungen des thätigen Christanismus wahrzunehmen. Und da endlich der Hauptgrundsatz eben dieses Christenthums die Erfüllung der Pflichten der Menschenliebe ist, so wurde veranstaltet, eine genaue Berechnung über alle Arten Stiftungen,

Bru

detschaften, und sämmtliches Kirchenvermögen
vorzunehmen, das Nothwendige zur Erhaltung
des Gottesdienstes beyzubelassen, das Ulber=
flüßige aber und bloß zur Kirchenpracht dienen=
de Vermögen zum Unterhalt und Aufhilfe der
Armut und Unterstützung vorzüglicher Talente
anzuwenden. Aus diesem Zuflußte der geistlichen
Erträgnisse entstund der Religionsfond, wel=
cher der Mitverwaltung einiger Konsistorialrä=
the zugleich ist übergeben worden, und von den
zeither sowohl die zur Ausbreitung des katholi=
schen Glaubens und zur Unterhaltung der Geist=
lichkeit erforderliche Ausgaben, als auch die Kö=
sten zur Aushilfe der Nothleidenden bestritten
worden.

Noch finden wir als merkwürdig anzuzei=
gen, daß die Ordensgeistlichkeit in dieser be=
rühmten Epoche eine der wichtigsten Revoluzio=
nen gelitten. Die Verbindung der böhmischen
Ordensgeistlichkeit mit ihren auswärtigen Ge=
neralen wurde nun völlig aufgehoben, und die
Klöster kamen insgesammt unter die bischöfliche
Gerichtsbarkeit ohne auf eine Immunität oder
Exemtion die mindeste Rücksicht zu nehmen. —
Man gieng noch weiter, es wurde sogar zur
gänzlichen Aufhebung einiger Klöster geschritten.
Die Reihe traf am ersten die Nonnenklöster,
diese wurden alle mit Ausnahme des Elisabe=
tiner und Ursulinerinstituts aufgelöst. Unter
den Mannsklöstern sah man die Karthäuser,

Thea=

Theatiner, Trinitaren, weiße Kreuzherren, Paulaner und die Augustiner des St. Wenzelklo-
sters in den Weltpriesterstand treten. Und es
läßt sich dazu an, daß man in der Klösterver-
minderung noch weiter gehen dörfte, sobald
nur die Ausgleichung wegen den Unterhalt der
Ordensglieder zu Stande gebracht seyn würde.
Uibrigens erhielten die noch bestehenden Klöster
den königl. Befehl keine Novitzen ohne Bewilligung der Landesstelle anzunehmen. Was die
studirende Klostergeistlichkeit betrift, diese wurden von allen in der Provinz befindlichen Klöstern, wo sie zeither dem Studium oblagen,
nach Prag berufen, und weil ihr eigenes Mönchs-
studium aufgehoben worden, nach der Universität zur Fortsetzung ihrer Studien verwiesen.
Ja der Vorschlag in Beziehung auf diesen Gegenstand zielte anfangs dahin, diese geistliche
Studenten aus ihren Klöstern herauszunehmen,
und ihnen in dem königl. Generalseminarium
Wohnungen anzuweisen, um einer gleichförmi-
gen Bildung mit den Angänglingen zum Prie-
sterstande theilhaft zu werden. Allein da zu
ihrem Empfange wegen Kürze der Zeit und Ausgleichung der Unterhaltungskösten das Erforderliche sogleich nicht veranstaltet werden konnte, so muß noch die Ausführung dieses heil-
samen Entwurfs noch weiterhin verschoben
werden.

Es

Es wird nicht undienlich seyn, hier jene Stifter und Klöster anzuführen, die im Jahre 1785 aufgehoben worden sind. Sie sind folgende:

Prager Diözes, berauner Kreis: 1) Benediktiner zu St. Johann. 2) Pauliner zu Woborzischt. 3) Augustiner zu St. Benigna. 4) Franziskaner zu Mnischek. 5) Cisterzienser zu Königsaal.

Rakonitzer Kreis: 1) Franziskaner zu Hagek. 2) detto zu Schlan. 3) Cisterzienser zu Plaß.

Kaurzimer Kreis: 1) Kapuziner zu Böhmischbrod. 2) Benediktiner zu Sazawa. 3) Minoriten zu Eule.

Pilsner Kreis: 1) Dominikaner in Pilsen. 2) Benediktiner zu Kladrau. 3) Paulaner in Tachau. 4) Minoriten in Mieß.

Elbogner Kreis: 1) Beschuhte Karmeliten zu Chiesch. 2) Serviten zu Rabenstein. 3) Kapuziner zu Mariensorg.

Egerischer Bezirk: 1) Franziskaner zu Eger. 2) detto zu Annaberg.

Leutmeritzer Kreis und Diözes: 1) Minoriten zu Leutmeritz. 2) Kapuziner detto. 3) detto in Melnik. 4) Dominikaner in Außig. 5) Beschuhte Augustiner in Schopka. 6) Serviten in Konoged.

Kunz-

Bunzlauer Kreis: 1) Benediktiner zu Poßig. 2) Dominikaner zu Nimburg. 3) detto in Gabl. 4) Kapuziner in Münchengraß.

Saatzer Kreis: 1) Minoriten in Kaaden. 2) Dominikaner in Komotau. 3) Kapuziner in Brür. 4) detto in Saatz.

Königgrätzer Kreis und Diözes: 1) Benediktiner in Politz. 2) Minoriten in Kollina.

Butſchower Kreis: 1) Franziskaner in Arnau. 2) Paulaner zu Neupacka.

Chrudimer Kreis: 1) Minoriten zu Pardubitz.

Czaslauer Kreis: 1) Dominikaner in Neuhof, deren Gebäu und Vermögen der dortigen Normalſchule gewidmet iſt.

Budweiſer Kreis: 1) Ciſterzienſer zu Goldenkron. 2) Regulirte Chorherren zu Forbes. 3) detto in Wittingau. 4) Serviten zu Gratzen.

Taborer Kreis: 1) Paulaner zu Fiſtritz. 2) Unbeſchuhte Karmeliten zu Patzau. 3) Prämonſtratenſer zu Mühlhauſen.

Prachiner Kreis: 1) Dominikaner zu Piſek.

Klattauer Kreis: 1) Kapuziner in Biſchofteinitz. 2) Beſchuhte Auguſtiner in Stankau. 3) Dominikaner in Klattau.

Prag, Altſtadt: 1) Serviten bey St. Michel. 2) Benediktiner bey St. Niklas. 3) Karmeliten bey St. Gaßl. 4) Dominikaner bey St. Egidi.   Neu-

Neustadt: 1) Augustiner bey St. Katharina. 2) Regulirte Chorherren im Karlshofe.
2) Kapuziner bey St. Joseph.

Kleinseite; 1) Unbeschuhte Karmeliten.

Hradschin: 1) Barnabiten. 2) Kapuziner. —

Dies Jahr darauf, nämlich 1786 fieng man auch an die Reformation des Piaristenordens vorzunehmen, um solchen in eine Verfassung zu bringen, die dem Erziehungs und Schulwesen vollkommen angemessen wär.

Belangend die Kirchenzucht, so wurde auch hier eine angemessene Reform vorgenommen. Hauptsächlich war man hierinnfalls darauf bedacht gewesen, den Religionsluxus einzuschränken, und die eingeschlichenen Mißbräuche, Vorurtheile und Aberglauben zu vertilgen. Es wurde sonach angeordnet den Gottesdienst nach einer zwar einförmigen, doch aber anständigen Art abzuhalten, statt der vorhin gewöhnlichen Instrumentalmusik, führte man das Singen ein, die sonst verschwenderische Beleuchtung, besonders bey den nächtlichen Andachten wurde nach Vorschrift der Mäßigkeit eingerichtet; die häufigen Prozessionen mit einziger Ausnahme der Kreuzwache und Fronleichnamsumgänge abgeschaft, der Pracht der Leichenbegängnisse verboten; die Feyer der Titularfeste, Kirchweihe, Jubelfeste u. d. gl. abgestellt, und die Abhaltung des Gottesdienstes nach einer festgesetzten

An-

Andachtsordnung eingerichtet. Weiters wurden alle Gattungen Bruderschaften, welche die Glieder mehr zur Beobachtung des Zufälligen als des Wesentlichen der Religion verbanden, aufgehoben; der abgeschmackte Kirchenputz der Bilder und Statuen weggeräumt, die häufige Aussetzung der Reliquien eingeschränkt, der Mißbrauch in den Einsegnungen und Einweihungen abgeschaft, der Verkauf der Amulete, geweihter Rosenkränze, Glöckeln, Kreuzeln, und dergleichen Kleinigkeiten mehr verboten, das Glockengeläute bey Gewittern nicht gestattet, der Handel mit den Wachskerzen in den Kirchen eingestellt, die Opfertafeln und Schildereyen von unächten Wunderwerken von den Altären weggeräumet, und dergleichen Verbesserungen mehr, die zur Reinigung des Gottesdienstes von dem Ulberflüßigen und Ungeräumten etwas beytragen können, bewerkstelliget.

Diese allgemeine Beschreibung des Zustandes des böhmischen Religionswesens vorausgeschickt können wir, um sich einen deutlichen Begriff von der gegenwärtigen Beschaffenheit der Geistlichkeit machen. Das Oberhaupt derselben, welches sich in die Welt und Klostergeistlichkeit theilet, ist der Erzbischof von Prag, unter dessen Konsistorium sie sämmtlich gehören. Der Bezirk, über welchen dieses Konsistorium seine Gerichtsbarkeit ausübt, wird die prager Erzdiözes

diözes genannt. Nebſt blieſen hat der Leutmeritzer, Königgrätzer und der 1784 angeſtellte
budweiſer Biſchof auch jeder ſeine eigene Diözes. Der prager Erzbiſchof hat ſeinen beſondern Weihbiſchof, der die Funkzionen des erſten
in Ertheilung der geiſtlichen Weihen und Fir-
mungen verrichtet, dann einen Generalvikar,
welcher die Viſitationen über die Kirchenordnung in der Stadt und auf dem Lande vor-
nimmt.

Vormals war die Würde des Weihbiſchofs
mit dem Generalvikariate verbunden, heut aber
iſt ſie abgeſöndert, und wird von verſchiedenen
Perſonen verwaltet. Um den Weihbiſchof in
Beziehung auf die zu beſitzende Diözes zu au-
thoriſiren, ſo wird ihm jederzeit der Titel eines
Episcopi in partibus ertheilt. Nach dem Konſiſtorio kommen die Prälaten und anſehnlichen Or-
densobere in Betrachtung. Die erſtern ſind
wirkliche Landesſtände, und haben Sitz und
Stimmen auf den allgemeinen Landtägen. Vormals hiengen viele unmittelbar von der Gerichtsbarkeit des römiſchen Hofes ab, nunmehr
aber ſind ſie unter die Jurisdikzion des Ordinarii
gerathen. Ein Gleiches verſteht ſich von den
an verſchiedenen Orten befindlichen Kapitu-
laren. —

Die Weltgeiſtlichkeit beſteht aus Pfarren,
welche zu Vikarien, Dechanten, Erzdechanten
und Probſten qualifizirt werden, und die Seelſorge

ſorge über eine gewiſſe Zahl von Menſchen, die
unter ihren Kirchſprengel gerechnet werden, aus,
üben, und Kapläne, die den Pfarren zur Beyhilfe zugegeben ſind, und in der Seelſorge mit
ihnen gemeinſchaftlich arbeiten. Sie ſtehen unter
der Aufſicht eines Lokalviſitators, der dem Generalvikar untergeordnet iſt, und an ihn ſeine Berichte in den betreffenden Angelegenheiten überſendet.

Die in wirklicher Seelſorge nicht begriffe-
ne andere Weltgeiſtlichkeit iſt jeder Ortspfarre
als der erſten Inſtanz untergeordnet, und iſt
verbunden auf ſein jedesmaliges Anerſuchen ihn
in den Verrichtungen ſeines Amtes zu unterſtü-
tzen. Eben zu dieſer Unterſtützung iſt auch die
Kloſtergeiſtlichkeit verbunden, welche aber der
Subordination nach ihren Ordensobern für ihre unmittelbare Inſtanz erkennt, dem erzbiſchöflichen Konſiſtorium aber uneingeſchränkt unterliegt. Obgleich die Ausübung der Seelſorge
als ein der Weltgeiſtlichkeit bloß zuſtändiges
Geſchäft betrachtet wird; ſo ſind doch in Prag
einige Klöſter, welche aus beſonderer Begün-
ſtigung die Rechte einer Pfarre ausüben. Einige hatten ſogar weltliche Jurisdikzionen, welche
aber bey der neuen Juſtizreform vom Jahre 1782
aufgehoben worden ſind.

Nebſtdem, daß das Konſiſtorium die Gerichtsbarkeit über die Geiſtlichkeit ausübt, ſo
entſcheidet es auch Fälle, ſo die Weltleute an-
gehen, und als Gegenſtände angeſehen werden,

die ins geiſtliche Fach einſchlagen. Dahin ge=
hören die Unterſuchungen in Glaubensſachen,
in wie fern nämlich dieſe oder jen der Ketzerey
ſich verdächtig gemachte Pe:ſon für einen wirk=
lichen Ketzer anzuſehen wär, und als ſolcher
beſtraft werden könne.

Vormals hiengen die Entſcheidungen in
dieſer Sache bloß von der Geiſtlichkeit ab, allein
nach der Zeit ordnete man an, daß den Kon=
ſiſtorialverſammlungen nicht bloße geiſtliche Per=
ſonen, ſondern auch Rechtsgelehrte weltlichen
Standes beyſitzen ſollen, und von dieſer Zeit
an hatte man auch in den Entſcheidungen der
Ketzereyen, Zaubereyen, Teufelsbannungen und
Exkommunikazionen etwas behutſamer verfahren.
Der zweyte Gegenſtand, über den das Konſi=
ſtorium ſein Urtheil ſpricht, ſind die Entſchei=
dungen über Eheſachen. Dieſe Entſcheidungen
ſollen freylich ſich weiter nicht erſtreckt haben,
als in ſo fern ſie das Sakrament betrafen. Al=
lein auch hier wurden vormals die vorgeſchrie=
benen Gränzen überſchritten, und der Perſon
ſein ehelicher Mitgehilfe aufgedrungen, deſſen
Gemüthsart mit der ihrigen im geringſten nicht
übereinſtimmte.

Nunmehr entſcheidet das Konſiſtorium bloß
über das Sakrament der Ehe, die Sachen des
bürgerlichen Vertrags werden von weltlichen
Behörden abgehandelt. Im Jahre 1783 er=
gienge ein beſonderes Ehepatent, das die zwei=
fel=

ſelhaften Fälle vollends erläutert, und dieſen ſo
wichtigen Gegenſtand ſeinem weſentlichen Zwecke
am nächſten gebracht hätte.

Den neueſten Geſetzen nach entſcheidet gegenwärtig das Konſiſtorium Fälle, die im genaueſten Verſtande genommen, unter Religions
ſachen gehören, in bürgerlichen Fällen wird die
Kleriſey bey der ordentlichen Behörde belangt.

Zum Beſchluß dieſes Abſchnitts liefern wir
die Beſchreibung der vom 1. May 1784 angefangenen Andachtsordnung für die Stadt Prag.
Man wird auch hieraus die Einführung der
Simplizität in Abhaltung des Gottesdienſtes
und des Weſentlichen der Religion wahrnehmen. — In jeder Pfarrkirche wird an Sonnund Feyertagen eine kurze Frühpredigt für die
Dienſtboten, ſodann ſpäter eine für die übrige
Pfarrgemeinde deutſch oder böhmiſch nach der
meiſt gewöhnlichen Sprache der Kirchkinder gehalten. Der Gottesdienſt hat ſich überall nach
der Sprache der ſpätern Predigt zu richten. —
Täglich wird in einer jeden Pfarrkirche nur eine
Segenmeſſe an Werktägen mit Ausſetzung des
Ciboriums; an Sonn = und Feyertägen aber
mit Ausſetzung der Monſtranze gehalten, wobey
das vorgeſchriebene Normalgeſang mit der Orgel abgeſungen wird.

Bey

Bey St. Veit, und in jenen Kirchen, wo
ordentliches Chor iſt, wird täglich eine Choral-
meſſe mit oder ohne Orgel nach Beſchaffenheit
der Zeit ohne Inſtrumentalmuſik geſungen. An
Sonn = und Feyertägen wird in jeder Pfarrkirche das Hochamt mit Inſtrumentalmuſik, oder
wo keine dergleichen iſt, choraliter gehalten.
In zween Kirchen, wo die an Werktägen gewöhnliche Segenmeſſe zur Zeit des Hochamts
einfällt, wird ſtatt der Segenmeſſe das Hochamt mit Außſetzung der Monſtranz gehalten.
Nachmittage wird an Sonntägen die Chriſten-
lehre gehalten, welche alſo eingerichtet ſeyn
wird, daß auch die Erwachſenen dabey, und
zwar nach ihrer Sprache den Unterricht finden.
Täglich, nur die Sonntäge und Feyertäge auß-
genommen, wird die Allerheiligenlitaney ſammt
den dazu gehörigen Gebeten für den Landesfürſten, dann 5 Vater unſer und 5 Ave Maria
für die allgemeinen Bedürfniſſe mit lauter Stimme unter Beantwortung des Volkes abgebetet,
und zuletzt der Segen mit dem Ciborium gegeben; an Samſtägen und Frauentägen aber
wird ſtatt der Allerheiligenlitaney mit den dazu
gehörigen Gebeten das Salveregina, das Gebet für den Landesfürſten, das allgemeine Gebet und 5 Vater unſer und 5 Ave Maria für
die allgemeinen Bedürfniſſe gebetet.

In

In jenen Kirchen, wo ordentliches Chor
ist, wird die Vesper täglich choraliter, an Sonn-
und Feyertägen auch mit der Orgel ohne Instrumentalmusik gehalten, also zwar, daß an
Sonntägen die Vesper zwischen der Christenlehre
und den obangesetzten vorgeschriebenen Gebeten
gesungen wird. In den Pfarrkirchen werden
in der Fasten an Sonntägen, Mittwoche und
Freytage theils Vor- theils Nachmittag Fasten-
predigten gehalten werden.

Die Messen betreffend, werden selbe in
der Metropolitankirche St. Veits bey zween
Seitenaltären zugleich mit jener bey dem Hochaltare, in den übrigen Kirchen aber nur bey
dem Hochaltare von halb zu halben Stunden
gelesen werden, damit jedermann von richtiger
Ueberkommung einer Messe zur bestimmten Zeit
gesichert sey. Nur an Sonn- und Feyertägen
wird unter dem Hochamte eine kleine Messe bey
einem Seitenaltare gelesen.

Die Frohnleichnamsprozession wird am
Feste selbst in der Früh auf dem Hradschin von
der Metropolitankirche ausgeführt, wobey alle
Geistlichen zu erscheinen haben, und mit wel-
chen die Pfarrey Strahof sich vereinigt. Am
Sonntage innerhalb des Frohnleichnamsfestes
wird Vormittags in der Altstadt aus der Haupt-
pfarre in Thein, Neustadt aus der Hauptpfarre
St. Heinrich, Kleinseite aus der Hauptpfarre
St. Niklas die Prozession zu führen seyn, so,

daß

daß sich alle Pfarren einer jeden Stadt zu ze-
sellen, und einen weitern Umfang als der bis-
herige Weg war, nehmen. Wie dann auch am
nämlichen Sonntage früh diese Prozession in
der Kollegialkirche auf dem Wissehrad gehalten
wird.

Die Prozession am Feste des heil. Markus
und in den übrigen drey Bittägen der Kreuz-
woche wird von der Metropolitankirche ausgeführt, und zwar am Markustage selbst in der
Pfarre auf dem Strahof, am ersten Bettage in
die Kirche zu Loretto, und am zweyten Tag in
die Stiftskirche zu Allerheiligen, den dritten
Tag aber in die Priesterhauskirche St. Georgi. 2)
Auf der Kleinseite von St. Niklas als der Hauptpfarre am Markustage in die Kirche der Karmeliten, am ersten Bittage in die Pfarrkirche
zu St. Thomas, am zweyten in die Pfa. rkirche
zu unser lieben Frauen unter der Kette oder
Malthefer, und am dritten in die Kirche des
wälschen Spitals. 3) Auf der Altstadt vom
Thein aus der Hauptpfarre, am Markustage
in die Pfarrkirche zum heil. Geist, am ersten
Bittage in die Pfarrkirche zu unser lieben Frauen
in der Wiege, oder dermal zu St. Klemens,
am zweyten in die Pfarrkirche zu St. Martin,
gegenwärtig in die ehemalige Trinitarkirche zur
heiligen Dreyfaltigkeit, und am dritten in die
Pfarrkirche der Kreuzherren. 4) Auf der Neustadt, aus der Hauptpfarre St. Heinrich, am

Mar-

Markustage in die Kollegialkirche zu St. Apollinár, am ersten Bittage in die Pfarrkirche St. Peter, am zweyten in die Pfarrkirche zu St. Stephan, und am dritten in die St. Adalbertskirche. Vom Wissehrad am Markustage, und durch die drey Bittage zu unser lieben Frauen in der Schanze.

In der Charwoche werden die in dem römischen Rituale vorgeschriebene Handlungen und Zeremonien vorgenommen, und beobachtet, auch am grünen Donnerstage Nachmittags die Kirchen besucht, und das aufbehaltene Sanktissimum angebetet werden, hingegen das sonst gewöhnliche heilige Grab, und die abendliche Auferstehungszeremonie ausbleiben. Das 40stündige Gebet und die Aussetzung des Hochwürdigsten in der Frohnleichnamsoktav wird in jenen öffentlichen Kirchen, in welchen es bisher gewöhnlich war, auch künftighin beybehalten werden, und wird zu Ende jeden Tags statt der musikalischen Litaney mit den täglich vorgeschriebenen Gebeten der Schluß gemacht, und mit der Monstranz der Segen gegeben.

Für die Nonnenklöster ist folgende Einrichtung getroffen: In ihren Kirchen, wo ordentliches Chor ist, kann täglich eine Choralmesse mit der Orgel gesungen werden. Die Predigten an Sonn und Feyertägen werden für sie und ihre Kost und Innleute von den für sie zu ernennenden Predigern bey geschlossenen

nen Thüren, gehalten. An Sonn- und Feyertägen wird in ihren Kirchen eine Segenmesse
mit Aussetzung der Monstranze gehalten, und
Nachmittags die in den Pfarrkirchen vorgeschriebene Litaney und Gebete gebetet, und zum
Schluß der Segen mit dem Ciborio gegeben werden. - Unter der Segenmesse wird bey ihnen
nicht laut gebetet oder gesungen werden. An
Werktägen Nachmittags können zwar die in den
Pfarrkirchen vorgeschriebenen Gebete gebetet werden, doch unterbleibet der Segen mit dem Ciborio. Alle übrige sonst gewöhnliche Andachten
und Novenen haben auszubleiben. Die stillen
Messen werden am Hochaltare, allenfalls auch
an einem Seitenaltare nach Anzahl der Priester,
und der sich allda einfindenden fremden Geistlichen
eine nach der andern gelesen.

Eben diese Ordnung betrift auch die Manns-
klösterkirchen und alle übrige öffentliche Kirchen,
wo keine Pfarre ist, nur mit dieser Ausnahme,
daß in selben keine Predigt, keine Segenmesse,
und kein katechetischer Unterricht gehalten, auch
der nachmittägige Gottesdienst ohne Segen beschlossen wird. Auf diese und keine andere Art
soll der Gottesdienst mit aller Aufmerksamkeit
zu dem von den Ordinarien bestimmten Stunden gehalten werden. Nur in Spitälern, in
welchen einige Seelsorger sind, kann für jene,
die in den Spitälern wohnen, der Gottesdienst
so,

so, wie bey den Klosterfrauen, auch die Pre=
digt bey geschlossenen Thüren gehalten wer=
den.

Die nach dieser neuen Kirchenordnung be=
stehende 19. prager Pfarreyen sind folgende:

In dem hradschiner Hauptviertel 1) die
Domkirche zu St. Veit , 2) auf dem Stra=
hof. —

Kleinseitner Hauptviertel 1) Hauptpfarre
St. Niklas, 2) bey St. Thomas, 3) Malthe=
ser. —

Im altstädter Hauptviertel 1) Kreuzherren
mit dem rothen Stern, 2) St. Klemens , 3)
zum heiligen Geist, 4) St. Kastul, 5) zu St.
Jakob, 6) Hauptpfarre im Thein, 7) bey St,
Galli, 8) St. Martin, 9) St. Egidi. —

Neustädter Hauptviertel 1) Pfarre bey
St. Adalbert, 2) St. Apollinar, 3) St. Ste=
phan, 4) Hauptpfarre bey St. Heinrich, 5)
bey St. Peter, dann die Pfarre auf dem Wis=
sehrad.

Fünf=

Fünfter Abschnitt.

Prags politische Verfassung.

Beschreibung der Landesstellen, Gerichtshöfen, Aemter, und sonstiger verschiedener
Instanzen und Behörden.

Die verschiedenen Rathskollegien und Landesstellen, welche in Prag sich befinden,
können füglich in folgende Abtheilungen gebracht
werden: 1) die jene Gegenstände abhandeln,
welche das Allgemeine der Stadt betreffen, dieser Zweig wird insgemein unter dem Namen
der Publicorum bemerkt, und enthält in sich
alle mögliche Artikeln, welche als Gesetze zur
Beförderung des allgemeinen Bestens im strengsten Verstande zu versehen sind. Zweytens, die
eigentlichen Gerichtshöfe, derer Zweck es ist
vorfallende Privatstreitigkeiten von was immer
für einer Art beyzulegen. Diese Gerichtshöfe
theilen sich in zween Klassen, deren eine bloß
bürgerliche Fälle entscheiden, die andere aber
über Kriminalsachen Urtheile fällen. Drittens,
Finanzkollegien, die sich mit Berechnung der
Landeseinkünfte und Ausgaben beschäftigen.
Viertens, Polizeibehörden zur Festhaltung über
die Sicherheit der Stadt, Reinigkeit der Gässen, und Wohlfeile der Preise der unentbehrli-
chen Konsumtionswaaren. Fünftens, endlich
eini-

einige außerordentliche Aemter, die der guten
Ordnung und Bequemlichkeit wegen bestehen,
z. B. das Post = Münz = und Versatzamt u.
bergl. m.

Den Personen nach betrachtet, die unter
diese oder jene Gerichtsbarkeit wegen den Vor=
zügen ihres Standes oder Würde gehören, fin=
det man desgleichen verschiedene Abtheilungen
der Landesstellen. So steht der geistliche Stand
unter Aufsicht des prager erzbischöflichen Kon=
sistorii; das Militare unter der Gerichtsbarkeit
ihres Generalkommando, der Adel unter den
königl. Landrechten, und die Bürgerschaft un=
ter den vereinigten Stadtrath. Doch ist es
bisher von den vormaligen vielen Personalvor=
rechten in Beziehung der unterliegenden Ge=
richtsbarkeit in verschiedenen Fällen abgekom=
men.

Man hat bey dieser Gelegenheit mehr das
Wesen des abzuhandelnden Gegenstandes als
die Personalvorzüge in Betrachtung gezogen,
welches die Ordnung und Thätigkeit der zu be=
arbeitenden Amtsgeschäfte ungemein beförderte.
Diesem Plan zufolge unterliegt gegenwärtig der
geistliche Stand, der vormals eine ganz beson=
dere Instanz hatte, in Beziehung auf bürger=
liche und Kriminalfälle der Gerichtsbarkeit des
ordentlichen Stadtrathes; bloß was die Auf=
sicht im eigentlichen Religionswesen betrift, ist
dem Konsistorum eingeräumet. Eben aus der
Ab=

Abſicht, alle Weitläuftigkeiten zu vermeiden, iſt
die Exekuzion der Kriminalurtheile über Mili-
tärverbrechen, wenn ſie ſich in einem nicht bloß
gegen ihre Pflicht ſtreitenden Vergehen verfänglich machen, dem Stadtrathe übergeben worden. Auch der Adel hat bey dieſer Juſtizreform
vom Jahre 1783 viele ihm ſonſt eigene Gehörden verlohren.

Das Oberſtburggrafenrecht, Kammerrecht,
groß und kleine Landrecht, und die königl. Landtafel iſt gegenwärtig in dem heutigen ſogenannten königlichen Landrechte begriffen, unter das
der Adel gehöret. Auch die Studenten hatten
vormals ihre eigene Inſtanz bey dem akademiſchen Konſiſtorium. Dieſe Inſtanz iſt bey der
neuen Juſtizreform aufgehoben worden, und
die Studenten gehören nun unter die Gerichtsbarkeit des ordentlichen Stadtrathes. Man
wird noch in der folgenden Beſchreibung dieſes
Abſchnittes viele Gehörde finden, die bey der
Einführung des einfachen Juſtizſyſtems aufgelöſt worden ſind.

Die nämliche Eluförmigkeit, welche bey
den Juſtizſtellen herrſcht, iſt auch bey den refor-
mirenden politiſchen Kollegien zum Grunde angenommen worden.

In gegenwärtiger Beſchreibung der politiſchen Verfaſſung von Prag ſind die Landesſtellen der gewöhnlichen Ordnung nach genommen
worden; man findet hier erſtlich die heutige

Ein-

Einrichtung beschrieben, und ersieht dabey zugleich, wie diese oder jene Stelle vorher bestellt gewesen, und was für besondere Stellen bey vorgenommener Reform mit solcher sind vereinigt worden, ohne diejenigen zu vergessen, die vormals bestanden, und jetzt gänzlich erloschen sind.

Der oberste Burggraf ist der Statthalter des Königs im Königreiche Böhmen, und hat den Vorsitz in dem großen Rath, so insgemein das böhmische Landesgubernium genannt wird. Dieser Rath entscheidet alle politische Fälle nach allgemeinem Verstande, und läßt Verordnungen über diese Gegenstände an die untergeordneten Stellen ergehen. Wichtigere Vorfälle werden von hier an die böhmische Hoffanzley, die sich in Wien befindet, berichtet, von welcher die Entscheidungen an dieses Gubernium wieder erlassen werden. Der oberste Burggraf hat gegenwärtig einen Vizepräsidenten zur Seite, welcher mit ihm zugleich die Oberaufsicht über die vorkommenden Gegenstände führt. Die übrigen Gubernialräthe machen als Beysitzer den ganzen großen Rath aus. Jeder dieser Gubernialräthe führt das Referat über das ihm zugeordnete Departement der Geschäfte. Die Hauptabtheilungen dieser Geschäfte bestehen ungefähr in der Aufsicht über Kirchensachen oder der sogenannten Religionsaufnahmskommission, um die Kirchenerträgnisse zum Besten der Religion

ligion zu verwenden, und die milden Stiftungen zweckmäßig einzuleiten. Zweytens, in der
Obsorge über die gute Verwaltung der Gemeinwirthschaft der königlichen Städte. Drittens,
die Beförderung der Geschäfte über verschiedene
Arten Gnadengesuche. Viertens, der Entscheidung über Steuer- und Vergütungswesensan-
gelegenheiten. Fünftens, Komerz- und Profes-
sionssachen. Sechstens, Studienwesen. Sie-
bentens, Populationsgeschäfte. Achtens, Ober-
polizeidirekzion. Neuntens, Angelegenheiten, so
In- als Ausländer zugleich betreffen, Pässeer-
theilungen und Emigrationswesen ꝛc. Vormals
wurden diese Gegenstände mit besondern abgesönderten Kommissionen besorgt, allein bey der
jüngst erfolgten Landesverfassungsreform ist die
Verfügung getroffen worden, die Sachen ein-
facher zu behandeln, und sie der Aufsicht des
Landesguberniums zu übergeben. Solchemnach
besorgt der Referent mit dem untergeordneten
Sekretär und dem übrigen Kanzleypersonale den
ganzen Umfang des ihm zugeordneten Geschäfts,
und läßt solches zur Vollziehung an die untern
Stellen ergehen, da denn der etwa nothwendige Bericht von erwähnten Stellen durch den
nämlichen Kanal an die Versammlung des Raths
gelanget.

Der übrige Stand des Landesguberniums
besteht aus Sekretären, Rathsprotokollisten,
Kanzelisten, und Kopisten. Die Registratur hat
einen

einen besondern Stand, und erhält das Archiv
in Ordnung, das Taxamt aber führt die Register über die zahlbare Expeditionen. Das Landesgubernium ist nach dem hubertsburger Frieden vom Jahre 1763 aus der vormaligen sogenannten Repräsentation und Kammer entstanden, vor dieser obersten Landesstelle bestand die
Statthalterey. Ihr Ort war in den Zimmern
der vormaligen königlichen böhmischen Hofkanzley angewiesen. Der Name Statthalterey war
dieser Stelle deswegen ertheilt, weil sie statt
des Königs das Land regierte, und in Ordnung
hielt, also, daß wenn der König seine Residenz
in Prag aufgeschlagen, die Statthalterey aufgehört haben würde.

Die obersten Landesminister sind 1mo. der
oberste Burggraf als der Präsident des Landesguberniums und Statthalter des Königs in
Böhmen. In dem Zwischenraume von dem Tode des Königs bis zum Antritt der Regierung
eines neuen Beherrschers werden die Landesver-
ordnungen unter dem Namen des obersten Burggrafen ausgefertigt. Seine wesentliche Pflicht
ist die innerliche Ruhe des Königreichs zu besorgen, und gegen die Landesverrätherey die nöthigen Vorkehrungen zu treffen.

2do. Oberster Kanzler. In den ältesten
Zeiten begleitete diese Würde der geistliche Stand,
sie war dem Probsten vom Wissehrad zugetheilt.
Der erste weltliche Kanzler war Prokop Pflug

Herr

Herr von Rabenstein und seit diesem Jahre 1439
ist diese Würde bey dem weltlichen Stande be=
ständig verblieben. Der oberste Kanzler führt
die Aufsicht über die böhmische Hofkanzley.
Solche befand sich vormals auf dem prager
Schloße, von der Zeit aber, da die königliche
Residenz nach Wien verlegt worden, ist diese
Stelle dahin gelangt. Sollte aber die Residenz
einst wieder nach Prag übersetzt werden, so über=
nimmt die böhmische Hofkanzley die Verwal=
tung der Landesgeschäfte von dem Gubernium,
und der oberste Kanzler versieht die Stelle des
obersten Burggrafen.

Nach gegenwärtiger Verfassung ist der ober=
ste Kanzler der Referent aller das gemeine
Wohl des Landes betreffender Angelegenheiten,
oder Privatgesuche, deren Entscheidung von der
königlichen Gewalt unmittelbar abhängt.

3tio. Oberster Landhofmeister hat die Auf=
sicht über das Hofzeremoniel, er führt die aus=
wärtigen Gesandten zur öffentlichen Audienz
ein, und bey feyerlichen Landesgeprängen z. B.
die Belehnungshandlungen macht er Vorkehrun=
gen, damit der Akt der vorgeschriebenen Etti=
quette nach vor sich gehen möchte. Da aber
gegenwärtig der Hof zu Wien residirt, so ist
diese Würde, wie die meisten ihrer Art ein
bloßer Ehrentitel.

4to.

4to. Oberster Landkämmerer hatte ehemals seiner Obsicht die königl. Wohnungen anvertraut gehabt, und wurde zugleich dem Personalstaate vorgesetzt, befand sich anbey der Nächste um die Person des Königs. Da dessen Verrichtungen mit der Uibertragung der königl. Residenz aufgehört hatten, so erhielt er den Vorsitz in dem ehemaligen königlichen Kammerrechte, nach desselben Aufhebung bey Gelegenheit der neuen Justizreform war diese Würde, so wie die meisten ihrer Art bloßer Ehrentitel. Der erste Oberstlandeskämmerer war Herr von Waldek im Jahre 1234.

5to. Großprior des Maltheserordens der böhmischen Provinz sonst auch der strakonizer Großprior genannt, weil sonst dieser Ort insgemein als der Wohnsitz dieses Vorstehers angesehen ward. Dieser Großprior ist gewöhnlich ein Gubernialrath.

6to. Oberster Landrichter ist eine der ältesten Landesstellen, deren Ursprung eigentlich nicht kann entdeckt werden. Der erste oberste Landrichter, der bekannt ist, war ein Herr von Slawata im Jahre 1251. Seit dieser Zeit findet man ein gemeines Verzeichniß, wie die obersten Landrichter einander nachgefolgt. Sie hatten den Vorsitz bey dem ehemaligen sogenannten größten Landrecht, wohin der Adel gehörte. Nach Aufhebung dieses Gerichts, ward der oberste Landrichter zum Präsidenten der königlichen

Herr von Rabenſtein und ſeit dieſem Jahre 1439
iſt dieſe Würde bey dem weltlichen Stande beſtändig verblieben. Der oberſte Kanzler führt
die Aufſicht über die böhmiſche Hofkanzley.
Solche befand ſich vormals auf dem prager
Schloße, von der Zeit aber, da die königliche
Reſidenz nach Wien verlegt worden, iſt dieſe
Stelle dahin gelangt. Sollte aber die Reſidenz
einſt wieder nach Prag überſetzt werden, ſo übernimmt die böhmiſche Hofkanzley die Verwaltung der Landesgeſchäfte von dem Gubernium,
und der oberſte Kanzler verſieht die Stelle des
oberſten Burggrafen.

Nach gegenwärtiger Verfaſſung iſt der oberſte Kanzler der Referent aller das gemeine
Wohl des Landes betreffender Angelegenheiten,
oder Privatgeſuche, deren Entſcheidung von der
königlichen Gewalt unmittelbar abhängt.

3tio. Oberſter Landhofmeiſter hat die Aufſicht über das Hofzeremoniel, er führt die auswärtigen Geſandten zur öffentlichen Audienz
ein, und bey feyerlichen Landesgepränge z. B.
die Belehnungshandlungen macht er Vorkehrungen, damit der Akt der vorgeſchriebenen Etti-
quette nach vor ſich gehen möchte. Da aber
gegenwärtig der Hof zu Wien reſidirt, ſo iſt
dieſe Würde, wie die meiſten ihrer Art ein
bloßer Ehrentitel.

4to.

4to. Oberster Landkämmerer hatte ehemals seiner Obsicht die königl. Wohnungen anvertraut gehabt, und wurde zugleich dem Personalstaate vorgesetzt, befand sich anbey der Nächste um die Person des Königs. Da dessen Verrichtungen mit der Uibertragung der königl. Residenz aufgehört hatten, so erhielt er den Vorsitz in dem ehemaligen königlichen Kammerrechte, nach desselben Aufhebung bey Gelegenheit der neuen Justizreform war diese Würde, so wie die meisten ihrer Art bloßer Ehrentitel. Der erste Oberstlandeskämmerer war Herr von Waldek im Jahre 1234.

5to. Großprior des Maltheserordens der böhmischen Provinz sonst auch der strakoniger Großprior genannt, weil sonst dieser Ort insgemein als der Wohnsitz dieses Vorstehers angesehen ward. Dieser Großprior ist gewöhnlich ein Gubernialrath.

6to. Oberster Landrichter ist eine der ältesten Landesstellen, deren Ursprung eigentlich nicht kann entdeckt werden. Der erste oberste Landrichter, der bekannt ist, war ein Herr von Slawata im Jahre 1251. Seit dieser Zeit findet man ein gemeines Verzeichniß, wie die obersten Landrichter einander nachgefolgt. Sie hatten den Vorsitz bey dem ehemaligen sogenannten größten Landrecht, wohin der Adel gehörte. Nach Aufhebung dieses Gerichts, ward der oberste Landrichter zum Präsidenten der königlichen

böhmischen Landrechte, sonst auch des adelichen
Gerichts genannt, bestellt. Von dessen Verfassung die Beschreibung am gehörigen Orte folgen soll.

7mo. Präsident des königl. Appellazions-
gerichts. Dieses Tribunal hat Kaiser Ferdinand I. im Jahre 1548 errichtet. An solches
wird aus allen inkorporirten Provinzen nämlich
Schlesien und Mähren der Zug genommen.
Vormals geschahen die Provokationes nach
Magdeburg und Leipzig, welches durch dieses
Tribunal abgestellt worden war. Sonst wird
auch die Appellazion das Kriminalgericht genannt, weil sie über Kriminalprozesse die Re-
vision führet. In wichtigen Fällen geschieht
von hier aus die Provokazion zu der höchsten
Hof oder der obersten Justizstelle nach Wien.
Im Jahre 1651 hat Kaiser Ferdinand III. die
deutschen Lehenssachen diesem Gerichte übergeben, da vormals zu deren Entscheidung eine
besondere Stelle aufgestellt gewesen. — Der
erste Appellazionspräsident war im Jahre 1551
Adam Rosepitzky von Sudonürz.

8vo. Oberster Hoflehenrichter als Präsident
des Gerichts gleiches Namens, wohin alle inn-
ländischen Lehenssachen gehören. Es ist ein
altes Kollegium, welches König Johann oder
Kaiser Karl IV. errichtet haben mochte, indem
zu dieser Zeit die böhmischen Mannslehen von
diesen Königen eingeführt wurden, wie solches

die

die Protokolle der alten Lehengüter deutlich beweisen, denn die Kammer, wo solche verwahrt
gewesen, hat in dem Brande vom Jahr 1541
keinen Schaden gelitten. Das Lehenrecht ward
mit dem Kammerrechte vielmal des Jahrs gehalten, nämlich 4 Tage vor dem königlichen Kam-
mergerichte.

9no. Oberster Landmarschall ist die dritte
Würde der Staatsbedienstung in Böhmen, sie
folgt nach der obersten Burggrafen, und der
obersten Hofmeisterstelle. Die oberste Landmar-
schallsstelle ist gleichfalls sehr alt, und schon im
Jahre 1200 bekannt; wiewohl unter dem königlichen Marschall und Kron- oder obersten
Landmarschall ein Unterschied zu machen, weil
die Stelle von jenen älter als von diesem ist,
im Jahre 1336 machte König Johann erwähnte
Stelle dem Hause von Lippa erblich; dabey
hatte es bis zum Jahr 1645 sein Bewenden;
nach Erlöschung der Familie ist sie nicht mehr
erblich geworden. Die Verrichtung eines obersten Landmarschalls bestand vormals in Vortra-
gung des Schwerts bey öffentlichen Landes-
feyerlichkeiten oder Abhaltung allgemeiner Gerichte.

10mo. Oberster Mundschenk. Schon im
Jahre 1177 findet man in einer Urkunde die
Erwehnung von dieser Würde, denn nach dem
Gebrauche damaliger Zeiten, war es gewöhn-
lich, daß die vornehmsten Staatsminister in

Z 2

den

den öffentlichen Urkunden als Zeugen ſich unterſchrieben. Im Jahre 1334 hat König Johann dieſe Würde dem Hauſe Wartenberg erblich verliehen. Nach Erlöſchung des Stammes
im Jahre 1627 hat Kaiſer Ferdinand II. mit
dem Erbmundſchenkenamt die Familie von Slawata beſchenkt. Die Verrichtung des Mund-
ſchenken iſt bey dem Krönungszeremoniel ein
vergoldetes Fäßlein vorzutragen, und nach vollbrachter Handlung dem Könige den erſten Trunk
darzureichen.

11mo. Oberſter Truchſeß. In den ältern
Urkunden findet man die Dapiferos und Pincer-
nas meiſt beyſammen unterfertigt, in einigen
alten Königgrätzer-Briefen wird unter dem Jahr
1084 ein gewiſſer Kuno als ein Truchſeß unterſchrieben. Im Jahre 1336 erhielt dieſe Würde das Haus von Haſenburg vom König Johann erblich geſchenkt, da der Stamme im Jahre
1664 ausgeſtorben, ſo findet man nicht wem
dieſe Würde weiters verliehen worden ſey. Der
Oberſte Truchſeß trug bey dem Krönungszeremoniel ein vergoldetes Leib Brod vor, und bey
der feyerlichen Tafel präſentirte er dem König
die erſte Speiſe.

12mo. Oberſter Vorſchneider. Iſt ehemals
in Böhmen eine anſehnliche Würde geweſen,
welche vom König Ladislaw, erblich gemacht
ſeyn ſollte. Im 15ten Jahrhundert ward damit das Haus Auſty begnädigt, der Stamme
iſt

ist aber 1617 ausgegangen. Der oberste Vor-
schneider verrichtete sonst bey. den öffentlichen
königlichen Tafeln das Amt eines Kredenz-
meisters.

13tio. Oberster Stall- und Jägermeister.
Gleichfalls vormals sehr ansehnliche Ehrentiteln,
die zur Ausbreitung des äußerlichen Glanzes
der königl. Hofstaat errichtet wurden. Das
Haus von Lobkowitz war mit der letztern Würde
beschenkt.

14to. Oberster Münzmeister und zugleich
Präsident bey dem königl. böhmischen Münzwe-
sen, eine besonders einträgliche Stelle, welche
aber bey Aufhebung der vormals bestandenen
Münzeinrichtung im Jahre 1783 außer Thätigkeit versetzt worden ist.

15to. Unterkammeramt besteigt insgemein
eine Ritterstandsperson. Die Errichtung dieser
Stelle ist in den alten Zeiten zu suchen. Der
Unterkämmerer führt die Aufsicht über die königlichen Städte und hat einen Unteramtmann
bey sich. Der erste bekannte Unterkämmerer
war Zetwitz im Jahre 1238.

Nebst erwehnten Landesämtern giebt es
noch viele geringere Bedienstungen und niedere
thätigere Würden z. B. das Amt des Erbschatz-
meisters, Landesthürhüters, Landschreibers ꝛc.
welche zu beschreiben weitläuftig, und zum Theil
auch überflüßig wär, da viele von dergleichen
Stel-

Stellen bey der Beschreibung der besondern Aemtern vorkommen.

Unter das Gubernium gehört die Gubernialbuchhalterey und das Bauamt; jedes derselben wird vom eigends dazu bestellten Personali besorgt.

Vor der jüngst ergangenen Justizreform hatte das Gubernium zwey Hauptdepartements, nämlich eins in publicis, das andere in judicialibus. Dieses letztere ist gegenwärtig von dieser hohen Landesstelle getrennt, und den königlichen Landrechten zugetheilt worden. Da erwehnte Justizreform eine merkwürdige Epoche in Prags politischer Verfassung ausmacht, so wird es nicht undienlich seyn, von der Beschreibung der einzelnen Landesstellen von dieser Justizreform einen allgemeinen Begriff vorauszuschicken.

Nach der Hofverordnung vom 14. April 1783 solle vom 1 Juni anzufangen ein allgemeines böhmisches Appellazionsgericht in Prag bestehen, und dagegen das Gubernium alles Einflusses in Justizgeschäften enthoben bleiben. An die Appellazion wird von allen Gerichtsstellen, selbst auch von den königlichen Landrechten der Zug genommen. Nur die Geschäfte der deutschen Lehenhauptmannschaft und die Militärangelegenheiten bleiben von diesem Zuge ausgenommen. Das nämliche ist von allen Angelegenheiten zu verstehen, die man insgemein mit

den

dem Namen des Nobilis officii Judicis bemerkt,
dahin gehören die Verlassenschaftsabhandlungen,
Besorgung der Pupillen, oder sonstige Kuratelen,
Administrazionswesen, Fideikommisse u. d. gli
Nebstdem wird auch die Appellazion als das
Kriminalgericht angesehen, in welcher Absicht
alle Kriminalgeschäfte, die nach dermaliger oder
künftiger Kriminalverfassung an das Kriminal-
obergericht zu gelangen haben, dahin angewiesen. Ferners nimmt die Appellazion die Prüfung und Aufnahme der im Lande zu bestehen
habenden Advokaten vor. Endlich ist mit der
Appellazion die Delegazion der deutschen Lehens-
hauptmannschaft verbunden.

Die Appellazion ist übrigens der k. k. obersten Justizstelle untergeordnet, als wohin in
den Geschäften der teutschen Lehenshauptmann-
schaft der Appellazionszug, in allen übrigen
Fällen aber, wo das Appellazionsurtheil den
Spruch erster Instanz nicht bestättigt hat, der
Revisionszug offen stehet. In gleicher Art ist
auch ein eigenes adeliches Gericht unter dem
Namen der königl. böhmischen Landrechten errichtet worden. Mit Aufstellung dieses Gerich-
tes hört die Gerichtsbarkeit folgender Stellen
auf, als: 1mo des größten Landrechts, 2do.
des kleinen Landrechts, 3tio des Kammerrechts,
4to des Hoflehenrechts, 5to das oberste Burg-
grafenrecht, 6to die Landtafel, so weit sie ein
richterliches Amt verrichtet hat, 7mo das Eta-
rosten-

roſtenamt. 8vo. Den Conſeſſus in cauſis ſummi
Principis et Commiſſorum. Wie denn auch die
Gerichtsbarkeit des akademiſchen Konſiſtorii künf-
tig bloß auf die immatrikulirten Mitglieder der
Univerſität, und auf jene Unterthanen, oder
Grundbeſitzer zu erſtrecken iſt, die derſelben in
Anbetracht deren der Univerſität eigenen Gütern
und Herrſchaften unterliegen.

Die Gerichtsbarkeit der königlichen böhmiſchen Landrechten iſt dahin feſtgeſetzt, es iſt
denenſelben die Perſonaljurisdikzion ſowohl in
Streitſachen als in den Angelegenheiten des
Nobilis Officii Judicis in ihrem ganzen Umfange
über diejenige eigen, die zu den Ständen des
Königreichs gehören, oder den gemäß erhaltenen Adelsbrief ein in - oder ausländiſcher Adel
eigen iſt, wenn ſie auch ſonſt zu den Ständen
nicht gehören, nicht minder über die Stifte,
Klöſterkapitalien, und ſonſtige unter einem ordentlichen Obern ſtehende Gemeinſchaften, wenn
ſie insgeſammt belangt werden. Dieſen Landrechten iſt die königliche Landtafel nach derſelben hierunter folgenden Verfaſſung, und alle
dahin gehörige, eine ſtändiſche, landtäfliche Rea-
lität betreffende Angelegenheiten untergeordnet,
weswegen ſich die Partheyen in allen dieſen Geſchäften an die Landrechten bittlich zu verwenden und von ſelben die gehörige Auflage an die
Landtafel zu erwirken haben. Die Landrechten
ſind als die privilegirte Inſtanz des für Böhmen
be-

beſtimmten Fiskalamts geordnet, es mögen daſſelbe in den ſeiner Aktivität anvertrauten Geſchäften als Kläger oder Beklagter eintreten;
gleichwie dann auch vor die Landrechten die derzeit bey dem Conſeſſu in cauſis ſummi Principis et Commiſſorum verhandelten Geſchäfte der
türkiſchen Unterthanen, der Wildſchützen, De-
ſerteurs und ihren Verhehler, dann Tabakſchwär-
zer gehören.

Bey den Landrechten ſind die Streitſachen
zwiſchen Unterthanen, und ihrer rechtmäßigen
Herrſchaft zu verhandeln, in ſo weit dieſe Un-
terthansſachen gemäß Patents vom 1. Septem-
ber 1781 zur richterlichen Juſtizverwaltung ge-
eignet, und nicht blos der politiſchen Verhand-
lung zugewieſen ſind. Endlich ſind den Landrechten die in landesfürſtlichen Lehensſachen ent-
ſtehende Strittigkeiten, ſo die im Königreich befindliche Lehen betreffen, zugewieſen, es möge
die Lehensſache in der Vertretung des Fiskalamts als Parthey eingeſchritten ſeyn, oder das
lehenrichterliche Amt zwiſchen Vaſallen und andern Partheyen zu verhandeln haben.

Das Amt der königl. Landtafel hat ſich
künftig in einen Gegenſtand der richterlichen
Amtsverwaltung nicht mehr einzumengen, und
in Folge deſſen werden die Streitſachen in eine
Inſtruirung oder Dezidirung eines Prozeſſes
einzulaſſen, noch ſonſt in eine Behandlung der
Geſchäften des Nobilis Officii Judicis einzuſchrei-
ten,

ten, sondern deffen künftige alleinige Beftim-
mung ift, die Landtafelbücher und Quaternen
nach damaliger Ordnung und Verfaffung, in
welchen nichts zu ändern ift, nach jener fchrift-
lichen Auflage deren Landrechten zu führen, um
welche die in einem Landtafelgefchäfte verfloch-
tene Parthey fich unmittelbar bey dem Landrechte felbft zu melden hat.

Die Gerichtsbarkeit über jene Partheyen,
denen ein Adel nicht eigen ift, wird auch, in fo
weit fie derzeit einer landesfürftlichen Stelle eingeräumt gewefen ift, ohne Rückficht des der
betreffenden Parthey etwa eigenen Amts, oder
fonftigen Karakters, an jene Magiftrate und
Ortsgerichte übertragen, wo fich die betreffende
Parthey aufhält, weil die Ortsgerichte, die ihre
Urtheile derzeit zu fchöpfen, und ohne eine vor-
läufige obrigkeitliche Beftättigung zu bedörfen,
kundmachen konnten, die Gerichtsbarkeit beyzu-
behalten haben. Wo dagegen jene Ortsgerichte,
die ihre Urtheile vorläufig einer obrigkeitlichen
Beftättigung vorlegen müffen, diefe ihre Gerichtsbarkeit an jene Obrigkeiten, den das Recht
der Beftättigung eigen gewefen, zu überlaffen
haben. Wohl aber werden bey den königl. prager Städten folgende abgefonderte Gerichte aufgehoben. Bey dem altftädter Magiftrat das
abgefonderte Stadtgerichtamt, 2do. das Zehen-
männeramt, 3tio. das Sechsherrnamt, 4to. das
Bierverlegeramt, 5to. das Brückenamt. Bey
dem

dem neustädter Magistrat nebst gleich vor ange-
zeigten Stellen das Floßgericht und Roßrecht,
und das nämliche vom kleinseitner Magistrat zu
verstehen, wo dann die von diesen aufgehobenen
Aemtern behandelte Justizgeschäfte von dem Magistrat selbst zu besorgen sind.

Dieses nun vorausgesetzt wollen wir die
besondern Landesstellen nach Ordnung des gewöhnlichen Schema nach der Art durchgehen,
daß man die neu errichteten genau beschreibe,
ohne dabey der vormals bestandenen gänzlich zu
vergessen.

Conseſſum delegatum in cauſis ſummi Principis et Commiſſorum besorgte vormals das königliche Fiskalwesen, die Strittigkeiten der Unterthanen mit ihrer Obrigkeit, und die Prozesse
der türkischen Unterthanen. Bey der Justizreform von 1783 ward diese Stelle aufgehoben, und die Geschäfte theils dem Fiskalamte,
theils den königl. Landrechten zur Besorgung
übergeben.

Fiskalamt, der Direkteur davon ist der
königl. Kammer vorbehalten; es vertritt die
Rechte des Königs, indem es den Prozeß wider
die Verletzer der Regalien übernimmt, und auf
die Genugthuung, oder Bestrafung des Sach-
fälligen dringt. Es gehören zu diesem Amte die
Entscheidung über die Verletzung der königl. Regalien, Maut und Zollwesensverbrechen, Ein-
schwärzungen und Schleichhändel mit verbote-
nen

nen Waaren, Wucherangelegenheiten, und Ein-
ziehung des Privatvermögens zu Handen der
königlichen Kammer. Dem königl. Fiskus ſind
einige Advokaten als Adjunkten zugetheilt. Die
Sitzungen werden in dem königl. Landhauſe gehalten, allwo bereits alle übrige Landesſtellen
ihren Ort angewieſen erhalten haben.

Gubernialbuchhalterey, hat zum Gegenſtand die Berichtigung des in Streit gebrachten
Rechnungsweſens der landesfürſtlichen, oder
ganze Gemeinſchaften betreffende Angelegenheiten. Nach der neuen Juſtizreform ſind mit
dieſer Rechnungskammer die vormals beſondere ſogenannte Landesbuchhalter vereinigt,
oder vielmehr durch ihre neue Verfaſſung aufgehoben worden.

Kammerzahlamt, hier wird der Gehalt
der königl. Beamten und die Penſionen ausge-
zahlt. Vormals war ſtatt deſſen die königl.
Rentkammer errichtet, welche Kaiſer Sigmund
im Jahre 1437 aufgeſtellt. Sie verſahe die
königl. Renten und Gefälle, ſo von den königl.
Städten, Herrſchaften, Gütern und andern
Erträgniſſen einkamen. Gegenwärtig hat man
ſtatt deſſen die königl. Domainenkammer oder
königl. Kammeradminiſtration, welche bloß land-
wirthſchaftliche Sachen beſorgt.

Ständiſcher Landesausſchuß beſteht aus
den vier Ständen des königl., nämlich, dem
Geiſtlichen, Herrn, Ritter, und Bürgerſtande.

Aus

Aus diesen 4 Ständen werden zu gewisser Zeit besondere Personen ausgewählt, welche den ständischen Ausschuß ausmachen, und als Repräsentanten der 4 Stände anzusehen sind. Dieser ständische Ausschuß besorgt alle Angelegenheiten, welche sich auf die königl. Postulate und die allgemeine Landesverfassung beziehen, und sonst insgemein auf den allgemeinen Landtägen ausgemacht zu werden pflegen. Der ständische Landesausschuß hat unter sich die sogenannte ständische Kreditsoperationskammer, welche die den Ständen überlassene Landeserträgnisse zur Bestreitung einiger allgemeinen Landesausgaben berechnet, und den ständischen Landeskredit befördert.

Obersteueramt steht gleichsfalls unter der Aufsicht dieses ständischen Landesausschußes. Hier werden die allgemeine Landessteuern eingebracht, und berechnet. Diese Steuern werden auf den Landtägen bestimmt, und vermög der Ansäßigkeit der Bürger und der Unterthanen impartirt. Die Ansäßigkeit der Bürger wird nach den besitzenden Häusern und Gewerben, die der Unterthan nach den Feldern gemäß der Rektifikazion oder Ausgleichungssystem dann andern ökonomischen Erträgnissen berechnet; zum Obersteueramte gehört die Erbschaftsbeytragskasse, Militarbequartirungsgeschäft und Landesrektifikazionskommission.

Kreis-

Kreisämter befinden sich in Prag das von
kaurzimer, rakoniger, und berauner Distrikte.
Obgleich die Kreisämter überhaupt betrachtet als
eine Provinzialstelle angesehen werden, so sind
doch gleicherwähnte d. ey Aemter in Prag pla
zirt, um die Militärlieferungen, Vorspänne,
Steuereinbringung, und andere dergleichen Ge
schäfte mehr der nächst Prag liegenden Kreisen
mit Einverständniß des vereinigten Stadtraths
zu besorgen. Das Personale des Kreisamtes
besteht in einem Kreishauptmann, einigen Ad
junkten, Kommissärs und den erforderlichen
Kanzleyindividuen. Das Amt selbst ist eine mit
dem Gubernium unmittelbar korrespondente
Stelle, sie erhält die Gubernialanordnungen,
und läßt solche durch die Laufzetteln an die
Ortsobrigkeiten und Wirthschaftsämter zur Kund
machung gelangen, und erstattet den etwa noth
wendigen Bericht an das Gubernium. In Be
ziehung auf Privatbeschwerden oder Kriminal
fälle nimmt das Kreisamt ein summarisches
Verhör auf, und übergiebt dann solches, um
die Ulbersicht der Sache zu erleichtern, den
höhern Stellen zur Entscheidung, und vertritt
also die Stelle einer Art von Landespolizeybe
hörde, welche die Ortsobrigkeiten, Wirth
schaftsämter und Unterthanen zur Befolgung der
Gesetze anleitet.

Münz

Münzamt, die Einrichtung dieser Stelle ist in den ältesten Zeiten der böhmischen Geschichte zu suchen; die Aufsicht darüber führte der oberste Münzmeister. Der erste bekannte oberste Münzmeister war um das Jahr 1400 ein gewisser Herr von Reichenburg. Die Gerichtsbarkeit eines obersten Münzmeisters erstreckte sich über alle böhmische Bergstädte und das sämmtliche königl. Bergwerksregale. Ihre k. k. Majestät Maria Theresia hat ein prächtiges Münzhaus nächst dem sogenannten Pulverthurn erbauen, dann mit sonstigen Erfordernissen p ächtig versehen lassen. Allein unter der Regierung Josephs II. ist im Jahre 1783 das Prägwesen aufgehoben, und das Münzamt von hieraus, nach dem ehemaligen Bankaladministrationsgebäude gegen dem altstädter Dominikanerkloster verlegt worden. Von dieser Zeit an werden in diesem neuen Münzhause keine Münzen geschlagen, sondern nur bloß die edeln Metalle eingelöst, und zur Vermünzung nach Wien verschickt. Nebstdem führt das gegenwärtige Münzamt die Aufsicht über die in Gold und Silber arbeitende Künstler, und trift Vorkehrungen, damit das Publikum mit ächten Produkten dieser Art versehen werde.

Versatzamt befindet sich auf der Kleinseite auf dem wälschen Platze. Hier kann jedermann Geldvorschüsse gegen Darbietung eines Pfandes erhalten. Die Zinsen sind 8 1/8 vor Hundert.

Wenn

Wenn der Innhaber des Pfandes ein Jahr und 6 Wochen verstreichen läßt, ohne mit richtiger Zahlung der Zinsen fortzufahren, so wird sein Pfand in einer öffentlichen Feilbietung an den Meistbietenden verkauft, und ihm der Uiberschuß nachgezahlt. Dergleichen Feilbietungen werden jede erste Mittwoche und folgenden Täge in jedem Monate gehalten, und kann man aus dem gedruckten Verzeichniß die lizitirende Artikeln ersehen.

Straßenbaudirekzion eine in den neueren Zeiten errichtete Stelle zum Behuf der Erhaltung der Landstraßen, wozu die Kösten von den Ständen des Königreichs gegeben wurden. Diese Direkzion ward vor einigen Jahren aufgehoben, und die Besorgung des Geschäftes mit der ständischen Gefällenverwaltung vereinigt. Mit gleich erwähnter Direkzion hat eine Verwandschaft die bis heutigen Tags bestehende

Wasserbau oder Navigazionsdirekzion. Ihre Errichtung ward durch den wieder ans Licht gebrachten Plan Karls IV. von Schiffbarmachung des Moldauflusses unter der Regierung Marien Theresiens veranlaßt. Da nach der Zeit die Bewerkstelligung dieses Plans Hindernisse gefunden, so ist diese Direkzion zur Aufsicht über den Wasserbau und Wasserleitungswerke, welches Geschäft vorher bloß den Müllermeistern, die man deswegen Hydraulicos nannte,

anver=

anvertrauet war, angewiesen worden. Die Unterhaltung des Direkzionspersonalis wird zum Theil aus dem Fond der Wassermautgefälle bestritten.

Bücherrevisionsamt. Bey Gelegenheit der Bücherzensursreform vom Jahre 1781 errichtet, besorgt, womit die zum öffentlichen Druck bestimmten Handschriften dem vorgesetzten Zwecke entsprächen, und sowohl den Wissenschaften, der Staatsverfassung und der Religion und guten Sitten zum Vortheile gereichen möchten. Schriften, die erwähnte Eigenschaften nicht haben, werden zur Presse nicht zugelassen. Der Verfasser oder Verleger eines Werks, das er zum Druck befördert haben will, hat zween gleichlautende sauber geschriebene Kopien dieses seines Werks bey dem Bücherrevisionsamte einzubringen, dieses übersendet ein Exemplar davon einem besondern Zensor aus dem Mittel der Bücherzensurskommission, dieser referirt sein Gutachten über die Zulassung des Werks bey der Versammlung, und sonach wird das Werk entweder ganz oder zum Theile gutgeheissen oder verworfen. Die zweyte Aktivität dieses Amtes bezieht sich auf die Aufsicht über die fremden eingeführten Bücher.

Ehemaliges größeres Landrecht hielt seine Sitzungen in der Landstube, wo die Landtäge gehalten zu werden pflegen. Die Gegenstände, über die daselbst entschieden wurde, betrafen Jurien-

Bescht. v. Prag.   Aa   jurien-

jurienprozesse adelicher Personen, 2do. Erbschafts
sachen, 3tio. Verrückung der Gränzsteine und
4to. Schuldsachen. Nebstdem kamen auch hier
Prozesse vor, die von andern Kollegiis lange
nicht zum Schluß wegen vielen Schwierigkeiten
konnten gebracht werden, und also verzögert
wurden. Dieses Landrecht ward das Jahr
durch nur dreymal gehalten, und währte jeder=
zeit nur 14 Tage, welchen noch andere 14 Ta=
ge zugegeben wurden, wenn Wittwen und Wai=
senfachen ausgemacht werden mußten. Den
Vorsitz in der Versammlung führte in den alten
Zeiten der König selbst, in seiner Abwesenheit
that solches der oberste Burggraf. Die übrigen
Beysitzer waren meist die obersten Staatsbedienten, und zwar vor dem König Wladislaw
lauter Herrenstandespersonen, dieser König
aber hat im Jahre 1487 auch den Ritterstand
zu dem Rechte der Beysitzer authorisirt. Der
Sprecher in diesem Kollegio war der oberste
Landrichter, welcher zugleich einen Referenten
über vorkommende Geschäfte abgabe.

Vormaliges kleiners Landrecht war auch in
der Landstube des Jahrs dreymal gehalten, und
währte jederzeit 14 Tage. Die Beysitzer desselben nahmen den linken Sitz bey dem königl.
Schwert ein, und besorgten insgemein die
Landtafelsachen. Dieses Gericht wurde deswegen das kleinere Landrecht genannt, weil es
von dem größern abhienge, und dessen Beysitzer
die

die Stellvertreter der obersten Landminister gewesen sind. Z. B. der Vizeburggraf, Vize-landkämmerer, Vizelandrichter ꝛc. von dem ober-sten Burggrafen, obersten Landrichter, obersten Landkämmerer. Vor diesem Gerichte wurden Schuldsachen gebracht, so nicht über 100 fl. be-trugen, und durch keine schriftliche Verbindlich-keit versichert worden sind. Auch minder beträcht-liche Erbschaftsangelegenheiten pflegte man hier zu entscheiden.

Kammerrecht wurde jährlich viermal ge-halten, und währte jede Sitzung 14 Tage. Man fällte hier Urtheile über minder wichtige Injurienprozesse des Adelstandes, denn die wich-tigere gehörten zum größern Landrechte. Nebst-dem behandelte man auch hier folgende Streit-sachen, als: Widersetzlichkeiten und Verweige-rungen gegen das erworbene Recht eines an-dern zurückgehaltenen Heurathguts, verweigerte Zeugnißabstattung, nicht Erscheinung vor Ge-richte ꝛc. Der oberste Hofmeister war der Prä-sident dieses Gerichts. Der rechtliche Spruch mußte wenigstens von 10 Räthen unterschrieben worden seyn. Die Einrichtung des Kammer-rechts ist in den Zeiten Königs Johann, oder Kaisers Karl IV. zu suchen.

Hoflehentafel, zu solchen gehörten die in-ländischen Lehenssachen. Dieses Gericht war desgleichen sehr alt, welches vermuthlich Kö-nig Johann, oder Kaiser Karl IV, aufgestellt

ha-

haben mochte, weil die Mannslehen in Böh=
men von dieſen Regenten eingeführt worden ſind.
Das Lehenrecht wird wie das Kammerrecht vier=
mal des Jahrs gehalten, nämlich jederzeit 4
Tage vor Anfang des Kammerrechts.

Appellazionstribunal' hat ſeinen Urſprung
wie bereits erwähnt worden, vom Kaiſer Fer=
dinand dem I., von dem es auch ſeine beſon=
dere Inſtrukzion erhalten. Nach der Zeit aber
iſt in der Verfaſſung dieſes Gerichts manche
wichtige Veränderung vorgegangen, bis endlich
bey Gelegenheit der jüngſt vor ſich gegangenen
Juſtizreform ein beſtändiges Syſtem zu Stande
gekommen. Zur erwähnten Appellazion wird
der Zug von allen Gerichtsſtellen, ſelbſt auch
von den königl. Landrechten, in bürgerlichen
und Kriminalfällen genommen. Nebſtdem wer=
den auch von der Appellazion die Prüfungen
der bey den Gerichtshöfen anzuſtellenden Per=
ſonen vorgenommen. Wichtige Vorfälle werden
von hier aus an die oberſte Juſtizſtelle nach
Wien berichtet. Der Appellazionspräſident iſt
jederzeit einer aus den oberſten Staatsmini=
ſtern.

Landrechte königliche, ſonſt auch das abe=
liche Gericht genannt, ſind bey Einführung des
verbeſſerten Juſtizweſens im Jahre 1783 ſtatt
den aufgehobenen größern und kleinern Land=
recht, Kammerrecht, Oberſtburggrafenrecht, Le=
henrecht, und der königlichen Landtafel in Be=
ziehung

ziehung auf ihr richterliches Amt aufgestellt
worden. Um eine vollkommene Kenntniß dieser
so wichtigen Stelle sich eigen zu machen, wird
es nicht überflüßig seyn, hierorts einen kurzen Auszug der landrechtlichen Instrukzion beyzusetzen.

Die innerliche Verfassung dieses Gerichts
besteht in folgenden Punkten. Für die Behandlung der Geschäfte in Streitsachen sind 3 Tage
in jeder Woche bestimmt, als Donnerstag, Freytag und Samstag. Für die Angelegenheiten
des Nobilis Officii Judicis wird die Mittwoche
zur Rathssitzung angeordnet, doch wird dem
Präsidenten die Macht einberaumet, nach Beschaffenheit der Umstände einen andern Tag zu
wählen, um durch Kommissionen die Sachen
beyzulegen. Die Gegenstände bestehen in folgenden: 1mo. Die Aufnahme mündlicher Klagen, 2do. mündliche Nothdürfte, 3tio. die Aufnahme jener Tagsatzungen, welche gemäß der
Gerichtsordnung wegen Aufstellung eines Kurators, Rechtsfreundes, Erneuerung einer be-
denklichen Urkunde, wegen einem Parte judiciali
u. d. gl. angeordnet werden. 4to. Die Tagsatzung zur Aufnahme des Eides, 5to. Feilbietung der Landgüter — die Inrotulirung der
Akten kann in Gegenwart eines Raths, Auskultanten und eines Kanzelisten geschehen. Bey
Verhörung der Zeugen aber sind erforderlich 2
Räthe und ein Sekretär. In den Rathsver-
samm-

ſammlungen ſelbſt kommen vor: Waiſen, Rech=
nungs und Fideikommißgeſchäfte. Doch iſt da=
bey keine beſtimmte Zahl der Rathsglieder er=
forderlich. Die Rathsſitzung fängt um 9 Uhr an
und kann bis auf 1 Uhr fortdauern.

Von Errichtung des Protocolli Exhibitorum.
Was immer an die Landrechte gelanget, iſt ge=
nug, wenn von außen der Name, wohin das
Exhibitum gehört, angezeigt iſt. — Die Lan=
desſtellen ſchicken ihre Schriften verſchloſſen ein.
Das Protocollum Exhibitorum hat ein beſon=
deres Ort ausgewieſen. Solches wird täglich
von 8 bis 11 Uhr Morgens, dann von 3 bis
5 Uhr Nachmittags offen gehalten. Die Ex=
hibita müſſen ſchlechterdings im Amte eingebracht
werden; der Protokolliſt bezeichnet ſolches mit
dem Numer der Ordnung der Einbringung und
der Zahl der Zeitrechnung. Wenn die Parthey
verlangt, ſo iſt der Protokolliſt ſchuldig zum
Beweiſe der richtigen Einbringung eine Abſchrift
der Rubrik des Protokolls zu ertheilen.

Die Exhibita werden genau nach der
Ordnung ihrer Einbringung ins Protokoll
eingetragen, und regiſtrirt. Der Präſi=
dent bemerkt auf der gebogenen leeren Seite
des Protokolls, welchem Rathe es das Exhibi=
tum zum Referenten übergeben, ſo wie auch
alles beſchrieben wird, was mit dem Exhibita
weiter vorgegangen. Der Protokolliſt darf nicht
eher das Amt verlaſſen, bis er alle Exhibita,

die

die des Tags eingegangen sind, ins Protokoll
eingetragen hat. Wenn ein Exhibitum in duplo oder nach mehrern Rubriken einlauft, so ist
dieser Umstand in dem Protokoll vorzumerken.
Gerichtliche Deposita müssen bey der Rathssitzung
eingereicht werden. Testamente kommen in die
Hände des Präsidenten, oder vier Räthen zu
übergeben. Die protokollirten Exhibita werden
durch die Gerichtsdiener dem Referenten zugestellt. Der Präsident übersieht jeden Tag das
Protokoll, um zu wissen, unter was für ein
Referat die Exhibita gelangt sind. Mit Ende
jeden Monats werden die Protokollsbögen gehef-
tet und in Ordnung gebracht.

Von Zertheilung des Exhibiti an den Referenten. Wenn der Präsident das Protokoll
übersehen, und die Akten durchgelesen hat, so
übergiebt er das Geschäft dem Referenten. Von
des Präsidenten Willkühr hängt es ab, den
Referenten zu wählen, welcher das Referat
ohne wichtige Beweggründe von sich nicht ab-
lehnen kann.

Die besondern Abtheilungen des Systems
der landrechtlichen Geschäfte werden unter so
viele Referenten, nach dem Verhältniß ihrer
Kenntnisse eingetheilt. Sachen von Wichtigkeit
werden von zwey Referenten bearbeitet. Nach
Bemerkung des Referenten Namen wird dem
Protokollisten das Protokoll zur weitern Besorgung wieder übergeben. Der Protokollist führt

nebst

nebst dem Exhibitum auch ein besonderes Re-
ferentenprotokoll nach der Art des vorgehenden.
Die zurückhaltende Exhibita bemerkt der Präsident eigenhändig in dem Protokoll. Die Protokolle kommen nach Verlauf eines Jahrs in die
Registratur, und können nach 10 Jahren kassirt
werden.

Von Ausarbeitung des Exhibiti zum künftigen Referate. Die erste Pflicht des Referenten ist, darauf Acht zu haben, ob die Stücke
der Akten genau der Ordnung nach numerirt
und vollzählig sind, bey einem Verstoße hat er
sich darüber mit dem Protokollisten zu besprechen, und den Saumsal dem Präsidenten anzuzeigen. Wenn, der Referent wichtige Ursache
der Ablehnung des Referats findet, so zeigt er
solches dem Präsidenten an. Bey wirklicher Annehmung des Referats hat sich vor allen der
Referent einen vollständigen Begriff des Gegenstandes zu verschaffen. Ist das Exhibitum deutlich und bündig, so merkt der Referent nach
dem Protokollnummer sein Gutachten den Landesgesetzen gemäß bey, ist aber das Exhibitum
dunkel und weitläuftig, so macht er davon überdies einen besondern Auszug. Ist das Exhibitum aber gar zu weitläuftig, so nimmt es der
Referent ganz auf. Uiber jeden Prozeß hat der
Referent ein gründlich bearbeitetes Votum zu
verfassen. Am Ende des Voti ist das Urtheil
von Wort zu Wort, wie es der Referent abzu-

faffen

fassen glaubte, zu entwerfen. Das Referat ist
nach Möglichkeit in der nächsten Sitzung vorzutragen. Die dem Referenten zugetheilten geschlossenen Verfahren hat der Referent binnen
30 Tagen zum Vortrage zu befördern. Der
Koreferent verfährt mit dem Exhibito nach schon
vorgeschriebener Art, und übersendet es sodann
mit seinem Voto dem Referenten; rückständige Referate hat der Präsident von den Referenten zu ur-
giren. Bey fruchtlos ablaufenden Erinnerungen ist
der nachläßige Referent ab officio et solario zu su-
spendiren. Jener Rath, dem eine Stiftung zum
Referate zugewiesen ist, hat vor den Bestand
dieser Stiftung ein ordentliches Regulare zu
führen. Eben also hat jener Referent, dem
ein Fideikommiß zum Referate zugewiesen wird,
in gleicher Art über die wahre Beschaffenheit
des betreffenden Fideikommisses ein Rapulare zu
halten. Am Ende jedes Jahrs ist der Stand
jeder Stiftung und der Stand jedes Fideikommisses von dem Referenten dem Präsidenten vorzulegen. Jeder Rath ist berechtigt in jedem
Jahre durch sechs Wochen die Enthebung
von aller Arbeit bey dem Präsidenten anzu-
suchen.

Von dem Vortrage der Berathschlagung
und Erledigung der Exhibitorum.

Die Exhibita werden in der Sitzung ordnungsmäßig vorgetragen, von Generalien und
Resoluzionen bekömmt jeder Rath ein gedrucktes

Exem-

Exemplar. Der Referent ließ das Exhibitum
sammt seinem Voto laut. Wenn ein Rath diesen oder jenen Umstand in dem Referate nicht
verstehet, so steht es ihm frey die Erklärung aus
den Akten zu begehren. Nach vorgebrachtem
Referate bringt der Coreferent, wenn er vorhanden, sein Gutachten bey. Nach diesem wird
die Berathschlagung der Ordnung nach vorgenommen. Bey Mittheilung der Erinnerungen
soll sich kein Rath von Nebenabsichten einnehmen lassen. Wenn der Referent merkt, daß der
Votant seine Meinung auf eine falsche Thatsache
stütze, so ist es nöthig, daß er Referent die
Sache aufkläre.

Ein Rath kann bey folgenden Vorfällen
der Sitzung nicht beywohnen, 1mo. wenn das
Geschäft seine Gemahlinn, 2do. einen Blutsver-
wandter, 3tio. ein Geschwisterkind, 4to. seine
Schwäger, 5to. sein Mündel, 6to. eine Parthey angehet. Ein Rath, der von seiner erst
gegebenen Stimme abzugehen für gut befindet,
hat die Ursache davon dem Protokoll einschreiben zu lassen. Wenn der Referent in seinem
Vortrage einen wichtigen Umstand vorüber gegangen, so kann ihm der Präsident diese Un-
richtigkeit vorhalten. Sind in der Berathschlagung die Stimmen getheilt, so hat der Präsident das Votum conclusivum. Fiskalstreitsa-
chen betreffende Exhibita zeigt der Referent dem
Präsidenten bevor mündlich an. Der Kammeral-
repräs-

repräsentant hat nach dem Referenten und Mit-
referenten das erste Votum, doch ist solches bloß
informativ und nicht konklusiv. Alle Vota
werden genau in das Sitzungsprotokoll eingetragen. Über das, was in der Sitzung
vorgeht, ist ein strenges Stillschweigen zu halten.

Von der Benehmung bey Aufnehmung
mündlicher Klagen. Wenn sich ein Kläger an-
meldet, der eine mündliche Klage vorzubrin-
gen hat, so steht es dem Präsidenten frey, die
Sache entweder in der Sitzung vorzutragen, oder
durch eine Kommission berechtigen lassen. Über
die mündlichen Klagen wird ein besonderes Register geführt, der Rath, dem die Besorgung
des Geschäfts übergeben worden, macht davon
die Anzeige der Versammlung, und sodann wird
die Sache dem Exhibitor übergeben.

Von der Benehmung in Rücksicht des mündlichen Verfahrens. Alle Tagsatzungen in Streit-
sachen sind entweder in der Versammlung oder
Kommission vorzunehmen. Wenn an einem Tage mehrere Tagsatzungen anberaumt sind, so
sollen die Partheyen vom Lande vor allen andern gefördert werden. In den Akten der Tagsatzung, von was immer für einer Art, solle sich
genau nach jenem gerichtet werden, was dieß-
falls in der Gerichtsordnung vorgeschrieben ist.
Bey der Tagsatzung gebührt nur folgenden Partheyen den Sitz zu nehmen. 1mo. Dem in-
und

und ausländischen Abel, und den Prälaten. 2do. königlichen Räthen und Beamten von höherer Charge. 3tio. Den k. k. Offizlers. 4to. den Domherren und Geistlichkeit von Distinktion. Der Protokollist nimmt bey der Tagsatzung den Vortrag der Partheyen von Wort zu Wort auf, und überließ solches wiederholt den betreffenden Personen. Nach beendigten Nothdurften wird zur Berathschlagung geschritten, und sodann der Schluß geschöpft.

Benehmung der vorfallenden Eide. Von dem Präsidenten hängt es ab, ob der Eid in der Rathsversammlung oder bey der Kommission aufgenommen werden solle. Vor der Eidesleistung ist die Pflicht des ältesten Rathes, dem Schwörenden die Wichtigkeit der Handlung gründlich vorzustellen, und dabey die Strafe des Meineids zu Gemüthe zu führen. Der Präsident liest dem Schwörenden die Eidesformel vor. Das Uebrige ist nach der Gerichtsordnung zu beobachten. Jüdische Partheyen haben besondere Eidesformel vorgeschrieben, nach welcher sich genau zu achten. Wenn der Jude des Lesens unkündig ist, so muß er einen andern mitbringen, der im Stande ist, ihm den Gegenstand vollständig zu erklären. Um dem sonst gewöhnlichen Arglist der Juden vorzubeugen, so stellt der Präsident an den Schwörenden vor der Eideleistung Fragen, um sich bevor seiner wahr-

wahrhaftigen Ausfage zu verfichern. Nach aller diefer angewandten Behutfamkeit wird endlich der Jud nach den vorgefchriebenen Forma-
litäten zur Eidesleiftung nach dem dritten
Buche Moyfes zugelaffen. Endlich wird die
Eidesformel, fo über den befonders zu befchwä-
renden Gegenftand verfaßt ift, von dem Juden
befchworen.

Von der Benehmung bey dem Zeugenver-
hör. Die Zeugenausfagen find von 2 Räthen
und 1 Sekretär aufzunehmen. Das Weifungs-
protokoll ift halbbrüchig zu führen, auf der einen Seite die Numer des Weisartikels, auf
der andern die gegebene Antwort aufzufchrei-
ben. Das Protokoll wird von der Parthey,
den Räthen, und dem Sekretär unterzeichnet,
dann von außen mit der Rubrik bemerkt. Der
ältere Rath übergiebt diefes Protokoll in der
nächften Rathsfitzung dem Präfidenten, und
diefer läßt es zum Expeditamte gelangen. Ift
die Weifung auf Erfuchen eines andern Rich-
ters aufgenommen worden, dann ift das Protokoll mit den Akten verfiegelter dem Richter zu
übergeben.

Von der Benehmung bey Jnrotulirung
der Akten. Die Jnrotulirung der Akten hat von 1
Rath, 1 Auskultanten und 1 Kanzeliften zu ge-
fchehen. Die Klage ift N. 1), die Einrede N. 2.
die Replik N. 3., die Duplik N. 4., und wenn
weitere Schriften vorhanden auch weitere Nu-

mern

viern zu setzen. Die Beylagen sind mit Buchstaben bemerkt. Der Rotulus selbst ist also zu
verfassen, daß die Rubrik jeder Schrift, und
dann die Benennung und das Datum jeder Urkunde, die der Schrift bey der Introtulirung eingelegt worden, angemerkt werde. Wenn alle
Beylagen eingetragen sind, haben die beyden
Räthe und der Kanzellist den Rotulum zu un-
terschreiben. Wenn eine in einer Urkunde an-
geführte Schrift bey der Introtulirung nicht gefunden wird, ist die Anmerkung nicht beygebracht, zu machen. Wenn sie aber zwar beygebracht würde, aber nicht gelegt werden könnte,
weil sie dem Gegentheil nicht zugekommen, ist
in der Schrift anzumerken: wegen unterlassener
Zustellung nicht gelegt. Wenn endlich die Legung einer Urkunde strittig wird, sind beyde
Theile über diesen Umstand zu vernehmen. Bey
diesem Umstand ist anzumerken: die Legung
strittig. Der fertige Rotulus wird dem Referenten zugestellt.

Von dem Benehmen bey gerichtlichen Depositen. Dem Präsidenten liegt es ob, in dem
Gerichtshause ein schickliches Verwahrungsort
zu bestellen, um darinn alle Arten gerichtlicher
Depositen niederlegen zu können. Zur Besorgung der Depositenkasse sind zwey Räthe und
1 Sekretär bestellt. In diese Depositenkasse
solle ohne schriftlichen Auftrag der Stelle, der
bey den Kommissionsakten aufzuheben ist, nichts

einge-

eingenommen, und erfolget werden. Alle Deposita müssen in der Rathssitzung mittels der
schriftlichen Anzeige von den Partheyen eingebracht werden. Den Erlag des Depositi tragt
der Protokollist Exhibitorum in seine Bücher
ein. Nach dieser Vormerkung wird von dem
Sekretär an die Depositenkommission ein Dekret wegen Annehmung des Depositi ausgestellt,
und das Depositum ordnungsmäßig übernommen. Uiber das Depositum wird weiters der
Erlegsschein ausgefertigt, wovon ein Exemplar
der Registratur, das andere dem Expeditamte,
um solches der Parthey zuzustellen, übergeben
wird. Uiber das sämmtliche Depositenwesen
ist von dem Sekretär ein Protokoll zu führen,
In dem Rathsprotokoll ist mit wenig Worten der
Name des Deponenten einzutragen. Das Ge-
such wegen Ausfolglassung eines Depositi wird
bey dem Protocollo Exhibitorum eingebracht,
und dem Präsidenten übergeben, welcher es mit
dem Vidi bemerkt. Von dem erhaltenen Be-
scheide ist der Depositenkommission eine Abschrift
zu ertheilen. In dem Depositenprotokoll ist die
geschehene Erbfolglassung einzurücken. Am Ende jeden Jahrs hat die Kommission dem Präsidenten ein Verzeichniß der im Jahr vorgefallenen Depositen einzuhändigen. Bey befundener
Richtigkeit der Sache ist ein Tag zu bestimmen,
an welchem der Stand der Depositenkasse un-
tersucht werden soll.

Von

Von dem Benehmen in Abhandlungsſa-
chen: Wenn dem Gerichte die Anzeige über einen erfolgten Todesfall geſchiehet, ſo iſt alſo-
gleich die gerichtliche Sperr anzulegen. Bey
dergleichen Vorfälle werden von dem Präſidenten 2 Gerichtsindividuen benennet, um die Sperr
anzulegen, und das Inventarium zu verfaſſen.
Zur Unterſuchung des Verlaſſenſchaftsvermö-
gens haben die ernennten Kommiſſärs jederzeit
2 Hausgenoſſene, und wenn keine vorhanden,
2 Mitnachbarn, als Zeugen zuzuziehen, und
außer den Fällen der vorzunehmenden engen
Sperr haben ſich die Gerichtskommiſſarien fol-
gendermaſſen zu benehmen, daß 1mo. der Name des Erblaſſers, 2do. deſſen etwa hinterlaſſe-
ne Wittwe, 3tio. die Kinder, 4to. ob ein Teſtament vorhanden, 5to. den Erbe bemerkt, und
endlich 6to. der Amtsſiegel aufgedruckt werde.
Wenn ein Teſtament vorhanden, ſolchen haben
die Sperrkommiſſarien dem Präſidenten zuzu-
ſtellen. Wenn der Verſtorbene in königlichen
Dienſten geſtanden, ſo werden die in ſeiner Be-
hauſung vorgefundene Amtsſchriften der betreffenden Stelle übergeben. Die enge Sperr iſt
vorzunehmen, wenn Gefahr obwaltet, daß die
Verlaſſenſchaft leicht zerſtreuet werden könnte.
Die enge Sperr beſteht aber in dem, wenn alle
Sachen in ein ſicheres Verwahrungsort derge-
ſtalt gebracht ſind, daß niemand ohne gewaltſa-
mer Erbrechung dazu einen Zugang haben könne.

Wenn

Wenn der Bericht wegen angelegter Sperr ab=
gestattet wird, so ist der Umstand in Beziehung
auf die Nothwendigkeit der engen Sperr beson=
ders anzumerken, um die bey dergleichen Ge=
legenheit zu treffende Verfügungen schleunig be=
fördern zu können.

Die Inventur wird nur auf Verlangen
des Erben vorgenommen, es wäre dann der
Fall, wo der intereßirte Theil in den Umständen
sich befände, daß er nicht fähig wär, sein Ver=
mögen selbst zu verwalten. Bey Vornehmung
der Inventur stehet jedermann der Zutritt frey,
der ein Recht an der Verlaſſenſchaft hat. Die
Gerichtskommiſſarien sollen sich bey der Inven=
tur alles Eigennutzes enthalten, und alles, ohne
das mindeste auszulaſſen, genau verzeichnen:
Nebstdem haben geschworne Schätzmeister den
Werth der Sachen zu bestimmen. Das verfaßte
und unterschriebene Inventarium gelangt zum
Protokoll Exhibitorum. Die in der Verlaſſen=
schaft befindliche unhaltbare Sachen werden so=
gleich an die Meistbietenden verkauft, und das
hieraus gelöste Geld bis zur Antretung der
Erbschaft in gerichtliche Verwahrung genom=
men. Bey der Feilbietung ist sich nach der Ge=
richtsordnung zu richten. Das Gericht hat in
die Verlaſſenſchaftshandlung nur in folgenden
Gegenständen von Amtswegen einzuschreiten:
1mo. Wenn im Testamente Vermächtniſſe ein=
kommen, die vorgemerkt werden müſſen. 2do.

Beschr. v. prag.　　B b　　　　Die

Die Vermächtniſſe, ſo Pupillen, oder Curando
betreffen, ſind der betreffenden Stelle anzuzeigen
9tio. Iſt nach Verlauf eines Jahres der erklärt
Erbe vorzurufen, und zur Bekenntniß der Ver
laſſenſchaft zu verhalten. Nach dieſem kömmt
der Betrag der zu entrichten kommenden Erb
ſteuer zu beſtimmen. Uiber jede Verlaſſenſchaft
iſt ein Protokoll in Geſtalt einer Tabelle zu
führen. In dieſe Tabelle iſt 1mo. der Name
des Erblaſſers einzutragen. 2do. iſt der Ster
betag. 3tio. Der Name der Wittwe, 4to. der
Kinder einzuſchalten. 5to. Solle der Tag der
Kundmachung des Teſtaments bemerkt werden.
6to. Iſt der Tag der überreichten Erbeserklärung
einzutragen. 7mo. Iſt das Datum der errichte
ten Inventur zu beſchreiben. 8vo. Sind die
Urſachen anzuführen, welche etwa die Beerdi
gung der Verlaſſenſchaftsabhandlung betreffen.
9no. Endlich iſt der Tag der geſchehenen Abtre
tung anzumerken.

Von dem Benehmen in Waiſenſachen. In
Pupilarangelegenheiten liegt dem Senate in of
ficioſis ob ; die Aufſicht auf die Perſon, und
das Vermögen der Minderjährigen zu tragen.
Zu dieſem Ende iſt bey der Stelle ein beſonde
res Protokoll vorhanden, um darinn alle Um
ſtände dieſes Geſchäfts einzutragen. Den Pu
pillen wird ein rechtſchaffener und verſtändiger
Vormund und reſpective Kurator ohne Zeitver
luſt vorgeſetzt. Der Vormund iſt verbunden

über

über alle wichtige Anstände seines Geschäfts sich mit dem Senate zu berathschlagen.

Wenn der Pupil auf was immer für eine Art ein wichtiges Geschäft vorzunehmen gesinnt ist, so hat er dazu die gerichtliche Bewilligung vonnöthen. Wenn die Großjährigkeit des Pupillen herannahet, ist 3 Monate vor der Eintretung der Vormund vorzufordern, und zu vernehmen, ob der Pupil also beschaffen sey, daß ihm die Verwaltung seines Vermögens übergeben werden könne? Findet man für gut, dem Pupillen die eigene Verwaltung seines Vermögens zu übergeben, so erhält der Vormund sein Entledigungsdekret, und sonach ist er gehalten, die Schlußrechnung dem nun großjährig gewordenen Pupillen vorzulegen. Im entgegengesetzten Fall läßt die Gerichtsstelle ein öffentliches Edikt ergehen, durch welches bekannt gemacht wird, daß ob zwar N. großjährig geworden, ihm doch bisher die eigene Verwaltung seines Vermögens zu überlassen für gut befunden worden war. In das Waisenprotokoll kömmt folgendes einzutragen. 1mo. Der Name des Pupillen oder Kuranden, 2do. der Name des Vormunds oder Kurators, 3tio. der Aufenthaltungsort und Erziehung des Pupillen, 4to. sein Vermögen, 5to. der Ausweis über die erlegte Vormundschaftsrechnungen, 6to. die ertheilte Konsense über wichtige Angelegenheiten. 7mo. Abtheilung des Vermögens, wenn mehrere Pu-

Bb 2

pillen .

pilßen da ſind. 8vo. Die Erlöſchung der Vor=
mundſchaft. 9no. Die etwa erfolgte Erklärung
der Unfähigkeit der eigenen Vermögensverwal=
tung.

Von der Benehmung in Rechnungsſa=
chen. Jeder Rechnungsleger, dann jedes Ge=
ſchäft, in welchem Rechnungen zu legen kom=
men, iſt in einem eigenen Protokoll anzumerken.
Für jeden Rechnungsleger hat der Präſident
einen Referenten zu beſtimmen. Die bey dem
Protocollo Exhibitorum eingelegte Rechnung
wird der Gubernialbuchhalterey zur Erläuterung
unter einer 14tägigen Zeitfriſt übergeben. Die
Gubernialbuchhalterey hat die erſte Rechnung
nach folgenden Bemerkungen durchzugehen. 1mo.
Ob in dem Empfange nichts ausgelaſſen wor=
den, 2do. ob die Einkünfte genau aufeinander
folgen. 3tio. Ob die Ausgaben bewieſen ſind.
4to. Ob der Vormund mit gerichtlicher Bewil=
ligung verſehen ſeye. 5to. Ob kein Error cal=
culi vorgefallen. 6to. Ob der Vormund die
Kapitalien ſicher geſtellt. Bey der Rechnungs=
unterſuchung hat ſich die Gubernialbuchhalterey
aller Chikane zu enthalten. Die von der Gu=
bernialbuchhalterey erläuterte Rechnungen wer=
den dem Referenten zur weitern Uiberſicht zuge=
ſtellt.

Rechnungsanſtände werden von denen Rech=
nungsoffizianten, der die Erinnerungen ausge=
ſtellt, aufgeklärt. Hätte die Buchhalterey wich=
tige

tige Anstände übergangen, ist gegen selbe die
Nachläßigkeit zu ahnden.   Uiber die Rechnun=
gen wird nach Beschaffenheit der Sache entwe=
der ein Resolutorium ausgestellt, oder zur Ausstel=
lung der Rechnungsmängel geschritten.   Die
Erläuterung der Rechnungsmängel ist bey der
Rathssitzung in officiosis zu beurtheilen.   Die
Rechnungsmängel bleiben bis zur Ertheilung
des Absolutorii bey der Rathssitzung in officio=
sis, sodann aber gelangen solche an die Regi=
stratur.   Die Interessenten haben das Recht die
Rechnungen gegen Ausstellung des Empfangs=
scheins abzufordern.

Das bey der Gerichtsstelle geführte Rech=
nungsprotokoll enthält folgende Rubriken: 1mo.
Den Namen des Rechnungslegers. 2do. Die
Betreibung der Rechnungen.   3tio. Den Tag
der gelegten Rechnung. 4to. Den Tag, wenn
die Rechnungen der Buchhalterey zur Bearbei=
tung sind übergeben worden. 5to. Wenn von
der Buchhalterey die Erinnerung erfolget. 6to.
Wenn der Rechnungsleger die Mängel erhalten.
7mo. Die erfolgten Erläuterungen, 8vo. die
Ursache des verweigerten Absolutorii, 9no. Den
Tag des ertheilten Absolutorii, 10mo. die Aus=
folgung der Rechnungen.

Von der Führung des Protokolls. Uiber
alles, was in der Rathssitzung vorgeht, ist ein
Protokoll zu führen.   Dieses enthält folgende
Rubriken: 1mo. Den Gegenstand der Berath=

schla=

ſchlagung, 2do. die betreffende Partheyen, 3tio.
die Meinungen der Räthe. 4to. das Konkluſum. Der Gegenſtand der Berathſchlagung
wird, ſo kurz als möglich protokolirt, es iſt
genug, wenn angezeigt wird, um was Exhi-
bent bittet, oder weswegen die Streitſache entſtanden. Die Meinung des Referenten ſolle in
ſo weit angeführt werden, damit man wiſſe,
wohin ſolche abgegangen. Die mit dem Referenten gleichſinnigen Räthe werden bloß bemerkt,
die zum Theil abweichenden Beweggründe angeführt, und dann die ganz gegenſeitige Meinung beſchrieben. Das Konkluſum aber iſt
ganz von Wort zu Wort dem Protokoll einzutragen. Dem Protokolliſten iſt nicht geſtattet die
Akten nach Hauſe zu nehmen. Nach dem Schluße jeden Monats wird dem Präſidenten das Protokoll zur Einſicht übergeben.

Von Expedirung des Konkluſi. Die Beſorgung der Expedition iſt dem Sekretär übergeben, ausgenommen, wenn das Konkluſum
auf einen an die Appellazion abzuſtattenden Bericht oder auf Hinausgebung der Beweggründe
eines Urtheils an die darum anſuchende Parthey berichtet, in dieſem Fall beſorgt der Referent die Expedition. Der Sekretär kleidet
das Konkluſum in ſolche Form ein, wie es die
Beſchaffenheit der Sache erfordert.

Das

Das Expeditum iſt nach Thunlichkeit während der Rathsſitzung zu verfaſſen, das über-
gebliebene iſt im Amte des nämlichen Tages
zu verfertigen, weil es nicht erlaubt iſt, dem
Sekretär die Akten nach Hauſe zu nehmen.
Sollten die Expeditionen ſo häufig ſeyn, daß
der Sekretär die Arbeit nicht beſtreiten könnte,
ſo werden ihm die Regiſtranten zur Beyhilfe
zugegeben. Das verfaßte Expeditum iſt nach
Thunlichkeit während der Rathsſitzung zu verfaſſen.

Das Uibergebliebene iſt im Amte des nämlichen Tages zu verfertigen. Das verfaßte Expeditum wird dem Referenten verſiegelt zuge-
ſchickt. Der Rath hat das Expeditum genau
zu durchſuchen, ob es mit dem Konkluſum über-
einſtimme. Von dem Referenten ſind die Expeditionen dem Präſidenten zuzuſchicken.

Expeditionen an höhere Stellen werden
in Form der Berichte ausgefertigt, und von
dem Präſidenten und Referenten unterſchrieben.
Die übrigen Expeditionen werden bloß von dem
Präſidenten abgefertigt.

Expeditionen an nicht untergeordnete Stellen unterſchreibt der Präſident und ein Sekretär in der Form der Erſuchſchreiben. An untergeordnete Partheyen oder Aemter ergehen
die Expeditiones mittels der Befehle, die der
Präſident und ein Sekretär unterfertigt. Die
Rathſchläge, ſo keine Urtheile ſind, werden auf
dem

dem Rücken des Exhibiti aufgeschrieben. Die
Urtheile endlich sind von dem Präsidenten und
einem Sekretär zu unterfertigen, und werden in
gleicher Form über Inzidenzstreit und über die
Hauptsachen u. d. gl. geschöpft.

Die auszufertigende Edikte bestehen in folgenden: 1mo. In der Konvokation. 2do. Der
Feilbietung, 3tio. der Vorruffung eines Be-
klagten, Auswärtigen. Zur Ersparung des
Schreibens werden in Vorrufungsedikten ge-
druckte Formularien gebraucht. Die Feilbie-
tungsedikte aber werden ganz schriftlich verfaßt,
weil die vielen Umstände der Feilbietung in ein
gedrucktes Formular nicht füglich können eingeschaltet werden. Das Edikt wird an öffentlichen Plätzen aufgeschlagen, und muß zu
dreymalen in die Zeitungsblätter eingeschaltet
werden.

Von Ausfertigung und Zustellung der
Expeditionen. Der Expeditor hat sich in Ansehung der beförderten Expeditionen mit dem
Taxator einzuverstehen. Anstände, so die Bestimmung der Taxgebühr betreffen, werden der
königlichen Hofkammer angezeigt. Dann hat
der Expeditor darauf zu sehen, damit in der
Kanzley die Ausfertigung der Expedition geschehe. Sobald die Expedition abgeschrieben
ist, wird sie mit dem Konzepte sammt den dazu gehörigen Stücken von dem Expeditor oder
Registranten und dem Kanzellisten kollazionirt.

Dann

Dann hat der Expeditor Rücksicht zu nehmen, daß die Unterfertigung der Expedition vorschriftsmäßig geschehe. Das Konzept wird in der Registratur reponirt. Die Expedition stellt der Gerichtsdiener der betreffenden Parthey zu, und läßt sich die geschehene Zustellung von der Parthey eigenhändig in seinem Tagzettel vormerken. Den folgenden Tag hat sich der Gerichtsdiener bey dem Expeditor wegen der geschehenen Zustellung der Expedition an die Parthey zu rechtfertigen. Uibrigens hat noch der Expeditor die Besorgung der betreffenden Geschäfte unter die Gerichtsdiener also zu vertheilen, daß dadurch die Gerichtsstelle hinlänglich bedient werden könnte.

Von Aufbewahrung der Akten und eigentlich bestehender Registratur. Die Amtsakten werden in einer besondern Abtheilung der Gerichtsstelle, so man das Archiv, oder die Registratur nennt, aufbewahrt. Alle Akten werden in gewisse Gebünde in Folio nach chronologischer Ordnung rangirt, die Vota aber nach den Protokollsnummern eingelegt. Die Gebünde der Schriften sind nach Bequemlichkeit einzurichten, und auswärts mit Nummern zu bemerken. Allgemeine Gesetze werden in ein besonderes Buch einregistrirt. Nebstdem führt man über Privatsachen ein eigenes alphabetisches Repertorium, wobey gleichartige Partheysachen mit den Numern der Eintragung bemerkt werden.

Außer

Außer dem Präſidenten und den Räthen
ſolle niemanden eine Schrift aus der Regiſtratur ausgefolgt werden. Uiber die Ausfolglaſ-
ſung einer Schrift aus der Regiſtratur ſtellt der
Präſident oder der Rath einen Schein aus, ſolchen legt der Regiſtrator an die Stelle des aus
dem Gebünde herausgenommenen Stücks, und
kaſſirt ihn erſt damals, wenn die Zurückſtellung
wirklich erfolget; eine gleiche Vormerkung geſchiehet in dem Regiſter. Mit gleicher Vorſicht
wird auch kein Anſtand genommen des Sekretärs
Schriften auszufolgen, welche in ſeine Expedition einſchlagen.

In die jährliche Tabelle der Amtsausar-
beitungen kömmt folgendes einzutragen. 1mo.
Die Zahl der in jedem Geſchäfte vorgefallenen
Numern. 2do. Die von jedem Referenten be-
arbeitete Zahl der Geſchäfte. 3tio. Die noch
nicht erledigten Exhibita. Nebſtdem wird von
Viertel zu Vierteljahre über die in Rückſtand
haftende Verweiſe das Verzeichniß dem Appel-
lazionsgerichte überreicht. Schlüßlich hat der
Präſident ein oder den andern Rath zu benen-
nen, der die Aufſicht über die Regiſtratur, und
Kanzley auf ſich habe, die ein ſo andere von
Zeit zu Zeit überfalle, ob eine Gleichheit in
der Arbeit und die Genauigkeit in der vorgeſchriebenen Manipulation beobachtet werde, un-
terſuche, bey entdeckendem Gebrechen ſein Referat

ferat abstatte, und die nöthigen Aushilfsmitteln
an Handen lasse.

Dieses ist also die Instrukzion für die
königl. Landrechte in einem kurzen Auszuge vor
Augen gesetzt, um die innere Verfassung der
sämmtlichen Gerichtsstelle, welche diese Instrukzion in Beziehung auf das wesentliche Allgemeine
angehet, anzuzeigen. — Nun wollen wir in der
Beschreibung der übrigen Länderstellen weiter
fortfahren.

Landtafel. War vormals von den vornehmsten Landesministern besetzt. Es werden
hier die Landtagsschlüsse, allgemeine Landesge-
setze und alle wichtige Anordnungen, Verträge
und Verbindlichkeiten der höheren Standesper-
sonen einregistrirt. Im Jahre 1541 ist die Landtafel durch Feuersbrunst der wichtigsten Urkunden beraubt worden, wodurch dem ganzen Lande
ein großer Schaden zugefügt wurde. Um einem
künftigen Uibel von gleicher Art vorzubeugen,
gerieth man anfangs auf den Einfall die Urkunden in duplo abzuschreiben, und solche in
zween verschiedene Verwahrungsörter aufzube-
wahren, allein dieser Vorschlag ist bisher zur
Wirklichkeit nicht gediehen.

Der Ursprung der Landtafel ist sehr alt,
doch hat diese Stelle unter der Regierung Königs Johann, und Kaiser Karls IV., von dem
die Landesämter theils neu errichtet, theils reformirt worden sind, eine besondere Verfassung
erhal-

erhalten, welche bis zu unſern Zeiten gedauert.
Bey der Juſtizverfaſſung von 1783 iſt die Ju-
dikatur der Landtafel den königl. Landrechter
übergeben worden; alſo, daß heutiges Tags
bey dieſer Landtafel nur bloße Intabulirungen
vorgehen.

Ehemaliges Oberſtburggrafenrecht. Vor
dieſes Gericht wurden alle Arten ſchriftlicher
Verträge und Verbindlichkeiten des Adels, Unterſuchungen der Zeugniſſe, Ertheilung der Steckbriefe u. d. gl. gezogen. Bey der Juſtizreform
vom Jahre 1783 iſt dieſes Amt in ſo weit aufgehoben worden, daß es von deſſen ehemaligen
rechtlichen Entſcheidungen abkömmt und nun
bloß bey der Regiſtratur das fernere Verblei-
ben hat.

Wechſel und Merkantilgericht. Eine in
neuern Zeiten errichtete Stelle, beſorgte bloß
Wechſelſchulden, ſie mögen nun den Handels-
ſtand oder andere Perſonen betroffen haben. Da
nach der Zeit das ſtrenge und gar zu harte
Verfahren dieſes Gerichts den Schuldnern, ſo
keine Kaufleute geweſen, ſehr nachtheilig geworden, ſo hat man für gut befunden die Gerichtsbarkeit dieſes Wechſelgerichts bloß auf
Merkantilſachen, wo die Aufrechthaltung des
Kredits ein genaues Verfahren erfordert, einzuſchränken. Gegenwärtig gehört die Entſcheidung über Wechſelſchulden unter die Gerichtsbarkeit des ordentlichen Stadtraths. Doch ſind
hie-

hieben die in Sachen nach und nach ausge-
gangenen Verordnungen wohl zu berathschlagen.

Weinbergamt vormaliges. Da Kaiser
Karl IV. den Weinbau in Böhmen durch Uiber-
setzung der Reben von Burgund und andern an
diesen Gewächsen fruchtbaren Gegenden eingeführt, so hatte er auch ein eigenes Gericht aufgestellt, um die Strittigkeiten der Winzer und
Weinangelegenheiten beyzulegen. Dieses Gericht wurde insgemein das Weinbergamt genennt, und erstreckte sich dessen Gerichtsbarkeit
über einen beträchtlichen Bezirk der um Prag
gelegenen Weingärten. Bey Einführung der
verschiedenen Rebenrechte hatte dieses Weinbergamt vieles von einer Territorialjurisdikzion
verlohren, bis es endlich im Jahre 1783 völlig
aufgehoben worden war.

Akademischer Rath, übte vor der allgemeinen Justizreform im Jahre 1783 seine Gerichtsbarkeit über die Studenten und die Mitglieder der Universität in bürgerlichen und Kriminalfällen aus. Das akademische Konsistorium
hat gleichen Ursprung mit der Errichtung der prager hohen Schule durch Kaiser Karl IV., welcher
den Studenten nebst andern Freyheiten auch das
Privilegium fori ertheilt. Nach dem Tod dieses
Kaisers wurden diese Freyheiten von den folgenden Regenten nicht nur allein bestättiget,
sondern auch vermehret. Vorzüglich bewiese

sich

ſich Kaiſer Ferdinand III. ſehr freygebig geg[en] die Studenten in Beſtättigung ihrer alten Vor[rechte], beſonders aus Rückſicht der von ihne[n] in der ſchwediſchen Belagerung der Stadt Pra[g] im Jahre 1648 bewieſenen inländiſchen Dien[ſten. Nach der Zeit drang man nicht ſo ſeh[r] darauf, die Studentenvorrechte geltend zu ma[chen], ja in dem franzöſiſchen Einfall in Prag von 1741 verlohren ſie ſogar viele ihrer alten militäriſchen Ehrenzeichen. Der Rektor der Uni[ver]ſität führte das Präſidium in dem akademi[ſchen Rathe. Die eigentliche Beſtimmung des Konſiſtoriums wurde bey der Juſtizreform von 1783 modifizirt.

Stadthauptmannſchaft war eine Stelle, die mit den Kreisämtern viele Aehnlichkeit hatte, und ſonſt die Verordnungen der höheren Lan[des]ſtellen dem Stadtrathe bekannt machte, auf derſelben Befolgung drang, und die Gerichts[barkeit] über die Geiſtlichkeit und Adel in Be[ziehung] auf politiſche Gegenſtände ausübte.

In Prag waren 3 Stadthauptleute, näm[lich] auf der Altſtadt, der Neuſtadt und der Kleinſeite; nebſt dem Schloßhauptmann, unter deſſen Jurisdikzion der Schloßbezirk gehört[e]. Die Stelle des Stadthauptmanns begleitete j[e]derzeit eine Perſon aus dem Adelſtande. D[ie] Errichtung des Adels der prager Stadthaupt[mannſchaften iſt ſehr alt; ſie ſcheint eine Aehn[lichkeit] mit der Beſtellung der Richter von de[n]
Eis

Libussa und Przemißl zu haben, deren Pflicht
es war, über den wahren festgesetzten Stadtrath Aufsicht zu führen, und Strittigkeiten,
die eine schleunige Beylegung erforderten, zu
Ende zu bringen.

Nach der Zeit erhielt dieses Amt eine gleiche Bestimmung mit den Kreisämtern, mit dem
einzigen Unterschied, daß diese letztern die Obsicht über landwirthschaftliche Gegenstände hatten, und über besondere strittige Fälle entschieden. Jene hingegen auf die Befolgung der
Landesanordnungen in der Stadt drangen, und
in Beziehung auf allgemeine Gesetze und Kundmachung der Partheysachen die Gerichtsbarkeit
über die Geistlichkeit in causis mixtis und den
Adel ausübten. Es ist daher aus der Verfassung
dieser Stelle abzunehmen, daß solche zeither eine
Art Polizeybehörde ausgemacht, die aber nach
der Errichtung verschiedener Kommissionen, welche Polizeygegenstände von einander abgeson-
dert behandelten, eine ganz andere Wendung
erhielt.

Von dieser Epoche an zu rechnen, konnte
man die Stadthauptleute als einen politischen
Kanal ansehen, durch welchen die Verordnungen der höheren Länderstellen den ehemaligen
prager Magistraten mitgetheilt worden waren;
andere Gegenstände nicht zu gedenken, welche
die Stadthauptleute durch sich selbst besorgten,
die aber wegen der veränderlichen Verfassung

nie-

niemals in ein langes fortwährendes Syſtem
gebracht werden konnten.

Nach der im Jahre 1784 erfolgten Ver=
einigung der prager Magiſtrate nahmen die hö=
heren Landesſtellen keinen Anſtand in den meiſten
Fällen mit dem neuen Stadtrath ſich unmittel=
bar in Korreſpondenz zu ſetzen, wodurch von der
vormaligen Thätigkeit des Amts der Stadt=
hauptleute ein beträchtlicher Theil wegfiel. Zu
welchem noch dieſes kam, daß zu Anfang des
ſogenannten Militarjahrs von 1785 die Einthei=
lung der Steuer, und die Beſorgung der Stadt=
gemeinwirthſchaft, über welche bevor die Auf=
ſicht die Stadthauptleute führten, erwähntem
Stadtrath zu eigener Verwaltung übertragen
wurde. Endlich iſt im Jahre 1785 dieſe Stelle
völlig aufgehoben und die Beſorgung ihrer vor=
maligen Amtsgeſchäfte theils den königl. Land=
rechten, theils dem vereinigten Stadtrathe über=
geben worden.

Ehemalige prager Stadtmagiſtraten,
waren vor der Vereinigung von 1784 vier in Prag
beſtellt, nämlich der auf der Altſtadt, Neuſtadt,
Kleinſeite, und auf dem Hradſchin. Von der
Errichtung dieſer Magiſtrate iſt bereits in der
vorhergehenden topographiſchen Beſchreibung
von Prag und insbeſondere bey Gelegenheit der
angeführten Entſtehungsart der Rathhäuſer auf
einer jeden Stadt Erwähnung geſchehen, welches
alſo zu wiederholen hier überflüßig wär.

Ver=

Vereinigter Stadtrath, so gegenwärtig be-
stehet. Nachdem schon einige Jahre vorher verschiedene Entwürfe wegen Zusammenziehung der
vier prager Stadtmagistrate zum Vorschein gekommen, so gelangten endlich die Sachen dahin, daß man die Einförmigkeit der zu beför-
dernden Geschäfte der besondern Magistratual-
vorrechten, nachdem sie in einer jeden Stadt von
Prag eine abgesonderte Versammlung ausmach-
ten, vorzog, und den Entwurf der vorzunehmenden Vereinigung gemäß einrichtete. Den
getroffenen Veranstaltungen zufolge ergieng bald
zu Anfang des 1784 Jahrs der Hofbefehl, daß
alle Kandidaten zur bevorstehenden Magistratual-
wahl sich bey dem Landesgubernium anzumel-
den, und von daher die zur Prüfung bestimmte
Zeit zu vernehmen hätten. Welche Kandidaten
in der Prüfung bestanden, diese erhielten das
Wahldekret, solches berechtigte sie, bey der
Wahl in Vorschlag gebracht zu werden. Den
letzten April des nämlichen Jahres kam ein
bürgerlicher Ausschuß auf dem altstädter Rathhause zusammen, und wählte dann aus den
fähigen Kandidaten, welche vorher in einer
Liste verzeichnet, durch einige Tage an öffentlichen Plätzen angeschlagen wurden, einen Bürgermeister, zween Vizebürgermeister und die
erforderliche Zahl der Rathsglieder. Die Ge-
wählten wurden zur Bestättigung nach der
höchsten Hofstelle geschickt. Inzwischen besorgte

der alte Stadtrath die Geschäfte nach der ehemals üblichen Manipulazion. Zu Anfang des
Augustmonats geschah die Einführung des vereinigten Magistrats, und einige Tage darauf
nahmen die neuen Rathsglieder die Wahl des
sämmtlichen Kanzleypersonals vor sich; von dieser Zeit an hörte die Aktivität des vorigen
Magistrats auf. Nur einige Mitglieder davon ver-
walteten noch die ständische Gemeinwirthschafts-
angelegenheiten nach dem alten Fuße, solche waren bis itzt von dem vereinigten Stadtrathe getrennet. Mit Schluße Oktobers kamen sie auch
sammt dem Steuerwesen unter die Hände des
vereinigten Stadtraths, von welcher Zeit
an der ehemalige Magistrat völlig aufgehört
hatte.

Der vereinigte Stadtrath theilet sich in
3 Abtheilungen, das ist, in das Fach der politischen, der bürgerlichen Judizial und Kriminalgeschäfte, jede dieser 3 verschiedenen Gattungen
von Gegenständen wird von einer bestimmten
Zahl von Rathsgliedern besorgt. Jene, so in
der gerichtlichen Abtheilung begriffen sind, richten sich nach der öffentlich im Drucke erschiene-
nen Instrukzion, sie hat mit der vorher ange-
zogenen landrechtlichen viele Aehnlichkeit, und
braucht also, hier nicht angeführt zu werden;
so wie auch von selbst sich versteht, daß die
Gerichtsordnung von 1782, und die von Zeit
zu Zeit neu kundgemachten Geseze und gerichtliche

ye Erläuterungen zum Grunde der verschiede-
n Verfahrungsarten angenommen worden
d.

In Ansehung der politischen Gegenstände
bis itzt keine besondere Instrukzion erschienen,
che werden inzwischen nach der vormaligen
t und die schon vorher bestandenen Normali-
setzen behandelt: Sowohl im Judizial als
litischen Fache sind die einzelnen Artikel unter
jends dazu bestimmte Räthe vertheilt. So
sorgt ein besonderer Referent die Pupillarsa-
en, ein anderer Kontrakt und Schulwesen,
r dritte Testamentgeschäfte, Eheverbindnißan-
gelegenheiten, und im politischen Fache werden
uf gleiche Weise die Verwaltung der ständi-
yen Gemeinwirthschaft, die Polizey, Popu-
zionssystem, eigentliche publica und privata &c.
r Vollziehung gebracht.

Da einmal das System festgesetzt worden,
ach welchem alle künftige Wahlen der Raths-
lieder durch einen unveränderlich bestehenden
irgerlichen Ausschuß vorgenommen werden
üssen, so kann man gegenwärtig die Repräsentanten der gesammten Bürgerschaft als eine
tt Personen ansehen, welche einigermassen die
telle der vormaligen Gemeinältesten und Zunft-
eister der Stadtvierteln ersetzen. Bey der
a Jahre 1784 vorgenommenen Steuerzahlungs-
intheilung für das Militarjahr 1785 übten
iese Repräsentanten das erstemal ihre Pflicht

C c 2 aus,

aus, indem einige aus ihren Mitteln der vorgenommenen Eintheilung beywohnten und über den Vermögensſtand und Erwerbungsmitteln ihrer Mitbürger das nöthige Gutachten ertheilten.

Dem vormaligen Magiſtrate, untergeordnete Stellen waren folgende: 1) Das Zehnmänneramt, richtete über Dienſtboten und geringere Schuld, dann Bauſachen. 2) Sechsmänneramt, beſorgte das Markt und Gaſſenſäuberungsweſen. 3) Bierverlegeramt, entſchied Gegenſtände, ſo blos die Bierbräuer betraf. In der Juſtizreform von 1783 iſt dieſes Amt zwar aufgehoben worden; allein bald nach der Regulirung des vereinigten Stadtraths wurden einige Repräſentanten aus den Bierverlägern neu gewählt, welche unter dem Vorſitze eines Stadtrathes Bierbräugeſchäfte beſorgen. 4) Brückenamt, war dem altſtädter Magiſtrat untergeordnet, und führte die Aufſicht über das Brückengefäll der Stadt Prag, dieſes Gefäll ward dem Magiſtrat zugeeignet, um davon die Brückenreparaturen zu beſtreiten. Man hatte zeither aus den Erträgniſſen dieſes Gefälls ein anſehnliches Kapital geſammelt, das aber durch die Verwendung der Brückenherſtellung und Waſſerbaues vom Jahre 1784 meiſt ausgegangen iſt. 5) Richteramt, wurde zur Beylegung der Streitigkeiten und Injurienprozeſſe, ſo unter dem Pöbel entſtanden, beſtimmt. Nebſt dem

nahm

nahm man auch hier im Beyseyn der Magi-
stratualkommissärs die Examina in Kriminalfällen vor, und verhängte die Strafen, so geringere Vergehungen nach sich zogen. Den Vorsitz führte hier der Stadtrichter, ihm waren einige Gerichtsbeamten sammt dem Gerichtsbü-
scher untergeordnet. 6) Roßgericht, eine vormals dem Neustädter Stadtrathe untergeordnete
Stelle. Man weis eigentlich nicht zu sagen, wann und von wem dieses Roßgericht errichtet worden, dieses ist aber gewiß, daß solches von denjenigen Zeiten hergeleitet werden
müsse, da man so leicht zu so viel besondern
Gegenständen eben so viele abgesönderte Ge-
bärden zu bestellen sich geneigt finden ließ. Zu
diesem Roßgerichte wurden alle Prozesse gezogen, die bey Gelegenheit der mancherley Umstände des Pferdehandels entstanden waren. 7)
Floßgericht, war ebenfalls dem neustädter Magistrat untergeordnet, es fällte das Urtheil über
Sachen, so die potskaler Schwemmungsfälle
betrafen.

Alle itzt angezeigte Stellen waren deswegen errichtet worden, um minder wichtige Gegenstände, die der Magistrat in der Ausübung
der ordentlichen Amtspflicht hindern konnte,
schleunig in Ordnung zu bringen. Dieser Zweck
war schon an sich gut, allein die gar zu große
Vertheilung der Amtsgeschäfte unter so viele
Aemter und Bestellung eines zahlreichen und
über-

überflüßigen Kanzleyperſonals, hatte die Beförderung der Geſchäfte zum Theil gehindert,
als auch die Gemeintenten mit unnützen Köſten
beſchweret. Dieſem Uibel abzuhelfen, werden izt
alle Arten Judizial und Polizeyfälle blos von
dem vereinigten Stadtrathe mit Zuziehung des
Kanzleyperſonals abgehandelt, und zum Vollzuge gebracht.

Nebſt den ordentlichen vier prager Stadtmagiſtraten befanden ſich in Präg einige Nebenrechte zur Beylegung einiger minder beträchtlichen Streitigkeiten aufgeſtellt. Sie waren folgende: 1) Das Maltheſergericht. 2) Das von
St. Georg. 3) Heiligen Geiſt. 4) St. Agnes,
ſonſt Frantiſchek genannt. 5) St. Thomas.
6) Mariaſchnee. 7) Zderas. 8) St. Katharina. 9) Karlshof. Der Urſprung von allen
dieſen Nebenrechten iſt ſchon insbeſondere bey
der Beſchreibung der einzelnen Stellen, unter
die ſie gehörten, angezetgt worden. Hier
bleibt uns weiter nichts anzumerken, als, daß
alle dieſe Nebenrechte bey Einführung der Juſtizreform von 1783 aufgehoben, und dem vereinigten Stadtrathe übergeben worden ſind.

Aemter außer dem Schema.

Bankaladminiſtkazion ſcheint aus der von
Alters beſtandenen königl. böhmiſchen und in
Prag befindlichen Rentkammer nach und nach;
da man zur Behandlung der Finanzen immer
                                        mehr

mehr ein vollkommenes System erfand, ent‑
standen zu seyn. Zum Aufenthaltsorte dieses
Amts war jüngst ein geräumiges Gebäu nächst
dem altstädter Dominikanerkloster eingeräumt
worden, da aber im Jahre 1784 dieses Haus
dem königl. Münzeinlösungsamte, das seine vo‑
rige Stätte dem Militargeneralkommando über‑
lassen mußte, zufiel; so kam die Bankaladmi‑
nistration nach dem neuerbauten königl. Land‑
hause, wo sie noch bis itzt sich befindet. Unter
das Bankalamt gehören alle königl. Maut und
Zollsachen, die hier in der ersten Instanz abge‑
handelt, und dann dem königl. Fiskus überge‑
ben werden. Nebstdem ist hier auch die könig‑
liche Staatskreditsoperation aufgestellt, zu wel‑
chem Ende in diesem Amte die Stadt Wiener
Banknoten gegen baares Geld ausgewechselt
und angenommen werden.

Die Tranksteuerzahlungskammer, welche
auch bey diesem Amte sich befindet, nimmt den
Betrag von jedem zu versteuern kommenden
Biergebräue ein, der Einleger der Taxe erhält
eine Pollete, ohne welcher unter Konfiskazions‑
strafe kein Biergebräu vorgenommen werden
darf. Was die verzollte Waaren selbst betrift,
diese werden nach dem Ungelde geführt, wel‑
ches Amt ebenfalls unter die Bankaladministra‑
tion gehört, und vormals seine Stelle in dem
sogenannten alten Ungelde, von dem wir eben
in der topographischen Beschreibung Erwähnung

ge‑

gethan, angewieſen gehabt. Gegenwärtig aber
ſieht man dieſes königliche Ungeld eben auf der
Altſtadt auf dem ſognannten Ziegenplätzel in
einem geräumigen Gebäude, das von dem Prälaten zu Braunau zu dieſem Zwecke iſt erkauft
worden.

In dieſes neue Ungeld, das zum Unterſchied des ehemaligen alſo genannt wird, werden alſo, wie geſagt, alle von auswärts her-
eingeführte Waaren gebracht, um zu unterſu-
chen, ob ſolche nach dem angenommenen Hand-
lungsaufnahmſyſtem wären eingeleitet worden.
Das Normäle, nach dem man ſich hierinfalls
gegenwärtig richtet, iſt das Zolleinrichtungswe-
ſen und Tariff von 1781. Vermög dieſer Einrichtung werden die meiſten Artikeln auswärtiger Waaren außer Handel geſetzt, und die
übrigen einzuführen erlaubten mit ausgemeſſenen
Abgaben belegt. Zur richtigen Befolgung dieſer Zolleinrichtung wurde die Verfügung getroffen, das ehemalige Paulanerkloſter zur einſtwei-
ligen Légſtätte der vorräthigen künftig außer
Handel geſetzten Waaren zu beſtimmen. Solche
Art Waaren werden verzeichnet, geſtempelt und
auf eine beſtimmte Zeit zum öffentlichen Kaufe
ausgeſetzt, nach Verſtreichung des Termins aber
zum Theile außer Land geſchaft. — Endlich iſt
auch das Salzamt der Bankalabminiſtration untergeordnet, von dem aber eben am gehörigen
Orte die Nachricht ertheilt worden iſt.

Ober-

Oberpostamt, befindet sich auf der Kleinseite am wälschen Plaze im fürstl. Lichtenstein-
schen Hause. Hier werden sowohl Briefe nach
den entlegensten Gegenden unsers Welttheils
angenommen, und auch von daher durch dieses
Amt hierorts abgegeben. Schriften von Wichtigkeit werden zur Sicherstellung der Korrespon-
denten vermittels der Rezipisse und Anempfehlungen an das gehörige Ort einbegleitet. Die
Posten selbst sind fahrend und reitend, und
kann sich solcher jedermann stündlich nach selbst
eigenem Belieben und Bequemlichkeit bedienen.
Der Postzug geschieht nach den besonders be-
merkten Stationen, wo die Pferde gewechselt,
und sodann die Reise unausgesetzt fort bis nach
dem Bestimmungsorte kann fortgesetzt werden.
Eben auf gleiche Art kann man durch die wieder zurückkommenden Posten Bestellungen von
mancherley Art erhalten. Das mehrere von
der Einrichtung des Postwesens ist aus den
Postpatenten, und gedruckten Nachrichten zu
entnehmen.

Stempelamt, zur Einhebung der Beträge,
so aus dem Siegelgefälle eingehen, bestellt.
Die Einrichtung dieser Stelle scheint ziemlich
alt zu seyn, da man noch vom vorhergehenden
Jahrhunderte gestempelte Urkunden sieht. Der
Zweck dergleichen Bezeichnung, wegen der man
einen gewissen Betrag zu entrichten verbunden
ist, war vermuthlich: dadurch den muthwilligen

Beschr. v. Prag.   D d   Pro-

Prozeffen einigermaffen zu steuern; allein nach
der Zeit machte dieses Siegelgefäll einen ordentlichen Zweig der Staatseinkünfte aus. Die
Art der Verwaltung geschah meist durch den
Weg der Verpachtungen, solche warfen nach
und nach ein beträchtliches Quantum ab, denn
der Stempel, so anfangs nur wichtige Urkunden betraf, ward nachher fast auf alle Arten
rechtlicher Schriften, Karten und Kalender ausgedehnt.

Wenn eine ausführlichere Nachricht von
der Sache jemand zu wiffen verlangt, kann
solche in dem Papierstempelpatent vom Jahre
1783 vernehmen. Das Stempelamt wurde
1786 mit der Tabakgefällenadministration vereinigt, und befindet sich auch in dem Gebäude
der gedachten Administration. Die Abnehmer
des Stempelpapiers genießen von einem Gulden
drey Kreuzer Zugabe.

Tabackgefällsadministration. Man sieht
bereits unter der Regierung Kaisers Leopold ge-
druckte Tabackpatente, die eine Modifikation dieses
Gefälls in sich enthalten. Seit dieser Zeit hatten sich die Erträgnisse des Gefälls erstaunlich vermehrt, denn der Genuß des Tabacks ist heutiges Tags mit dem Koffee zu einem durchgehends
herrschenden Geschmacke geworden. Jüngst war
das Tabacksgefäll von einer jüdischen Kom-
pagnie, so unter dem Namen Tabacksabalds
bekannt war, gepachtet, welche der kaiserlichen

Kam-

Kammer einen beträchtlichen Betrag abgeliefert. Im Jahre 1784 gerieth dieses Gefäll unter die eigene Direktion der Hofkammer. Solchemnach macht der hierländische Tabackhandel eine Art Monopol aus, davon der Nutzen blos den königlichen Finanzen anheimfällt. In Prag ist der Ort der königlichen Tabacksdirektion auf der Neustadt in der Heinrichsgasse in dem vormaligen, nun aufgehobenen Cölestiner Nonnenkloster. Die nähere Auskunft von dieser Tabacksdirektion erhält man in den Tabakpatenten, besonders aber in dem vom Jahre 1784.

Lotteriedirektion, deren Errichtung in Böhmen zu Anfang der Regierung wail. k. k. Majestät Marien Theresien durch den italiänischen Grafen Oktavio von Catalbi veranlaßt worden, um die Spielsucht nach auswärtigen Lotterien zu hemmen, und zugleich einen Zufluß der königlichen Kammer durch freywillige Beyträge der Unterthanen zu verschaffen. Gegenwärtig ist das Lotteriegefäll einer Gesellschaft von Privatpersonen in Pacht überlassen, welche die Direktion selbst besorgen. Der Ort dieses Amts ist auf der Altstadt im Krenhause. Die Nachricht von der Verfassung ist in den Lotteriepatenten zu lesen.

Polizeydirektion in Prag, macht vom Jahre 1785 ein besonderes Departement aus. Die Oberaufsicht darüber führet das Gubernium, indem der Präsident, oder auch der Vizepräsident

mit

strebender als auch Dienstleute suchenden, der Pächter, Vermiether, Anleihung suchender und Kapitalisten, die Gelder verinteressiren verlangen, verfaßt.

Kleine post in der Zeltnergasse, hat ihren Ursprung im Jahre 1782 nach der Wiener Verfassung genommen. Hier kann man alle Briefbestellungen, oder sonstige öffentliche und schriftliche Aufträge nach allen Abtheilungen der Stadt und die Gegenden um Prag vornehmen lassen.

Lesekabinet auf dem altstädter Ring im Zukrischen Hause ist erst vor kurzem errichtet. Der Zweck des Instituts geht dahin, Liebhabern der Litteratur die besten und neu herausgekommenen Werke gegen eine mäßige Gebühr zum Besten darzubieten. Jeden Monat werden hier Bücherauktionen gehalten, in welchen jedermann seine Bücher zum Verkaufe antragen, als auch andere ihm anständige käuflich an sich bringen kann. Von allen diesen itzt beschriebenen Privateinrichtungen ist das Weitere aus den gedruckten Nachrichten; so an den betreffenden Orten unentgeldlich ausgetheilt werden, zu entnehmen.